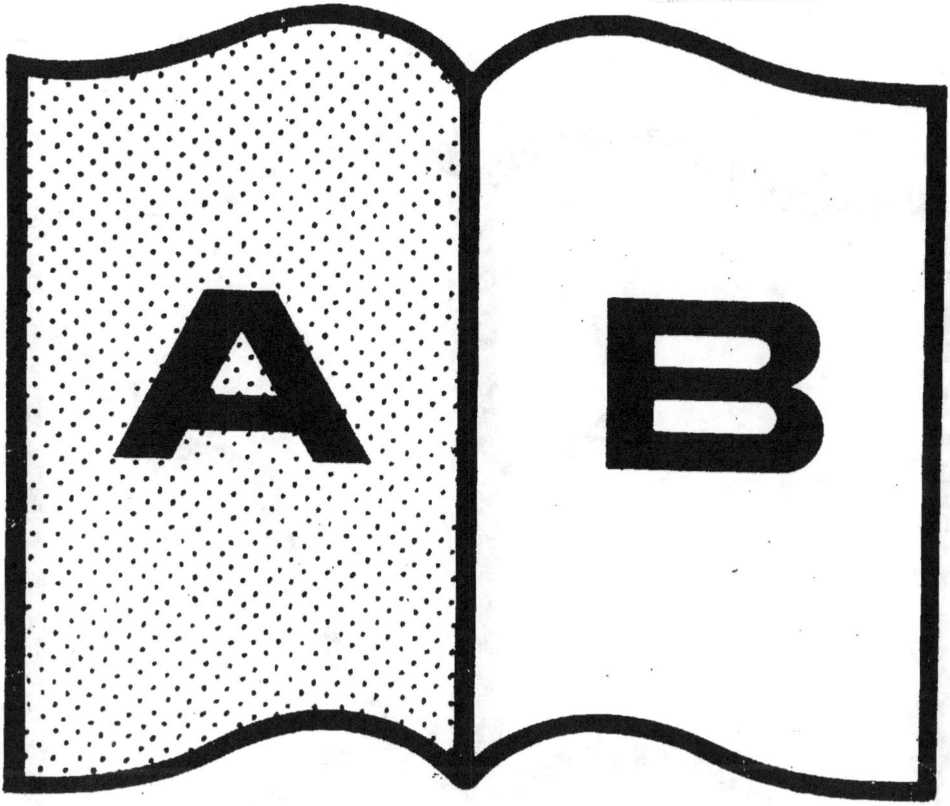

Contraste insuffisant

NF Z 43-120-14

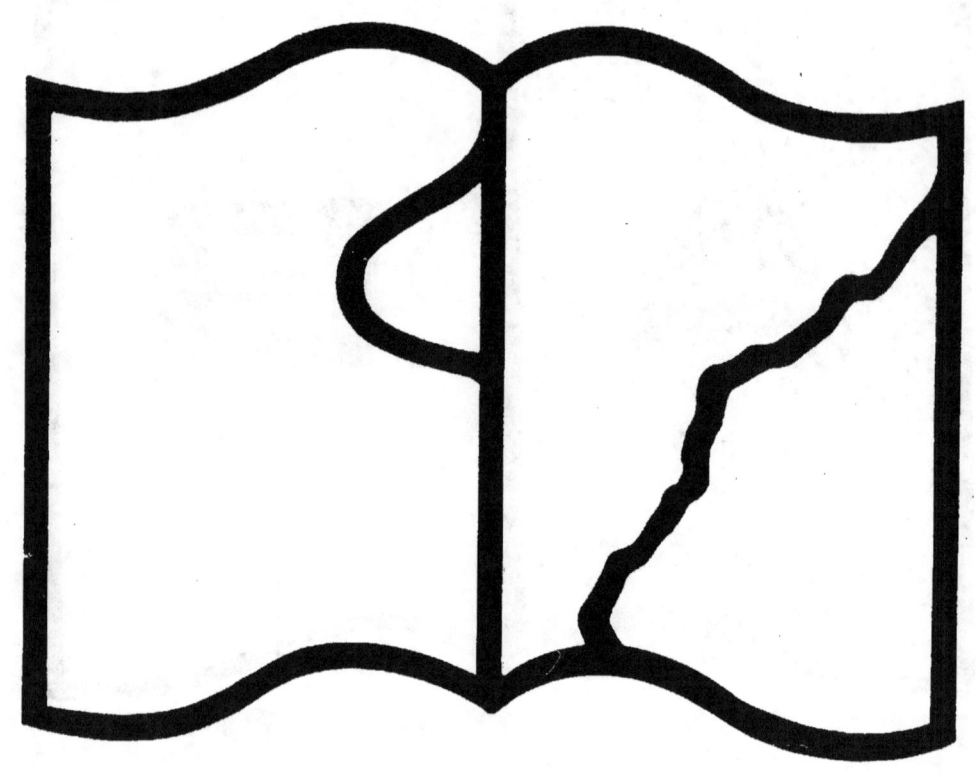

Texte détérioré — reliure défectueuse

NF Z 43-120-11

Z. 2193
A —12.

20065

OEUVRES
DE FRANÇOIS
DE LA MOTHE
LE VAYER,
CONSEILLER D'ETAT, &c.
Nouvelle Edition revuë & augmentée.
Tome VI. Partie II.

avec Privilèges.
imprimé à Pfœrten,
& se trouve à Dresde
chez MICHEL GROELL.
MDCCLVIII.

AVERTISSEMENT.

Pour nous maintenir dans l'ordre, que nous nous sommes préscrits, nous commençons la seconde Partie de ce Volume par les lettres, dans lesquelles Monsieur le Vayer a donné le plus des Remarques sur la langue Françoise.

AVERTISSEMENT.

Ces quatre lettres furent écrites à Monsieur Naudé, Bibliothécaire du Cardinal Mazarin, & ami intime de l'Auteur, à l'occasion des Remarques de Monsieur de Vaugelas sur la langue Françoise, qui par la suite sont devenues si célebres. L'Auteur de la vie de Monsieur le Vayer, placée à la tête de cette Edition, a déja allegué à la page 34. plusieurs motifs qui avoient aigri Monsieur le Vayer, qui étoit aussi bien que Monsieur de Vaugelas, Membre de l'Academie. A cela nous pouvons ajoûter, que dans la Préface de son livre, Monsieur de Vaugelas avoit pour ainsi dire affecté de critiquer le Traité de Monsieur le Vayer, qui a pour titre, Considérations sur l'Eloquence Françoise de ce Tems, *& que nous avons donné dans la premiere Partie de cette Edition. Monsieur le Vayer ne s'étoit que trop déclaré dans ses ouvra-*

AVERTISSEMENT.

ges, que les recherches Grammaticales n'étoient point son objet; qu'il s'occupoit plus de la matiere qu'il traitoit, que des expressions, & même des tours de phrases figurés. D'ailleurs il étoit si porté pour les richesses de sa langue, qu'il cherchoit toûjours à montrer, que rien n'y est si nuisible, que l'abolissement des anciens mots ou des anciens phrases. Il ne nous seroit pas mal aisé d'étaier sa façon de penser, si c'étoit ici le lieu de nous étendre sur les richesses de la langue Angloise, ou peut-être encore de la langue Russe, qui ont de grands avantages, dèsqu'il est question de traiter des arts & des sciences.

Toutes ces raisons, & peut-être d'autres encore, engagèrent nôtre auteur à écrire ces quatre lettres contre les Remarques de Vaugelas. Il est assez décidé, que toutes ces criti-

AVERTISSEMENT.

ques Grammaticales sont en elles mêmes d'une grande aridité, & pour l'ordinaire d'un ennui bien à charge à la plus grande partie des lecteurs. Et c'est sans doute, pour obvier à cet inconvenient, que nôtre auteur a inseré dans ces lettres nombre de reflexions solides, & mêmes amusantes, sur tout dans la derniere, qui peut véritablement servir de Supplement à son Traité de l'Eloquence Françoise.

Nous ne laisserons pas d'observer en passant, que malgré toutes les critiques, qui ont attaqué les Remarques de Vaugelas, il n'a pas laissé de se maintenir jusqu'ici dans un grand crédit; A bien des égards elles sont d'un grand poids, la plûpart des auteurs encore de nos jours souvent s'étaient sur ces Remarques. Il est aussi très décidé, que depuis le tems de Mon-

AVERTISSEMENT.

sieur le Vayer le Style de la langue Françoise, & je dirois presque le Genie de la Nation, est tellement changé, que si Monsieur le Vayer revenoit parmi nous, il ne reconnoitroit sûrement plus ni sa Langue, ni sa Patrie.

Les autres lettres qui suivent sont dans le même goût que celles que nous avons données dans la premiere Partie de ce Volume ; elles roulent sur différens sujets de Philosophie & de Litterature.

DES
NOUVELLES REMARQUES
SUR LA LANGUE FRANÇOISE.

LETTRE LVII.

MONSIEUR,

J'ai vû le Livre des Remarques sur nôtre Langue, dont vous voulés que je vous parle, le mérite de son Auteur ne m'aiant pas permis d'en négliger la lecture. Encore qu'on vous ait dit, qu'il y a bien des non-valeurs; & quoiqu'il ressemble en effet à l'Egypte d'Homere, dont toutes les plantes ne sont pas de même bonté, tenés pour assuré néanmoins, qu'il contient de très belles observations, & qu'on en peut retirer beaucoup de profit. Mais difpenfés-moi, je vous fupplie, de vous entretenir fur un fujet, pour lequel je commence à reffentir, je ne fçai quelle averfion. Mon ame fe fait accroire, qu'il eft tems de s'occuper plus ferieufement, & qu'il y a de la honte à s'amufer encore à des queftions de Grammaire. Certes Platon, tout éloquent qu'il eft, ne laiffe pas de declamer en plus d'un lieu contre le trop grand foin des mots, & l'exceffive affectation du langage. *Si verborum*, dit-il dans fon Politique, *curiofitatem vitaveris, evades in fenectute admodum fapientior.* Et dans fon Theætetus, qui eft le Dialogue de la Science, il declare, qu'une certaine negligence au choix des paroles a fouvent bonne grace, tant s'en faut, qu'elle foit indigne d'un honnête homme: *Nominum & verborum facilitas, & non nimis accurata examinatio vt plurimum non eft fordida & illiberalis, fed ejus potius contrarium: eft autem nonnunquam etiam necessaria.* Je ne m'amufe pas à vous tranfcrire le Grec, que vous pouvés voir vous même. J'aime mieux vous ajoûter, que Clement Alexandrin, qui rapporte ces deux paffages de Platon au premier livre de fes Tapifferies, les trouve fort conformes au texte de l'Ecriture Sainte. *Ne multum verferis in verbis*, jugeant, que de contrevenir à ce précepte, c'est commettre la faute de ceux, qui ont plus de curiosité pour leurs habits, que pour leur propre personne, & qui ne se soucient pas tant d'avoir le corps net & à son aise, que d'être vétus superbement & à la mode. Enfin, quand je me représente cette sévere sentence que Seneque a prononcée dans une de ses Epitres. *Turpis & ridicula res est elementarius senex*, mon esprit se revolte tellement contre toutes les loix de Donat & de Priscien, qu'en vérité ce me seroit une trop grande contrainte, d'y faire la moindre reflexion. J'avouë néanmoins que c'est prendre les choses un peu trop à la rigueur: Aussi serois-je très faché de trouver à redire là dessus aux divertissemens des autres, quoique le mien ne s'y rencontre pas. Et j'honore d'ailleurs à un tel point celui, qui a pris la peine de nous donner ces belles Remarques, qu'il n'y a rien que je ne pense à son avantage, au même tems que je veux être si austere en mon propre fait. Trouvés bon que je le vous témoigne, en vous représentant en sa faveur, que ce grand Chancelier du Roi Theodoric ne dédaigna pas à l'âge de *Cassiod.* quatre-vint treize ans, comme il le confesse dans son Avant-propos, d'écrire le livre que nous avons de lui, touchant l'Orthographe, sans parler de ceux, qu'il a faits de la Grammaire & de la Rhétorique. L'exemple de Socrate nous apprend auſſi, qu'il n'y a point de tems ſi avancé dans la vie, auquel il ne ſoit bienſeant de s'inſtruire des choſes mêmes, qui ſemblent les plus legeres. Et ſi ce fameux Domteur de tant de monſtres ne crût pas ſe faire tort de purger une étable de toutes ſes ordures, peut-on blâmer celui, qui s'applique à mettre nôtre Langue dans la plus grande pureté dont elle eſt capable, & qui tâche d'en ôter tous les defauts, que le barbariſme ou le ſolœciſme y ont introduits?

Ne vous imaginés donc pas, que la part que je puis prendre dans toutes ſes cenſures me touche très ſenſiblement; ni que ce qu'il a couché en characteres différens dans ſa Préface, me donne le moindre reſſentiment, qui lui puiſſe être préjudiciable. Tant s'en faut, j'ai été très aiſe qu'il ſe ſoit déchargé de ce qu'il avoit ſur le cœur, & qui le devoit ſans doute incommoder depuis un ſi long tems. Car vous ſavés bien, qu'il y a dix ans que le livre dont il rapporte les textes fut imprimé; & je m'étonne ſeulement que le mal, qu'il pouvoit faire, & qui demandoit, dit-il, un fort promt remede, lui ait permis de nous laisser durant ce terme dans le peril. Mais comme son zèle pour le public est toûjours loüable, nonobstant ce retardement, il ne trouvera pas mauvais, que par un même motif je vous donne avis, qu'il ne faut pas prendre ses sentimens particuliers pour ceux d'une Compagnie, qui ne peut être jamais trop estimée. Je vous le dis sans flaterie, & vous proteste, que depuis son établissement, j'ai vû fort peu de personnes, qui en parlassent avec mépris, puisque rien ne l'évite aujourd'hui, qui ne fussent infiniment au dessous du mérite de ceux, qui la composent, pour ce qui touche le bel usage de nôtre Langue. Si les regles de cet Auteur venoient donc de si bonne part, je vous exhorterois à les respecter comme des Oracles, & pour moi je ferois gloire d'y déferer en me retractant, encore que je ne crusse pas faire en cela une action héroïque comme il la nomme. J'ai bien apris de la Morale, qu'il y avoit quelque chose d'héroïque à surmonter les grandes passions, comme sont celles de la colere; mais pour ce qui touche une simple déference en des choses légeres, telles que sont celles-ci, il me semble que cela s'appelle docilité, qui est une vertu dont les moindres enfans sont capables, & que je crois n'avoir été mife que cette feule fois au rang des Héroïques. Quoiqu'il en foit, je ne veux pas dire, qu'une infinité de belles chofes, qui fe voient dans ces Remarques, ne viennent de ce lieu de refpect dont nous parlons: mais je vous affure, qu'il n'eft pas de même du refte où vous trouvés tant à redire, & que ce feroit une grande injuftice, d'attribuer à tout un Corps des opinions fingulieres, qui ne doivent être confiderées que comme le font celles des particuliers.

Après ce petit avis, je vous en donnerai deux ou trois autres (aucunement pour vous contenter) qui regardent principalement cette Préface, quoiqu'ils ne laiffent pas d'être importans pour la lecture de tout l'Ouvrage. En premier lieu, elle accufe ces Meffieurs dont elle fe plaint, les nommant toûjours de la forte, d'avoir fort declamé contre la pureté du langage, & contre fes partifans; à quoi je me doute, qu'ils n'ont jamais penfé: pour le moins ne voit-on rien qui aille là, ni dans le livre dont il cite les Textes en groffe lettre, ni dans tous ceux, dont j'ai pû prendre quelque connoiffance. Comme ils ne parlent que du mérite de l'Eloquence, ils n'avoient garde d'être pour l'impureté des mots, ni pour celle des phrafes, puifque tout le monde fait qu'il n'y a rien qui lui foit fi contraire. Mais comment peut-on écrire, *que dans tous ces beaux raifonnemens qu'ils font de la Langue, ils ne parlent jamais de l'Ufage? femblables à ceux, qui traiteroient de l'Architecture fans parler du Niveau ni de l'Equierre, ou de la Géometrie practique, fans dire un feul mot de la Regle ni du Compas.* Vraiment c'eſt une chofe étrange, qu'à l'ouverture du même livre, dont je viens de parler, & qui femble être l'objet principal de cette Préface, l'on ne manque jamais à rencontrer dequoi prouver la fauffeté de cette imputation, & qu'on la puiffe même convaincre de mauvaife foi, vû qu'un des articles dont on fe plaint, commence par ces propres termes: *Il y a auffi la confidération du mauvais fon, & du peu de fatisfaction que reçoit l'oreille, quand elle eſt touchée de quelque mot que l'Ufage n'a pas encore poli ni approuvé.* Je vous prie que je vous rapporte encore ce que je trouve au feuïllet précedent. *Il faut que ceux, qui prétendent à l'Eloquence, faffent leur premiere étude de la valeur des mots, & de la pureté des dictions, pour favoir celles, dont ils fe peuvent fervir, & celles, qui doivent être rejettées comme n'étant plus en ufage. Car c'eſt une des premieres regles que donnent les*

A iiij

Maitres de cette profeſſion, d'éviter comme un écueil toutes les paroles inuſitées, & de les conſidérer pour être de la nature des piéces de monnoie, dont il ne ſe faut jamais charger, ſi elles n'ont cours, & que le peuple ne les reçoive. Avec quel front oſe-t-on dire après celui & aſſez d'autres endroits du même livre, que ces Meſſieurs qu'on prend ſi fort à parti, ne parlent jamais de l'Uſage? Ils en publient l'importance dans leurs ouvrages. Ils tombent d'accord de toutes les definitions qu'en donne l'Auteur des Remarques. Ils condamnent le mauvais auſſi rigoureuſement qu'il ſe peut. Et ils conviennent encore avec lui ſur ce point, que quand le bon eſt reconnu, l'on ne ſauroit mieux faire que de le ſuivre. Mais ils ſoutiennent, qu'il s'équivoque après cela: Qu'il prend le douteux & l'inconnu, ce ſont ſes termes, pour le bon, le declaré, ou le véritable: Et qu'il n'y a rien de ſi contraire à ce dernier, que le jugement qu'il fait de beaucoup de paroles, & d'un grand nombre de façons de parler condannées par ſon livre, fût-il, comme il le déclare dans cette Préface, beaucoup plus ſavant que lui.

Vous rirés, je crois, de lui voir refuter tous les Auteurs dont il s'eſt ſervi, & qui choquent ses sentimens, par ces termes généraux, *qu'ils ne disent rien moins que ce qu'on leur fait dire.* Des réponses si indefinies ne s'emploient jamais qu'au defaut de raisons, qui satisfassent dans le particulier. Et quand il choisit entre tant de passages qu'il avoit à combattre, celui de Pomponius Marcellus, il montre assez ce qu'il pouvoit faire au reste. *Ces Messieurs*, dit-il, *en font leur épée & leur bouclier.* J'ai pris la peine de revoir l'endroit, où l'on a parlé de ce Marcellus, ce qui s'est fait tellement en passant au sujet de Tibere, que ç'a été sans y joindre la moindre reflexion, tant s'en faut, qu'on ait pris cela pour principal fondement. Il s'écrie qu'on a grand tort d'avoir écrit, que ce Grammairien s'étoit rendu extrémement importun, & même ridicule, à force d'être exact observateur de la pureté de sa Langue; ajoûtant, que Suetone ne l'a pas dit ainsi, & qu'il faut que par surprise, ou par negligence l'on se soit mépris de la sorte. Déja pour ce qui est du ridicule, c'est lui même qui a le tort de s'en plaindre, puisqu'il a pris la peine d'étendre au long le procedé pedantesque de Marcellus, (car il le nomme de la façon) avoüant que Cassius Severus eut raison de s'en mocquer. Et quant à l'importunité qui accompagnoit la trop exacte obſervation des regles & de la pureté de ſa Langue, voici le propre texte de Suetone lors qu'il commence à par- ler de lui: *Marcus Pomponius Marcellus ſer- monis Latini exactor moleſtiſſimus.* Il n'en faut pas davantage pour faire reconnoitre la valeur de cette inſtance, qui nie une choſe ſi claire, & qui va toute à prouver que Marcellus n'étoit pas un ridicule obſervateur des loix Grammaticales, parce que c'étoit un vrai Pedant. Pour moi je vous confeſſe, que je n'entens rien à de telles negatives, ni à cette ſorte de raiſonnement.

De ill. gr. c. 22.

Ce n'eſt pas que je ne veuïlle reſpecter au double, comme j'y ſuis obligé, une perſonne, qui a eu aſſez de courtoiſie pour dire, qu'elle faiſoit profeſſion de nous honorer. Mais encore n'eſt-il pas juſte d'abandonner ſans repartie des ſentimens, qu'on croit raiſonnables, à cauſe qu'ils n'agréent pas à tout le monde, & qu'ils heurtent des maximes, priſes de ſi longue main, qu'on ne les peut abandonner. C'eſt le fondement ordinaire de toutes les animoſités, qui paroiſſent dans nos diſputes. Il nous fâche de quitter quand nous devenons vieux, la mauvaiſe doctrine de nos jeunes années. *Quod quiſque perperam in juventute didicit, in ſenectute confiteri non vult.* Et nous fommes fi fenfibles de ce côté-là, que nous conteftons jufqu'à l'extrémité pour une fyllabe, fi nous fommes accoutumés depuis un long-tems à la prononcer. Il me feroit fort aifé d'appliquer cela au fujet de cette Lettre, & de vous montrer par le menu, avec combien d'injuftice l'on s'opiniâtre à condanner, ou à faire valoir des termes indifférens, par une pure prévention d'efprit. Mais je vous ai déja declaré la refolution du mien, à méprifer les chofes, qui font fi peu de fon goût. Et puis, il n'y auroit point d'apparence, de mettre à l'examen les phrafes ni les dictions, dont traite cette Préface, puifqu'elles font plus particulierement confidérées dans le corps de l'ouvrage, où je vous ai dit que je ne voulois point toucher.

Il vaut mieux, que j'emploie ce qui me refte de papier, à combattre le dangereux Aphorifme, qu'on a gliffé vers le milieu de la piéce pour le faire paffer avec le refte; *Qu'il ne faut qu'un mauvais mot pour décrier un Prédicateur, un Avocat, un Ecrivain, & qu'il eft capable de faire plus de tort qu'un mauvais raifonnement.* Pour moi je tiens ce difcours pour un auffi grand blafpheme dans la matiere dont il eft queftion, qu'on en puifse jamais prononcer. Car pour ce qui concerne ces trois professions différentes, il faudroit, que la réputation d'un Prédicateur, d'un Avocat, ou d'un Ecrivain fût bien mal fondée, pour être si tôt & si facilement renversée par un seul mot, que chacun d'eux croit sans doute très bon, puisqu'il l'écrit ou le profere, mais qui n'agrée peut-être pas à une oreille trop delicate, ni à un Lecteur scrupuleux. A la fin l'on voudra qu'un Prédicateur prenne garde de plus près aux loix de la Rhétorique, qu'à celles du Decalogue, & qu'un Avocat songe davantage aux regles du Despautere, qu'aux Constitutions de Tribonien. En tout cas, je maintiens, que la plus mauvaise diction, qui puisse apparemment être emploiée, ne doit jamais causer un mauvais effet, & qu'elle ne le peut aussi qu'envers des personnes très injustes. Il y a même lieu de soûtenir que jamais homme n'a mis la main à la plume, ni parlé en public, dont la renommée n'eut été bien tôt diffamée, si cette maxime avoit tant soit peu de vérité. Mais pour ce qui concerne le raisonnement, qu'on veut rendre de moindre considération que les simples paroles, c'est ce que je vous prie de rejetter bien loin de vôtre esprit, quelque prétexte qu'on prenne pour l'y imprimer. Et qui font les perfonnes, dont il faille faire quelque état, fi elles s'apperçoivent plûtôt d'un mauvais mot que d'un mauvais raifonnement, & fi elles s'arrêtent plûtôt au premier qu'au fecond? Tenons pour une vérité inébranlable, que c'eft de la bonne penfée que doit venir le prix à une piéce d'Eloquence, qui n'a rien fans elle de recommandable, *pectus eft quod nos difertos facit, & vis mentis.* Mercure n'a nul pouvoir fans l'aide de Minerve. La plus grande pureté de langage eft infipide, & reffemble, fi elle n'eft accompagnée du bon fens, à un boüillon d'eau claire, qui ne nourrit point. Et quand Salufte a dit de Catilina, qu'il avoit affez d'éloquence, mais fort peu de jugement, *huic eloquentiæ fatis, fapientiæ parum,* il n'a parlé que d'une fauffe Eloquence, dont on ne doit jamais faire la moindre eftime. C'eft pourquoi Ciceron a pofé pour un fondement certain, que fans la Philofophie l'on ne pouvoit être véritablement éloquent: *Pofitum fit in primis, fine Philofophia non poffe effici quem quærimus eloquentem.* Et dans un autre endroit il maintient, que la fource de l'éloquence ne fe doit chercher que dans l'étude des belles Lettres, nommant cette même Philofophie, la mere de toutes.

In Orat.

In Bruto.

les bonnes actions, *matrem benefactorum, beneque dictorum.* Quintilien n'a pas été d'une opinion différente. Il remarque après ce grand Homme qu'il appelle toûjours son Maitre, que ceux, qui enseignoient autrefois à bien parler, étoient les mêmes, qui apprenoient à bien penser. Et il proteste, qu'il s'opposera toute sa vie à de certaines gens, qui sans se soucier beaucoup des choses, qui importent le plus, & de la matiere du discours, qui doit faire le capital, vieillissent dans une vaine recherche de termes choisis. Afin que vous ne pensiés pas que je vous impose, voici son texte: *Resistam iis qui omissa rerum, qui nervi sunt in causis, diligentia, quodam inani circa voces studio senescunt.* En vérité l'agréable élocution est à priser, mais non pas jusqu'à un tel point, que nous la rendions plus importante que le raisonnement. Aaron, qui étoit fort disert représente la premiere, l'autre ressemble à Moïse: & Dieu semble avoir decidé le mérite des deux par ces paroles, *ille erit tibi vice Oratoris, tu vero ei vice Dei.* Je ne doute point que celui même, qui avance la proposition, dont nous nous plaignons, ne tombe d'accord de tous les avantages que nous donnons au dernier, puisqu'il avouë, qu'il n'y a

Lib. 12.
Inst. c. 2.

Proœm.
l. 8.

point de comparaiſon de l'un à l'autre. Mais cependant il eſt très dangereux ici de laiſſer établir des maximes, qui vont à faire negliger ce qui eſt le plus important: outre que nous pouvons dire, qu'elles ne ſont pas véribles. Il ne faut pas ſouffrir, qu'on donne en quelque façon que ce ſoit le premier lieu aux choſes inferieures & ſubordonnées, ni qu'on mette le ſerviteur dans la place du Maitre, ou qu'on prenne, comme diſoit cet Ancien, Melantho & Polydora pour Penelope. Nous voions tous les jours des Auteurs, qui font d'autant plus mal, qu'ils écrivent bien & poliment, parce qu'ils ne s'amuſent qu'à des bagatelles, où l'on peut dire, qu'ils emploient & conſument de trop nobles materiaux. Combien s'imprime-t-il de livres ſemblables à ces fruits de cire, qui ne ſont bons, nonobſtant leur artifice, qu'à tromper la vuë? Et ce que dit gentiment l'Eſpagnol, n'eſt-il pas tout évident, qu'on ſe donne aſſez ſouvent bien de la peine à mettre *necedades en almivar*, ou pour le dire avec moins de grace en François, à debiter des ſottiſes bien confites. Briſons là, je vous ſupplie, & vous ſouvenés que ces généralités, où je me laiſſe quelquefois emporter, ne doivent offenſer qui que ce ſoit, parce qu'elles ne regardent perſonne dans le particulier.

❦ ❦

SUR LE MEME SUIET.

LETTRE LVIII.

MONSIEUR,

Quoique vous aiez tort de me presser comme vous faites, j'userai d'autant de complaisance qu'il me sera possible, pourvû que vous ne m'obligiés pas à tenir plus long tems la main à la plume, que ce que la longueur d'une Lettre assez étenduë le pourra souffrir. S'il falloit satisfaire à toutes vos demandes sur ces belles Remarques, je me verrois reduit au travail d'un aussi gros volume pour le moins qu'est le leur. Qu'il vous suffise, que je me ferai une extréme violence, afin de vous rendre content, n'aiant guères de choses plus à contre-cœur que la contestation; sur tout quand elle doit être avec des personnes de mérite, & qu'on honore comme je fais celle, que je crains d'offenser ici par des sentimens assez différens des siens. Car après tout, quelque équitables que nous soions, il arrive peu que nous dis-
putions

putions sans ressentiment, & sans une secrette émotion mal propre à conserver les amitiés. Je pense qu'on en peut rendre cette raison physique & morale tout ensemble, que comme la communication est grande entre le jugement & la volonté, & leur liaison très étroite, il est aussi presque impossible, que ceux, qui pensent diversement des choses, & qui ont des opinions contraires, soient bien unis d'inclinations, & se rendent autant de bons offices, qu'ils feroient sans cela. C'est une honte néanmoins que nous soions si peu raisonnables, & une grande foiblesse d'esprit, de ne pouvoir souffrir la moindre contradiction sans en venir pour le moins aux mauvaises paroles. *Sit ista in Græcorum* Cic. 2. *levitate perversitas, qui maledictis insectantur* de Fin. *eos a quibus de veritate dissentiunt.* J'espere de me tenir tellement éloigné d'un si infame procedé, qu'on ne me pourra rien imputer, qui en approche, me contentant de vous remarquer simplement ce qui me semble le moins recevable en lisant ces Remarques, dont il est question. Ce sera sans y observer d'autre ordre, que celui du livre, qui les contient, si tant est qu'il en ait, puisque l'Auteur a declaré qu'il n'en vouloit point garder, & sans me donner plus de peine que de repasser feuïlle à feuïlle sur les endroits où j'ai mis une petite marque en faisant ma premiere lecture.

Page 6. Je m'étonne qu'il condanne *Cypre*, son grand Auteur Coeffeteau n'aiant point écrit ce mot autrement, comme on peut le voir au neuviéme chapitre du troisiéme livre de son Florus traduit. Il est vrai, qu'on dit communément de la poudre de *Chypre*; mais dans un discours d'Histoire, ou de Géographie, il est peut être bien à propos d'écrire Cypre, qui est plus correct, & que je serois très fâché de condanner en ces lieux-là.

P. 31. Il veut que *superbe* soit toûjours adjectif, & jamais substantif, pour dire l'Orgueil. Pourquoi cela? puisqu'outre les Prédicateurs, & une infinité de gens qui disent *la Superbe*, comme il l'avouë, on lui peut cotter un très grand nombre de bons Auteurs qui l'écrivent. Il n'a pas donc l'Usage pour lui. Et s'il suffit de faire le scrupuleux, un autre protestera qu'il ne veut pas dire *la colere* ni *le chagrin*, parce qu'ils sont quelquefois adjectifs, *un homme colere, un homme chagrin*. C'est la beauté de toutes les Langues d'avoir des noms de cette nature, & ils sont souvent très nécessaires pour diversifier.

Il condanne dans la même page *bref* & *en somme*, comme vieux; ce qui est si peu vrai, que nous n'avons point de termes, qui soient ni plus dans la bouche de ceux, qui parlent bien, ni plus emploiés par ceux, qui écrivent le mieux. Il en a dit autant de *quasi*, dans la page 24. le nommant bas; mais parce qu'il s'en est comme retracté au même lieu en faveur de cette façon de parler, *il n'arrive quasi jamais*, qu'il trouve bonne, je ne m'y suis pas voulu arrêter.

P. 33. Voici une de ses plus grandes erreurs, de blâmer ce qu'il appelle transposition de Pronoms, *le, la, les*, ce qui ne l'est point, & si sa regle étoit vraie, qui condanne *je le vous promets*, & substituë *je vous le promets*; il faudroit dire nécessairement *je lui le dirai*, & non pas *je le lui dirai*, encore que le premier ne vaille rien. On dit indifféremment *je le vous dirai*, & *je vous le dirai*. Toutes les Langues ont cette varieté de locution pour ornement, & c'est une pure fantaisie de le vouloir ôter à la nôtre. Aussi ne peut-il nier, que ceux qu'il louë si haut, & qui véritablement ont le plus mérité de nôtre Langue, ne combatent son précepte dans toutes leurs œuvres. Il n'a donc pas encore ici l'Usage pour lui ni beaucoup moins la raison, & l'analogie des autres Langues. Je lui soûtiendrai bien plus, qu'il est souvent nécessaire de faire ce qu'il defend, & son propre exemple, *vous le vous figurez*, n'a rien de mauvais, nos meilleurs Auteurs joignent ou separent les deux *vous* fort ordinairement avec beaucoup de grace. J'ai trouvé depuis à la page 376. qu'il a presque changé d'avis, & pris heureusement le nôtre.

P. 35. De condanner *tant plus*, parce que *plus* tout seul suffit en plusieurs endroits, c'est une dangereuse rigueur, qui va à la ruine de nôtre Langue. Le *tant* augmente quelquefois la signification de *plus*, outre qu'il peut servir à la perfection d'une periode. C'est à tort, qu'il se veut prévaloir ici de l'Usage.

P. même. Je serois bien fâché de condanner absolument, comme il fait, cette façon de parler *cent mille écus valant*; & de fait on dit en la tournant, il avoit bien de meubles, ou en meubles, *valant cent mille écus*, & non pas *vaillant*. Mais quand on parle de toute la richesse d'un homme, on dit *son vaillant*, & jamais *son valant*.

P. 37. Toute cette remarque de *ni*, qu'il appelle curieuse, est purement chimerique, & n'a jamais été observée. Dieu garde un généreux Ecrivain de songer à cela lors qu'il

veut exprimer une bonne pensée. *Quidam* Lib. 10.
diligentiam putant facere sibi scribendi difficul- Inst. c. 3.
tatem, dit fort bien Quintilien.

P. 42. Il avoue que *voire même* est nécessaire, qu'il est ordinaire, & qu'il ne le condanne point aux autres, se réservant seulement de n'en pas user. Cela lui est permis. Cependant les derniers livres des plus éloquens hommes de ce siécle l'employent fort à propos. Ils ne le font pas, à cause que *& même* est un peu plus foible, à ce qu'il dit, mais c'est qu'on doit diversifier, & que cette particule *&* se trouvant trop proche, devant, ou derriere, il s'en faut quelquefois abstenir.

P. 43. Il eût bien fait de ne parler point de cette extravagante opinion de Malherbe.

P. 45. Je ne sai qui est ce célebre Ecrivain qu'il blâme d'avoir mis *là où* dans son dernier ouvrage, encore que je m'en doute. Mais je sai bien que c'est avec injustice, le terme étant fort bon, & d'une agréable varieté, pour ne pas dire toûjours *au lieu que*. Je veux répondre ici une fois pour toute à l'autorité de son M. Coeffeteau, que c'est une fort mauvaise raison pour condanner *là où*, de dire qu'il ne s'en sert jamais. Peut-être n'a-t-il jamais pensé à l'éviter. Quand ainsi seroit néanmoins, je n'en vois pas la consequence. Ce Prélat avoit beaucoup de mérite, il a été un des plus fuivis Prédicateurs de fon tems, & fa plume s'eſt trouvée une des mieux taillées qui fuſſent alors. S'il a eu pourtant les fcrupules qu'on lui attribuë, il n'en eſt pas plus à eſtimer. Et l'on peut dire, cela préfuppofé, qu'il eût mieux fait d'être plus exact aux chofes d'importance & de négliger celles-ci, qui font peut-être caufe, parce qu'elles lui occupoient trop l'eſprit, de quelques bévuës ou méprifes, qui lui peuvent être reprochées. Il eût bien mieux valu qu'il n'eût pas fait de la ville *Corfinium* un Capitaine Corfinius, qui ne fut jamais, comme cela lui eſt arrivé au dix-huitiéme chapitre du troifiéme livre de fon Florus; & qu'au vintiéme chapitre fuivant il n'eût pas traduit ces mots, *fine miſſione*, *fans attendre le congé de leur Capitaine*, qui veulent dire en ce lieu-là, juſqu'à la mort, & fans attendre aucune grace. Mais laiſſons les Morts parmi les Oliviers fans troubler leur repos, ni la fuite de nôtre entreprife.

P. 47. Il abandonne ici injuſtement Malherbe pour fuivre Coeffeteau. C'eſt une mocquerie de préférer *parce que* ou *pource que* l'un à l'autre. Ils n'ont nul avantage que selon les lieux où l'on s'en sert, hors de cette considération ils sont indifférens.

P. 51. J'ai pitié de lui voir condanner une façon de parler des élegantes de nôtre Langue, où *qui* est repeté plusieurs fois. Celle qu'il lui préfere est bonne, mais elle n'est pas meilleure.

P. 54. Il aime mieux dire *le plus grand vice à quoi il est sujet*, que *le plus grand vice, auquel il est sujet*, ce dernier néanmoins est plus naturel. Son autre exemple. *Les tremblemens de terre à quoi ce païs est sujet*, ne vaut rien du tout, que peut-être dans la Savoie d'où il est, fort sujette à de tels accidens. Il faut dire, *Les tremblemens de terre auxquels ce païs est sujet*.

P. 55. Sa regle de *qui* & *quoi* est bonne en quelque chose, & fausse en d'autres. Car on ne dit pas mieux, *voilà un cheval à qui je dois la vie*, que *c'est un cheval de qui j'ai reconnu les defauts*. Tous deux sont bons. *Le cheval avec quoi*, qui lui sonne bien aux oreilles, en offense d'autres, qui trouvent mieux dit, *le cheval avec lequel*.

P. 57. Solliciter un malade est du bas usage quant à l'action, mais non pas quant à la diction; comme il le prétend.

P. même. *Longuement*, dit-il, étoit fort bon à la Cour il y a vint ans, mais on n'oseroit plus s'en servir dans le beau langage. Il y a des lieux où il est préférable à *long tems*, comme dans cet exemple, *l'on observa au même tems qu'ils s'étoient longuement promenés ensemble*. L'on en pourroit rapporter mille semblables.

P. 70. Où est-il allé chercher *Pnythagore* dont l'on n'a jamais oüi parler ? Pythagore ne suffisoit-il pas avec les autres ?

P. 85. *Les pieds & la tête nuds*, est mieux dit, que *les pieds & la tête nuë*, contre son sentiment ; si l'on veut exprimer la nudité de toutes les deux parties ; à quoi je ne pense pas qu'il ait pris garde.

P. 88. Il use de cette phrase, *si c'étoient nous, qui eussions fait cela*, assurant, que tout le monde parle ainsi. Je lui soûtiens qu'il faut dire, *si c'étoit nous, qui eussions fait cela*: soit que l'usage favorise quelquefois & non pas souvent comme il dit, le solœcisme ; soit que le *si c'étoit* ne se conjugue pas là, non plus qu'en assez d'autres locutions, comme *si c'étoit qu'il fût beau, si c'étoit que vous me l'eussiés ordonné*.

P. 101. Il est admirable de condanner presque une façon de parler, en disant qu'il ne s'en voudroit servir que rarement, encore qu'il tombe d'accord, que tous nos meilleurs Auteurs s'en servant, par cette belle raison, qu'elle choque beaucoup d'oreilles delicates. Et qui sont ces oreilles delicates, qu'il faille tant considérer, puisque ce ne sont pas celles de nos meilleurs Auteurs?

P. 113. *Germanicus a égalé sa vertu, & son honneur n'a jamais eu de pareil*, il appelle cela une construction louche, qu'il n'a jamais remarquée en M. Coeffeteau. Si elle l'étoit, ce seroit à cause du pronom *son*, non pas pour ce qu'il y considére. En vérité il n'y a que ses yeux qu'elle puisse blesser. Et quand je considére cette censure, aussi bien que celle de la page suivante, où il ne peut souffrir qu'on dise *lors de son élection*, pour *quand il fut élu*, avec ce grand nombre d'autres corrections semblables dont il a usé, je ne saurois m'empêcher de m'écrier,

O proceres! censore opus est, an haruspice nobis? Juven. sat. 2.

P. 117. *C'est un importun duquel j'ai bien eu de la peine à me defaire*, il improuve cela, & veut qu'on mette *dont*, au lieu de *duquel*. L'une & l'autre façon de s'expliquer est bonne, & je craindrois d'être importun, si je voulois que l'une fût meilleure que l'autre.

B v

P. 119. Il n'aura ni les fains ni les malades pour lui, quand il foûtient que *fe médeciner* eſt un mauvais mot.

P. 123. C'eſt pourtant à la Cour où l'on chante, & où l'on danſe *des mieux*. Il feroit croire que l'on n'y parle pas de même, ſi ſon obſervation étoit vraie. Mais je vois des premiers de ce païs-là qui n'en tombent pas d'accord.

P. 124. Il parle fort bien de Henri Quatre, & toute cette ſection eſt véritable: mais j'euſſe voulu y ajoûter, qu'en parlant de nôtre Roi Charles le Sage, il faut dire Charles Cinq, & non pas Charles Quint; comme tout au contraire ſi nous voulons parler de l'Empereur, il faut écrire & prononcer Charles Quint; car ce feroit alors mal dit Charles Cinq, ſi l'on n'ajoûtoit *du nom*, mais l'on dit toûjours l'Empereur Charles Quint.

P. 138. Je ne fai qui eſt cet excellent Avocat, mais il aura bien de la peine à gagner ſa cauſe, quand il veut qu'on diſe *quelque que puiſſe être*. S'il y a une cacophonie à éviter dans nôtre Langue, c'eſt celle-là.

P. 140. Pourquoi ne dira-t-on pas ſi bien, *le malheureux qu'il étoit*, que, *le malheureux qu'il eſt*. Il trouve bon celui-ci, il improuve le premier.

P. 149. Il donne conseil à ceux, qui veulent écrire poliment, de s'abstenir du mot *possible*, adverbial, pour *peut-être*. Je lui soûtiens que toute la Cour le dit, & que nos meilleurs Ecrivains l'emploient. D'ailleurs, il se trouve des lieux où *possible* est mieux placé, même dans le plus haut stile, que *peut-être*; soit pour éviter le mauvais son dans une repetition de plusieurs mots qui auroient la même cadence ou terminaison, soit pour s'éloigner de *peut*, ou *être* qui seroient trop proches; soit encore pour rendre la periode plus juste, ou mieux arondie, ce qui se présente fort souvent.

P. 152. Le *proceder* à l'infinitif se dit à l'exemple des Grecs, les Latins n'aiant pas cette construction. Il est autant dans le bel usage, que le *procedé*. L'un & l'autre se prononcent de même, ce qui trompe souvent ceux, qui condannent le premier. Pourquoi ôterions-nous de nos livres une si noble façon de s'exprimer?

P. 171. Il approuve sur l'autorité de Malherbe *jamais plus*, qui certes ne vaut guères que proche des lieux où l'on dit *mai piû*.

P. 177. Cet article a beaucoup de bonnes regles, mais il se trompe en cet exemple, *le commerce l'a rendu puissante*, en parlant d'une ville; car il faut dire nécessairement, à cause de *l'a*, *le commerce l'a renduë puissante*. Son exemple de Malherbe dans la page qui suit ne vaut rien non plus; car *la desobéissance s'est trouvé montée*, ou *trouvée montée*, ne se disent point tous deux, il faut écrire, *la desobéissance s'est trouvée avoir monté*.

P. 186. Je trouve beaucoup de personnes qui ne peuvent souffrir qu'il condanne si determinément cette phrase, *sa vigueur alloit diminuant de jour en jour*, qui est dans la bouche de tout le monde.

P. 219. Il eût donné une meilleure regle pour les synonymes, s'il eût dit, que quand l'un ne signifie pas plus que l'autre, il s'en faut abstenir; parce que s'ils ne sont alors tout à fait vicieux, il y a peu à redire. Mais que quand le dernier est plus significatif, ou qu'il sert à rectifier un sens équivoque du premier, ils sont fort bons, & demandent le pluriel en suite.

P. 220. *Ai-je fait quelque chose que vous n'aiez fait* ou *faite?* sont tous deux bons.

P. 221. C'est une pure imagination de dire, que *taxer* pour nôter, & même pour accuser, n'est plus reçû aujourd'hui dans le beau langage; & l'équivoque du Palais où l'on dit taxer des dépens, des frais, des épices, qu'on veut, qui l'ait rendu mauvais, est une chose ridicule.

P. même. *Supplier.* C'est ici un des mots, dont il s'est souvenu dans sa Préface, où il le condanne, aussi bien qu'ici, à l'égard de Dieu. Je ne sai, qui sont ceux, dont il parle, qui dans la traduction des livres anciens l'ont emploié en parlant des Dieux du Paganisme, mais je ne voudrois pas alors condanner ce mot, sans voir comment ils l'auroient couché. Il est certain, qu'on ne dit jamais aller supplier Dieu, & qu'un pere dit toûjours à ses enfans, allés prier Dieu. Cela ne prouve pas pourtant que le mot de *supplier* soit impropre, quand on parle à Dieu. Car on dit aussi correctement que pieusement en s'adressant à lui: *Mon Dieu je vous supplie, d'avoir pitié de mon ame,* &c. A faute d'avoir fait cette distinction, l'Auteur des Remarques a declamé à tort dans sa Préface contre ceux, qui s'étoient plaints, qu'on bannissoit ce terme à l'égard de la Divinité, mais qui n'ont jamais ni dit ni pensé, que ce fut bien parler de dire, supplier Dieu, pour, prier Dieu. Voici leur propre texte. *Si nous en croions ces Messieurs, Dieu ne sera plus supplié, il faut qu'il se contente d'être prié, puisque le mot de supplier est impropre à son égard.* Vous jugés bien si cette plainte n'étoit pas juste, & si elle n'a pas été très mal interprétée. En effet la priere où l'on dit, *Mon Dieu je vous supplie*, &c. témoigne bien plus d'ardeur, que celle qui n'emploie que le mot de prier.

P. 224. Les Courtisans, & hommes & femmes (c'est ainsi qu'il parle) qui, pour avoir rencontré dans un livre l'adverbe *à préfent*, en ont soudain quité la lecture; comme faisans par là un mauvais jugement du langage de l'Auteur, se sont plus fait de tort qu'à lui, & je le trouve fort heureux de n'avoir point eu de Lecteurs si peu raisonnables. En vérité il faut avoir le gout fort depravé, pour trouver *à préfent*, vicieux. C'est à peu près la même chose de *partant*, dont il conseille qu'on s'abstienne dans la page suivante 225. Il extermine *d'abondant* avec la même rigueur, p. 230. & *mêmement* p. 244.

P. 249. Je ne sai qui est ce célebre Auteur, qui a écrit *gagner la bonne grace du peuple*, mais il est repris par une raison fort puerile.

P. 250. On dit *guarir* & *guerir*; & le premier n'est pas mauvais comme il pense. Guerir est plus effeminé, & d'enfant de Paris qui change l'*a* en *e*.

P. 251. *Je ne vais pas à l'encontre de cela*, ne peut être condanné avec équité en ce moderne & excellent Ecrivain, que je ne connois point. Et cette autre phrafe, *fut fait mourir*, n'eft pas mauvaife non plus comme il la croit.

P. 256. Il fe trompe, l'on dit auffi bien *courir la pofte*, que *la courre*.

P. 298. Je ne crois pas comme lui, que *chez les Etrangers* foit mauvais.

P. 305. Il fe trompe dans l'exemple qu'il donne, où *ce furent* n'eft pas fi bon que *furent* fans la particule *ce*.

P. 307. *Ce que* ne fe refout point par *fi*, comme il le dit, dans fes exemples mêmes, il répond à *id*, & à *quod*, Latins, & n'eft point vieux, mais élegant.

P. 309. *Vous me ferés ce bien*, &, *vous me ferés le bien*, font également bons. C'eft une fantaifie de croire que le dernier foit plus doux & plus regulier que l'autre.

P. 319. *Je ne ferai jamais ingrat en vôtre endroit*, n'eft pas moins du beau langage, que *je ne ferai jamais ingrat envers vous*, contre le jugement qu'il en fait.

P. 320. Les trois fournitures de fel font femblables, & c'eft fe moquer de nommer la derniere meilleure, & plus élegante. Il y a autant de sel spirituel en l'une qu'en l'autre.

P. 349. Il préfere *dit*, à *dise*. Messieurs nos Maitres, pour parler avec lui, ne seront pas de son avis. Presque tous leurs livres portent *dise* au singulier, *disent* au pluriel, & jamais *dient*. Le composé *médire* a ses tems qui favorisent leur opinion.

P. même. *Bailler* pour *donner* ne doit pas être méprisé, il est nécessaire pour diversifier, outre qu'il est en usage.

P. 359. Il se trompe, il faut écrire *quelques riches qu'ils soient*, & non pas *quelque* sans s. C'est la même chose à l'adjectif qu'au substantif.

P. 364. Je ne voudrois pas bannir de nôtre Langue *notamment*, comme il fait, & il me semble, qu'il vaut bien *nommément*, qu'il lui substituë.

P. 370. Il veut, qu'on dise *prévit*, & non *prévût*, celui-ci néanmoins est plus en usage.

P. 373. A quoi pense-t-il de flétrir cette façon de parler, *il est courroucé contre moi*, en disant qu'on en use rarement? Le figuré n'ôte rien ici au propre.

P. 378. Tout cet article est contre l'usage, aussi bien que contre la raison. Il n'est
pas

pas vrai, comme il l'assure, que tous ceux, qui sont savans en nôtre Langue, condannent cette phrase qu'il propose, *tous ses honneurs, toutes ses richesses, & toute sa vertu s'évanoüirent*. Il veut qu'on mette *s'évanoüit* au singulier, ce qui seroit un parfait solœcisme, à cause que les pluriels, *honneurs & richesses*, demeureroient sans regime & sans construction. L'oreille & l'esprit sont si fort blessés quand on entend, *tous ses honneurs, toutes ses richesses, & toute sa vertu s'évanoüit*, qu'en vérité je n'ai trouvé pas un homme du mêtier d'écrire & de bien parler, qui n'ait rejetté cette élocution. Mais vous ne devés pas avoir trouvé mal plaisant, qu'il appuie toute sa regle sur l'autorité des femmes, qu'il a consultées là dessus, & qui sont toutes de son avis. Sans doute qu'elles devoient être alors dans le dégout ordinaire à celles de leur sexe. S'il eût retardé sept ou huit jours à leur proposer sa question, il les eût trouvées d'un tout autre sentiment. En tout cas je soûtiens, que par ses propres principes, puisqu'elles n'étoient pas alors de la plus saine partie de la Cour, qui fait le bon Usage, selon la definition qu'il en donne dans sa Préface; il n'y a point d'apparence de les rendre juges en dernier ressort de ce différent. Elles me pardonneront, s'il leur plait, cette petite raillerie, qui ne diminuë rien du respect, que je leur ai toûjours porté, & vous m'excuserés de même, si je remets le reste à une autre fois, pour donner un repos à ma main, que vos yeux seront sans doute bien aises de prendre.

SUR LE MEME SUJET.

LETTRE LIX.

MONSIEUR,

Je fais pour m'acquiter de ce que je vous ai promis, la chose du monde qui est le plus contre mon genie, lors qu'entre tant de belles Remarques, & de curieuses Observations, je vous choisis celles, où je pense qu'on peut trouver à redire ; comme si je tirois quelque Aubifoin & quelque Pavot sauvage du milieu d'une très fertile moisson. La figure d'Apollon, portant les Graces dans sa main droite, & son arc avec ses fleches dans la gauche, comme beaucoup plus enclin à faire du bien, qu'à nuire, apprenoit aux hommes d'étude, qui en faisoient autrefois leur Dieu, qu'ils devoient bien plus volontiers louër que reprendre, & publier le mérite des belles choses, que censurer les autres. Mais puisque les mêmes considérations, qui m'ont fait commencer ces petites notes, m'obligent à les continuer, je veux vous tenir parole, & reprendre le livre, que j'avois laissé, au même lieu où je trouve le feuillet plié.

P. 382. Celui, qui est ici nommé un de nos meilleurs Ecrivains, & que je ne connois point, est repris d'une façon de parler qui n'est pas une faute, encore que l'autre phrase, qu'il préfere soit peut-être la meilleure. Il ne faut pas, pour faire une regle, condanner comme absolument mauvais, ce que nous trouvons, qui peut être mieux dit autrement.

P. 383. Si le mot *accoûtumance* exprime mieux & uniquement (il parle ainsi) ce qu'il signifie, pourquoi le condanne-t-il, en disant qu'il commence à vieillir; On nie qu'il soit hors d'usage, comme il dit; non plus que *d'avanture* qui suit.

P. 384. On ne risque rien, comme il pense, en disant *le peu d'affection qu'il m'a témoignée*, quoiqu'on dise fort bien *témoigné*.

C ij

P. 385. Lifés la regle qu'on propofe ici, & comprenés, fi vous pouvés, par quelles raifons l'on condanne cette élocution, *il a été bleffé d'un coup de fléche, qui étoit empoifonnée:* Et où a-t-il appris ce beau principe de Grammaire, que l'article indefini ne reçoit jamais après foi le pronom relatif? Et quand cette maxime feroit auffi réelle, qu'elle eft imaginaire, que deviendront fes propres Aphorifmes, qui portent que l'ufage va fouvent contre les regles; & que ce font des chofes fort différentes quelquefois de parler bien & de parler Grammaticalement, *aliud Latine, aliud Grammaticè loqui.* Y a-t-il quelque façon de s'expliquer dans nôtre Langue, qui fe prononce plus naturellement ou plus ordinairement que celle-là, & toutes celles qui lui reffemblent dans la contrarieté qu'elles ont à fa regle, contre laquelle il pèche lui même en cent endroits; Celle qui fuit dans la page 386. reçoit d'autres exceptions, que du vocatif, & l'on dira fort bien, *il a fait cela par amour, qui eft un dangereux Maitre.*

P. 388. *Au furplus n'eft pas du bel ufage, fi nous l'en croions, bien qu'un excellent Ecrivain qu'on peut imiter en tout le refte, ne faffe pas difficulté de s'en fervir dans fes derniers ouvrages.* C'eft une chofe étrange, qu'un homme qui peut être imité en tout le reste, mérite condannation pour si peu de chose, & qu'il se soit mépris en cela seulement. Il observe que dès le tems du Cardinal du Perron *au surplus* étoit tenu mauvais là où *au demeurant* a cet avantage qu'alors il étoit bon, n'y aiant que quinze ou seize ans qu'on commence à le mettre au rang des termes barbares (c'est ainsi qu'il parle.) Admirés une si précise supputation chronologique, qui n'empêche pas pourtant que ces termes n'aient toûjours été emploiés, & ne le soient encore tous les jours très élegamment.

P. 392. Je ne trouve pas étrange, que ce soit un de nos meilleurs écrivains qui ait dit *avoir à la rencontre*, car il n'est pas mauvais, & c'est à tort qu'on le reprend.

P. 393. L'usage & contre tout ce qu'il dit du *mutuel*, & du *reciproque*.

P. 397. Il approuve cette phrase, *pour s'empêcher d'être suivi*, que je ne blâme pas, mais que beaucoup de personnes veulent éviter. L'autre, qu'il trouve bonne avec raison, *laissant sa mere avec sa femme & ses enfans prisonniers*, n'est pas une faute dans la Grammaire, comme il croit, parce que la préposition *avec* n'a pas toûjours l'effet qu'il dit, joignant au contraire, & entaſſant diverſes choſes pour faire une pluralité.

P. 403. Il y en a qui trouvent plus à redire que moi dans la façon dont il condanne *proüeſſe*.

P. 404. Il ne faut point éviter, quoiqu'il diſe, le mot *d'eſclavage*, qui eſt auſſi noble que ſa ſignification eſt miſerable. Il eût bien mieux fait de croire cet homme très éloquent, qui le trouvoit bon.

P. même. *Aviſer* pour *appercevoir* eſt bas, dit-il, & de la lie du peuple. Les Princes & les Princeſſes néanmoins le diſent tous les jours, & il s'écrit de même.

P. 408. Il ſe trompe, après avoir fait de fort bonnes obſervations. On dit très bien, *il ne le peut pas faire*, & *il ne pouvoit pas mieux faire*, de ſorte qu'ôtant *pas*, il ne reſte rien d'incomparablement meilleur comme il le prétend.

P. 413. *Seraphin* n'a point d'*m*, en Latin non plus qu'en François, témoin ſon genitif, & les autres cas tant du ſingulier que du pluriel. Quand il y a une *m*, il eſt Hebraïque & indeclinable parmi nous. Il a raiſon de condanner *viol*, pour *violement*, mais c'eſt ſans beſoin: car comme il ne ſe dit point, je ne pense pas qu'il puisse montrer, que jamais personne l'ait emploié.

P. 434. Sa remarque sur *courirsus*, n'est pas bonne. L'on dit fort bien, *il ne faut pas leur courir sus*.

P. 435. Il couche *de façon que*, qui est très bon, en fort mauvaise compagnie, pour le faire rebuter; *ma questo non va con l'infalata*.

P. 442. *Vouloir*, pour *volonté*, est encore aussi bon & en prose & en vers, qu'il fut jamais.

P. 446. Il se trompe, l'on dit *fureur du combat*, aussi bien que *furie* ? & *la fureur du mal* se dit aussi.

P. 449. *Fortuné* pour malheureux, n'est pas bas, mais beaucoup de personnes le tiennent mauvais en cette signification, & qu'il faut dire *infortuné*.

P. même. *Et si*, pour *& de plus*, est en usage, & aussi bon qu'il fut jamais.

P. 451. Les *Gestes*, qu'il ne peut souffrir, ont toûjours été un très beau mot, & qui signifie autant tout seul, que hautes ou grandes, & héroïques actions, comme quand je dis, les gestes d'Alexandre le Grand: Si je ne disois, que les actions d'Alexandre le Grand, cela ne signifieroit presque rien, &

C iiij

se pourroit entendre de ses moindres actions, aussi bien que des plus relevées.

P. 458. Je suis de son avis, qu'on a eu tort de reprendre l'expression du Tacite François, qui est très bonne. Cela montre, combien il y a de mauvais Critiques, & doit donner une juste appréhension de censurer mal à propos.

P. 460. Cette regle touchant le verbe *avoir* doit être mise au rang des autres, que nous avons vuës, qui regardent les transpositions. Il veut que tout soit uniforme, & la variété est celle qui agrée le plus. *S'il eût encore été malade*, vaut bien, *s'il eût été encore malade*, quoiqu'il veüille dire.

P. 463. Pourquoi bannit-il *futur* de la prose? On y dit fort bien, les races futures, les assemblées futures, & autres semblables.

P. 465. On ne dira jamais que très mal, en parlant d'une Princesse, elle vient *incognito*, ce qu'il approuve. On dira, elle vient, ou passe comme inconnuë. Et si l'on vouloit se servir alors du terme Italien de même, qu'on fait en parlant d'un homme, il faudroit former une phrase, & dire, elle veut passer *à l'incognitò*, comme l'on dit *à l'improviste*.

P. 479. Ce célebre Ecrivain, qui m'est inconnu, souffre une injuste censure, *cette en-*

treprife lui eft reüffie, eft auffi bien dit que, *cette entreprife lui a reüffi*.

P. 484. Il laiffe aux Notaires *préalable*, & *préalablement*. Mais que dites-vous de l'averfion d'un grand Prince, (qu'à mon avis vous ne connoiffés pas non plus que moi) qui n'entendoit jamais dire l'un ou l'autre de ces deux mots, fans froncer le fourcil? Que devoit-il faire en voiant les Ennemis?

P. 485. Peu de perfonnes tomberont d'accord de fes fubtilités fur *beaucoup*, parce que *gens* ou *perfonnes* font toûjours fouf-entenduës. Et fa regle quand il fuit ou précede un adjectif, n'a rien de réel, ni qui foit de l'ufage; de forte que ce n'eft pas merveille qu'un célebre Auteur l'ait violée.

P. 486. Ce qu'il dit ici du barbarifme eft bien penfé, mais il l'applique mal. Il femble qu'il ne l'ait couché que pour triompher de la phrafe, *lever les yeux vers le Ciel*, qu'il attribuë dans fa Préface à ces Meffieurs, dont il s'eft plaint fi hautement. Il la répete encore dans la page 569. la mettant comme ici au rang des barbarifmes, tant il a crû, qu'elle étoit propre à fon deffein. Cependant il fe trouvera bien loin de fon compte. Car je lui foûtiens, que comme il ne fauroit montrer, que ces Meffieurs aient jamais emploié cette élocution dans tous les livres qu'ils ont écrits, parce que l'occasion ne s'en est pas présentée, aussi avoient-ils raison de se plaindre, qu'on la voulût absolument condanner. En effet il y a des lieux, où elle peut être placée, & servir grandement à l'expression. Par exemple, si je veux décrire ce qui arrive à une personne qui revient d'une defaillance, je dirai fort bien *que reprenant un peu ses esprits elle commença à lever petit à petit ses yeux vers le Ciel.* Cela explique beaucoup mieux la langueur de cette personne au retour de la syncope, que si je disois simplement, qu'elle leva les yeux au Ciel par une action momentanée, au lieu que ce *vers le Ciel* témoigne qu'elle ne les pouvoit pas porter encore jusques là, & que sa débilité l'obligeoit à les arrêter en chemin. Ce n'est donc pas ici un barbarisme tel que l'Auteur des Remarques l'a dit trois fois. Je sai bien, que ç'a toûjours été avec grande civilité. Il fait profession d'honorer ces Messieurs dans sa Préface. Et dans cette page, c'est un de nos meilleurs Ecrivains, qui a commis ce barbarisme. Peut-on mieux donner un soufflet en disant *Ave ?*

P. 459. de faux chifre. Il faut que je mette ici de mon côté les femmes & les

Courtisans, qu'il reprend. Prenons pour cela l'exemple qu'il donne & condanne tout ensemble. *J'ai parlé à un tel de vôtre affaire, il s'y portera avec affection. Celle que vous m'avés fait paroitre ces jours passés, &c.* Je dis, que le commencement de la seconde periode par *Celle*, est fort naïf, & aussi bon, qu'aux choses materielles & personnelles où il l'approuve. N'avouë-t-il pas lui-même dans la page 487. qui suit, que la naïveté est une des plus grandes perfections du stile?

P. 468. On dit *cette affaire lui a bien succedé*, &, *lui est bien succedée*, & l'usage y est tel, que c'est se moquer d'y trouver à redire.

P. 469. La faute qu'il dit avoir trouvée dans les œuvres d'un bon Ecrivain, est une élegance fort utile, & qui sert à l'expression; le *quoique*, après *bien que*, dans l'exemple qu'il propose, me semble nécessaire pour exprimer plus fortement, outre qu'il a une grace particuliere.

P. 486. Il donne un avantage au verbe *faire*, qu'il n'a pas même dans les phrases qu'il propose: *Je n'écris plus tant que j'écrivois autrefois*, vaut bien, *je n'écris plus tant que je faisois autrefois*. Cela est égal pour le moins, si la repetition d'*écrivois* n'est quelquefois meilleure, comme il arrive, quand on s'eſt déja ſervi du mot *faire*.

P. 490. Tout au contraire de ce qu'il dit, aux ſynonymes comme *ſage & aviſé*, il ne faut point repeter la particule *ſi*, vû même que le dernier, qui eſt *aviſé*, ſignifie moins que le premier. Or il ſemble, qu'en repetant, *ſi vous êtes ſi ſage & ſi aviſé*, l'on veuille faire paſſer *ſi aviſé* pour quelque choſe de plus que *ſi ſage*, ce qui eſt ridicule, & s'appelle en Latin *nugari*. Je tiens donc, que ſi l'on met ces ſynonimes, ou autres ſemblables, pour accommoder une periode, à quoi il faut être fort reſervé, le meilleur ſera de les mettre ſans la particule *ſi*, afin qu'on ne penſe pas qu'on ait deſſein de peſer ou faire fort ſur le dernier.

P. 512. *Arondelle*, **hirondelle**, **herondelle**. Le dernier, dit-il, vaut le mieux; hirondelle eſt le meilleur après, & par conſequent arondelle eſt le pire. J'admire cette gradation de bonté, & cet examen à la balance du Raffineur. Arondelle eſt le vrai mot François, témoin nos vieux livres, qui diſoient Arondes, comme l'on fait en Normandie. Le païs Latin a préferé hirondelle à cauſe de *hirundo*. Et Erondelle eſt du franc Badaudois, qui change toûjours l'*a* en *e*, *merri* pour *marri*, comme il l'obſerve fort bien, *Mademe* pour *Madame*. Cela n'empêche pas pourtant, que ſi Erondelle eſt plus en uſage que les autres, l'on ne doive s'en ſervir, puiſqu'on a bien préferé Mademoiſelle à Madamoiſelle, qui ne ſe dit plus. Mais vous étiés il me ſemble dans une grande compagnie, où l'on trouva ſur cette remarque, qu'on avoit choiſi & pris le pire. Il eſt certain que le peuple dit à Paris la ruë de l'Erondelle.

P. 514. Un de nos plus célebres Ecrivains dont il parle, qui tend des piéges à ceux, qui ſe propoſent de l'imiter, & que je ne penſe pas connoitre, ne fait point de faute comme il dit, en plaçant quelquefois les gérondifs *étant* & *aiant* devant le ſubſtantif. Il y a ſouvent de l'élegance en cela. *Aiant ce bon homme fait tout ſon poſſible*, ou, *étant le bien fait de cette nature*, qui ſont ſes exemples choiſis pour décrediter cette façon de parler, ſeront de très bonnes locutions ſelon le lieu où l'on s'en ſervira, quoiqu'il diſe, qu'elles ne ſont plus en uſage que chez les Notaires.

P. 519. *Cela dit*, ſe prononce & s'écrit auſſi bien que *cela fait*, qu'il approuve. Je ne penſe pas m'être jamais ſervi de l'un, ni de l'autre. Mais puiſqu'il reconnoit que plusieurs l'écrivent, & particulierement la plûpart de ceux qui font des Romans, qu'on n'accuse pas de négliger la pureté du langage, il a dû croire qu'ils ne le mettoient pas sans usage.

P. 520. Prenés garde qu'il avouë, que la plûpart du monde dit *ses pere & mere*, ce qui est vrai. Car les plus renommés Prédicateurs, & les plus diserts Avocats parlent souvent ainsi. Et cependant aiant reconnu cet usage, il soûtient, que c'est une des plus mauvaises façons de parler, qu'il y ait en toute nôtre Langue, parce qu'elle ne s'accommode pas à sa regle, qui est d'ailleurs fort bonne. Et que deviendront ces belles maximes qu'il établit dans la page 395. *qu'il faut écrire comme on parle?* & dans la page 375. *que le plus bel usage est celui, qui va contre les regles?* Il n'a pas pris garde que la phrase *ses pere & mere*, s'emploie où l'on diroit autrement *ses parens* & où l'on veut unir les deux Auteurs de nôtre être sans les considérer séparément, ce qui est significatif & élegant, comme, *il a mal traité ses pere & mere; ses pere & mere sont morts*, & cette autre phrase, qu'il met au rang des barbarismes dans la page 570. *les pere & mere sont obligés*. Certes il a tort, c'est une proprieté de nôtre Langue, qu'il faut conferver.

P. 526. Le mot de *gracieux* ne lui femble pas bon, encore, dit-il, qu'un de nos plus célebres Ecrivains s'en foit fervi. En vérité il y a des endroits, où il ne fonne pas bien, mais c'eft quand on le dit exprès pour rire, & avec un ton de la voix, qui fait voir l'intention qu'on en a. Mais pourquoi ne dira-t-on pas bien, *vous trouverés un homme le plus gracieux du monde, & le plus civil,* ou tout au contraire, *un homme très mal gracieux?* Il fait néanmoins bas ce dernier, & dit qu'il n'a pas d'emploi dans le ftile noble.

P. même. Il ne devroit pas tant craindre, qu'on imite ce célebre Ecrivain, qui a mis *par fus tout j'admire,* car il n'a point failli. Cette façon de parler n'eft point vieille, & je ne fai où l'on peut trouver là de *l'archaïfme,* n'y aiant que de la delicateffe, On dit *par fus tout,* changeant l'*r* en *s*. De forte que fi *fur tout* eft bon, *par fus tout* l'eft auffi, & par regle & par ufage. L'amolliffement d'une lettre ne change pas la nature du mot.

P. 537. On dit très bien *au paffage,* de même qu'*au pas des Thermopyles.*

P. 539. Contre fa maxime, *féant,* fe dit fort bien des habits, comme, *un fi court manteau n'est pas séant à un homme de sa sorte.* C'est être ingenieux à se faire de la peine & à se tromper, d'établir des regles sans fondement.

P. 542. *Entaché* lui semble extrémement bas. Je prie Dieu, qu'il le réleve, car il est très significatif, & comme il l'avouë, *dans la bouche presque de tout le monde.* Ainsi voilà presque tout le monde dans une extréme bassesse.

P. 543. Il trouve *fraper sur la cuisse* beaucoup plus élegant & plus François que *fraper la cuisse.* Je le crois par la raison qu'il tait, que fraper la cuisse se dit d'un coup donné pour faire mal, & fraper sur la cuisse est un terme d'amourettes.

P. 544. Il doute si *froidir* est bon. Je ne sai qui l'en pourroit assurer?

P. 548. J'ignore celui dont il parle, seulement suis-je assuré, que ce n'est pas de moi. Mais je ne trouve rien à dire en cette façon d'écrire qu'il reprend: *Je ne saurois oublier, Monseigneur, cet heureux sejour.* Il est vrai qu'il a oublié à enfermer *Monseigneur,* entre deux virgules, comme il faut toûjours faire.

P. 549. On ne doit pas commencer par *Vôtre Majesté, Sire.* Mais dans la suite du discours on le peut fort bien mettre; & c'est le même

même de *Vôtre Alteſſe*, *Monſeigneur*, &c. Pourquoi faire des regles, qui ſont ſans raiſon & ſans uſage, ou plûtôt, qui combattent l'une & l'autre.

P. 559. Il ſe retracte ſans ſujet d'avoir parlé baſſement. Conſidérés je vous prie le malheur de s'arrêter à ce qui ne le mérite pas. Cependant qu'il s'eſt amuſé à faire cette vaine retractation, il pouvoit nous dire de très bonnes choſes comme il fait ailleurs, & ſelon qu'il en eſt très capable.

P. même, ligne derniere. Il cenſure injuſtement un qu'il nomme excellent Auteur. Ses ſubſtantifs ſont trop ambitieux, de vouloir toûjours marcher avec un ſi grand train, & d'être ſi fort ſur le point d'honneur.

P. 570. Il couche bien hardiment des phraſes au rang des barbares, qui n'en ont pas le moindre air. Ce n'eſt pas être barbare d'écrire, *je ſuis obligé de faire & dire tout ce que je pourrai*, ni, *ſe vanger ſur l'un & l'autre*, p. 571. ni, *ſupplier avec des larmes*, p. 572. Car on parlera très bien en ces termes, *il le ſupplioit avec des larmes qui euſſent attendri le cœur d'un Barbare*; & le barbariſme ſeroit plûtôt à mettre *avec l'armes* ſans *des*, comme néanmoins il le veut.

P. 580. Il appelle vicieuses beaucoup de transpositions qui sont bonnes, & souvent nécessaires, prenés la peine de les considérer.

P. 583. Il nomme de même mauvaise structure, ce qui ne l'est point, & qu'un Auteur a mis exprès pour diversifier, vous prendrés plaisir à lui en voir faire l'anatomie. Mais quand il accuse le même Auteur de n'avoir pas écrit nettement de la sorte, *en cela plusieurs abusent tous les jours merveilleusement de leur loisir*: je pense que vous vous trouverés surpris d'une telle censure. Il dit qu'il y a trop de mots pour un seul verbe, & appelle cela *arenam sine calce*. Voilà une riche application du mot de Caligule? & c'est bien entendre ce qu'il vouloit dire? Cet Empereur, ennemi de la gloire de tous les hommes savans, imputoit à Seneque par jalousie, que ses pensées étoient tellement détachées & sans liaison dans ses écrits, qu'il les avoit seulement approchées les unes des autres, les faisant même souvent combattre par des sentences breves & opposées. Il prit sujet là dessus d'user de cette façon de parler, & d'employer la comparaison du sable mal lié, dont tout le monde s'est mocqué, parce qu'elle étoit très mal appliquée contre un

Philofophe, qui fe trouvoit déja dans la grande réputation, & qui s'étoit fervi d'un ftile fort convenable à fa profeffion. Mais accordons à l'Auteur des Remarques, que les Verbes foient de la chaux, & les autres parties de l'oraifon du fable, (quoique cela ne convienne nullement avec le texte de Suetone, ni avec le ftile de Seneque tout rempli de Verbes comme extrémément concis) où eft le défaut de chaux dans la periode que nous venons de voir, qni eft fi courte, qu'il n'a pû la reprendre fans en faire une trois fois plus longue, cimentée par un feul verbe? Vous favés ce qu'on pourroit dire là deffus de celles de Demofthene & de Ciceron, les premiers Architectes que nous aions en cette forte de bâtimens. Ils en font de dix & douze lignes qui n'ont qu'un verbe à la fin. Si eft-ce qu'on ne leur a jamais reproché, que leur fable fût fans chaux; comme perfonne auffi n'a pris, ni pû prendre ces termes de la forte. Pour revenir à la correction, j'aime mieux, qu'un autre lui donne le nom qu'elle mérite que moi, n'ignorant pas, comment un plus hardi que je ne veux être l'appelleroit. Le Cenfeur parle dans fa Préface de la bile de ces Meffieurs. Jugés fi la fienne n'étoit pas ici bien émûe contre eux? auffi a-t-elle eu le tems de se recuire durant dix ans.

P. 593. Cette fin me plait extrémement, où après tant de regles qu'il a données, sur-quoi l'on peut soûtenir, que ni lui ni un autre n'a jamais bien écrit en nôtre Langue, ni n'écrira à l'avenir, il ne laisse pas de prononcer hautement *pour la gloire de la France, qu'elle n'a point encore porté tant d'hommes, qui aient écrit purement & nettement, qu'elle en fournit aujourd'hui, en toute sorte de stiles.* Et comment se peut faire cela, si nos meilleurs Auteurs, & nos plus célebres Ecrivains ont commis tous les solœcismes & tous les barbarismes qu'il leur impute?

Me voici donc arrivé, comme vous voiés, au bout d'une assez longue carriere. Je vous supplie de croire, que sans le desir de vous complaire, & de vous donner à connoitre, que ces nouvelles Remarques ne sont fondées que sur des sentimens particuliers, je n'y aurois jamais apporté de contredit. Elles ne laissent pas d'être d'ailleurs de très grand prix. Leur stile est excellent dans le genre didactique. Elles contiennent mille belles regles sur nôtre Langue, dont je tâcherai de faire mon profit. Et je tiens, que leur Auteur est un des hommes de ce tems, qui a eu le plus de soin de toutes les graces de nôtre Langue, ne trouvant à reprendre en lui que l'excès, & le scrupule, comme en ceux qui ont tant d'ardeur pour une Maitresse, qu'ils passent de l'amour à la jalousie. Mais encore n'étoit-il pas juste de laisser établir sans dire mot de certaines maximes, qui vont à la destruction de nôtre langage. Vous avés vû le nombre prodigieux de dictions & de phrases qu'il veut abolir. Jamais les Renards de Sanson ne mirent tant de désolation dans la moisson des Philistins, que ces Remarques sont capables d'en causer parmi tout ce que nous avons d'œuvres d'éloquence. Et à laisser aller les choses de la sorte, nous tomberions bien-tôt dans la disgrace, dont Seneque s'est plaint, où il commence une de ses Epitres de la sorte; *Quanta verborum nobis* Ep. 59. *paupertas, imo egestas sit, nunquam magis quam hodierno die intellexi.* Quintilien a fait depuis la même plainte en ces termes, *iniqui judices* 3. Inst. *adversus nos sumus, ideoque paupertate sermo-* c. 3. *nis laboramus.* Cependant il n'y a point de comparaison entre l'abondance de leur Langue, & l'indigence de la nôtre, qui ne possede presque autre chose que ce qu'elle emprunte de la Latine. Que l'Auteur des Remarques nous pardonne donc une si juste appréhenfion, & qu'il fe fouvienne, s'il lui plait, que le nom de cet Ange de l'abyme fi redouté, de ce Roi des Sauterelles de l'Apocalypfe, eft celui d'Abaddon en Hebreu, d'Appollyon en Grec, & d'Exterminateur en François. Cela veut dire, qu'il n'y a rien de plus odieux que d'abolir & de détruire. J'aurois beaucoup de chofes à vous ajoûter, mais ma plume érenée, & le lieu où vous voiés que le papier me manque, m'obligent à finir.

Apoc. c. 9. v. 11.

SUR LE MEME SUIET.

LETTRE LX.

MONSIEUR,

Ce que j'euffe pû vous dire la derniere fois, & que vous defirés encore favoir, régarde beaucoup de très bonnes maximes, que l'Auteur des nouvelles Remarques a données en divers lieux de fon livre, quoi qu'il n'y ait rien de plus contraire au but principal de fon ouvrage, qui eft de condanner irrémiffiblement jufqu'à la moindre fyllabe, qui choque tant soit peu les regles Grammaticales, qu'il établit. Certes ce n'est pas une grande merveille, que celui contredise les autres, qui se contredit lui-même, & qui confesse, qu'il ne sauroit observer les loix qu'il veut faire garder avec tant de rigueur.

Je vous ai déja fait considérer par ma derniere Lettre sur les pages 385. & 520. comme ses censures ne pouvoient subsister, s'il est vrai, selon qu'il l'établit, qu'on soit obligé d'écrire de même qu'on parle, & qu'il y ait fort à dire entre parler bien & parler Grammaticalement, & que le bel usage soit celui qui va contre les regles. *p. 195.* *p. 263.* *p. 376.*

Il dit fort bien au sujet du mot *depuis*, p. 174. que l'équivoque qu'il peut faire à cause qu'il est tantôt préposition, & tantôt adverbe, se peut ôter par une seule virgule, & par la construction entiere d'une periode, qui fait connoitre ce qu'il est. Cependant une bonne partie de ses corrections s'évanouïssent par là, & avec ce seul canon, ou cette seule regle, l'on rectifie tout ce qu'il a crû être de travers.

Nous lisons dans la page 396. que c'est la richesse de nôtre Langue de pouvoir dire une même chose de deux façons. Je n'en veux pas davantage pour défendre à propos cent choses, qu'il n'a pas trouvées à son goût.

Il a souvent repété ce qui se lit plus précisément dans la page 424. qu'il n'y a jamais de mauvais son, quand l'oreille y est accoûtumée. Doute-t-il que celles de tant de bons Auteurs & d'excellens Ecrivains qu'il a repris, ne fussent satisfaites des termes, qui ne le contentent pas ?

Il a très judicieusement écrit dans la page 472. du second chifre, qu'il y a des phrases, qui ne veulent pas être épluchées, ni prises au pied de la lettre, *quæ non aurificis statera, sed quadam populari trutina examinantur,* comme parle Ciceron. Et néanmoins il pese tout au trébuchet du Raffineur, dont je me souviens de lui avoir déja fait reproche.

p. 347. Il confesse, que la naïveté est une des plus grandes perfections du stile. Comment se pourroit-il faire, qu'un stile fût naïf dans la gêne où il le met, & parmi tant de contraintes qu'il lui donne ?

Je veux vous faire voir, comme c'est en ceci, qu'il se contrarie le plus, & que ce, qu'il dit lui-même de l'usage, renverse toutes ses maximes, & ne laisse subsister pas une des censures que nous avons improuvées. Il declare dans la page 470. que l'Usage n'est le maitre des Langues vivantes, que lors qu'on n'en eſt point en doute, & que tout le monde en demeure d'accord. Il avoit déja écrit dans la page 454. que de mettre quelque choſe en queſtion, c'eſt une preuve infaillible que l'Uſage ne l'a pas décidé. Et il ajoûte ſelon cette même doctrine page 554. que toutes les fois qu'on doute d'un mot, c'eſt un ſigne infaillible qu'on doute de l'Uſage. Or il ne peut pas dire que tant de grands Auteurs & de célebres Ecrivains qu'il reprend, ne lui diſputent l'Uſage, & que chacun d'eux ne croie connoitre le bon, & celui de la belle Cour auſſi bien que lui. De ſorte, que de les vouloir battre de l'Uſage, & de prétendre gain de cauſe de ce côté là, c'eſt tomber dans le vicieux *Diallele*, & avoir recours à une perpétuelle petition de principe. On lui objectera toûjours, qu'il prend l'Uſage douteux, pour le declaré, ſelon les diviſions de ſa Préface, & par ce moien il ſera contraint de ſe battre en vain dans le cercle, dont la Logique veut que nous nous éloignions ſi ſoigneuſement. En effet il eſt quelquefois ſi peu dans l'Uſage pour lequel il émeut de ſi fortes conteſtations, qu'on lui ſoûtient, qu'il n'y a plus que lui en France, qui donne du Monſieur à Malherbe, ni qui

D v

parle avec plus de cérémonie de Coeffeteau que d'Amiot. Ce ne fera donc pas l'Ufage qui lui pourra donner de l'avantage, puifqu'on en doute, que chacun prétend l'avoir, qu'on traite d'une langue vivante, & qu'il n'eft queftion que de même Ufage fur lequel on ne fe peut accorder.

La chofe de toutes, dont nous fommes le moins d'accord enfemble, c'eft que fon livre foit plus favant que lui, qui l'a fait, & qu'il faille plûtôt fuivre ce que préfcrivent fes Remarques, que la façon dont il écrit. Sa modeftie ne nous doit pas impofer là deffus, & pour vous faire comprendre, que je ne le dis pas fans fujet, confidérons une ou deux des corrections de fon *Errata*. Dans la page 343. ligne 18. il avoit mis après le verbe *tromper, on le peut être encore, &c.* par une fort bonne façon de parler. Il veut qu'on la corrige fans befoin, & qu'on life, *on peut être encore trompé*, ce qui eft indubitablement moins bien, à caufe d'une ennuieufe repetition du mot, tromper, comme toute perfonne accoutumée à écrire, & qui a bonne oreille en tombera d'accord. Voici une autre correction auffi mal fondée, fur ce que la page 461. ligne 5. portoit ces mots, *la toile, dont les Matelots fe fervent*, *pour recevoir le vent qui pouſſe leurs vaiſſeaux.* Il ordonne qu'on ôte *recevoir*, & qu'on mette *prendre* en ſa place, ſur ce prétexte ſans doute, qu'on dit ordinairement ſur la mer *prendre le vent.* Cependant la conſequence qu'il tire de cela n'eſt pas bonne, parce qu'on peut fort bien dire, là & ailleurs, *recevoir le vent.* L'on n'eſt pas toûjours obligé de ſe ſervir des termes de tous les Arts, & c'eſt quelquefois une faute de s'y aſſujetir. En tout cas n'eſt-ce pas ſe moquer de faire une correction de cela ? & ne peut-on pas maintenir, que ſa façon d'écrire vaut ſouvent mieux que ſes regles ?

C'eſt ici, que je vous conjure de vous ſouvenir de tant de beaux préceptes, que ces renommés Orateurs Grecs & Latins nous ont donnés, pour nous faire négliger les petites choſes, comme ſont toutes celles de cette nature, ſi nous voulons prendre quelque idée de la ſouveraine Eloquence. Je ne vous rapporterai rien là deſſus de ce que vous pouvés voir expliqué fort au long dans les Conſidérations ſur l'Eloquence Françoiſe de ce tems. Permettés moi ſeulement d'y ajoûter quelques paſſages du plus grand Rhéteur qui ait enſeigné dans Rome l'art de bien parler & de bien écrire, afin de faire avouër aux plus obstinés, que le trop grand soin des paroles, pour ne pas dire des syllabes, tel qu'on nous le veut faire prendre, a plûtôt été tenu pour un vice, que pour une perfection. Il se moque en un lieu de ceux, *quibus nullus finis calumniandi est, & cum singulis pæne syllabis commorandi.* Il assure ailleurs, qu'il n'y a rien de plus bas, de plus digne de mépris, ni de plus contraire aux nobles fonctions de l'esprit, que cette occupation. *Nam id tum miseri, tum in minimis occupati est. Neque enim, qui se totum in hac cura consumserit, potioribus vacabit: siquidem relicto rerum pondere, ac nitore contemto, tesserulas (ut ait Lucilius) struet & vermiculate inter se lexeis committet. Nonne ergo refrigeretur sic calor & impetus pereat, ut equorum cursum qui dirigit, minuit, & passus qui æquat, cursum frangit.* Et dans le penultiéme chapitre de tout son ouvrage ne conclut-il pas par là, que les préceptes, qu'il a donnés se doivent observer avec facilité, & hors d'une servile contrainte: *Neque enim vis summa dicendi est admiratione digna, si infelix usque ad ultimum solicitudo persequitur, ac Oratorem macerat & excoquit, ægre verba vertentem, & perpendendis coagmentandisque eis intabescentem.* C'est une maxime si con-

Quint. præf. l. 8. Inst.

Lib. 9. c. 4.

stante entre les grands Maitres de l'Eloquence, qu'elle doit être accompagnée d'un généreux mépris, soit de la phrase, soit de la diction, quand il s'agit d'exprimer quelque forte & importante pensée, qu'en ce cas là ils ont fait même des vertus de quelques vices, & de la Catachrese, une figure d'Oraison. Cela se prouve par les premiers Auteurs de l'une & de l'autre Eloquence, Poëtique & Oratoire, qui l'ont toûjours pratiqué de la sorte, & parce que l'on en voit divers exemples dans la fin du livre des Considérations, dont je vous viens de parler, je me contenterai d'y joindre ce qu'a remarqué Dion Chrysostome, qui mérite bien d'être écouté là dessus. Ce grand Personnage représente, comme Homere s'est servi de tous les Dialectes de sa Langue, du Dorien, de l'Ionien, & de l'Attique, les mêlant tous ensemble comme un Peintre excellent broüille ses couleurs. Il ajoûte, qu'il emploioit non seulement les mots reçûs de son tems, mais encore ceux des siécles passés, & qui n'étoient plus en usage; surquoi il le compare aux personnes qui ont trouvé quelque trésor, & qui debitent de vieille monnoie d'or & d'argent qui ne laisse pas d'avoir son prix, à cause de sa bonté interieure. Bref, dit-il, ce

Prince des Poëtes s'eft donné la licence d'ufer de dictions entierement barbares, autant de fois qu'il y a trouvé de la grace ou de l'énergie; en compofant même auffi fouvent que des vers, lors qu'il étoit queftion de faire quelque belle defcription, & de repréfenter le fon des vents, la furie du feu, ou le murmure des rivieres. Cependant Macrobe a fait un chapitre exprès, pour montrer, que *Lib. 5.* Virgile avoit en telle confidération la Poëfie *Saturn.* d'Homere, qu'il affectoit de l'imiter jufqu'en *c. 14.* de certains vices de Vers, dont d'autres avoient la hardieffe de le réprendre. Tant il eft vrai, que ce qui paroit un defaut aux grands Hommes, a fouvent de la grace, & eft plus digne de refpect que de cenfure. *In quibufdam Virtutes non habent gratiam, in quibufdam Vitia ipfa delectant,* dit encore *L. 11. c. 3.* Quintilien. La rudeffe d'un terme, la negligence d'une phrafe, donnent quelquefois du goût, & plaifent par cela même, qui eft le *Id. l. 8.* plus près du vice, *habent ex vitii fimilitudine* *c. 3.* *gratiam, ut in cibis interim acor ipfe jucundus eft.* Auffi n'ignorés-vous pas avec combien de mépris on a toûjours parlé de ces perfonnes, qui pointillent perpetuellement fur les dictions, & que les Latins ont fi bien nommés *cymini fectores, aucupefque fyllabarum.*

Aulu-Gelle les appelle encore fort proprement *verborum penfitatores fubtiliffimos*, lors qu'il fe fouvient de la fottife d'un Gallus Afinius, & d'un Largius Licinius, qui accufoient Ciceron de n'avoir pas bien parlé Latin, *M. Ciceronem parum integre, atque improprie, atque inconfiderate locutum.* Et ce grand Orateur, fi mal repris, traitant de certains Efprits, qui apperçoivent des amphibolies par tout, & qui ne trouvent jamais rien d'affez nettement dit, leur reproche très gentiment, qu'ils font *alieni fermonis molefti interpellatores, qui dum caute & expedite loqui volunt, infantiffimi reperiuntur. Nam dum metuunt in dicendo ne quid ambiguum dicant, nomen fuum pronunciare non poffunt.* Il ne faut donc pas être fi exact aux moindres équivoques, ni condanner des élocutions, comme mauvaifes, fur ce prétexte, qu'à les prendre d'un autre côté que n'a fait celui, qui s'en fert, on leur pourroit donner un fens différent du fien. Je fai bien, que Zenon difoit, qu'il y avoit moins d'inconvenient à broncher du pied que de la langue, mais il parloit en Philofophe, & ne fongeoit alors à rien moins, qu'à faire le Grammairien. En vérité il n'y a rien de plus ennemi des productions ingenieufes, que ces foins

Noct. Att. l. 17. c. 1.

Lib. 2. ad Herenn.

Diog. Laërt. in Zen.

trop exquis du langage. Ils occupent tellement l'esprit, lors que son attention y est si attachée, qu'il ne songe presque à autre chose, & consumant en cela toute sa force, il n'a plus que de la langueur pour le reste, qui importe beaucoup davantage. Un homme, qui travaille de la sorte dans une crainte perpetuelle de pècher contre les regles de la Grammaire, ressemble proprement à ceux, qui cheminent sur la corde, que l'appréhension de tomber ne quite jamais, & qui ne songent qu'à faire pas à pas le petit chemin qu'ils ont entrepris, *patiatur necesse est illam per funes ingredientium tarditatem.* Ajoûtés à cela, que comme beaucoup d'ouvrages s'affoiblissent tellement par la polissure, qu'ils n'ont plus rien de solide; le meilleur stile du monde se corrompt, s'il est trop limé, & perd sa vigueur à mesure qu'on repasse dessus.

Or je ne doute point, que l'Auteur des Remarques ne demeure d'accord de la plûpart de ces maximes, puisqu'il reconnoit, que les pensées sont sans comparaison plus importantes que les paroles. Comme il a de grands dons de la Nature, auxquels il a sçû joindre une très exquise érudition, il ne se peut faire, qu'il n'ait remarqué mieux que moi dans tous les bons Auteurs cette même doctrine.

Quint. 2. inst. c. 13.

doctrine. Je fuis d'ailleurs de fon opinion en ce qui concerne le bon ufage, qui doit être fuivi, & j'avouë, qu'on fe doit abftenir autant qu'on peut des mots barbares, & des phrafes vicieufes. Mais nonobftant toute cette conformité nous ne laiffons pas d'être fort divifés. Je lui foûtiens, que les corrections fcrupuleufes, les cenfures injuftes, & les regles fautives, qui fe trouvent dans fes Remarques, encore qu'il y en ait beaucoup d'autres très bonnes, vont à la ruine totale non feulement de nôtre Eloquence, mais même de nôtre langage ordinaire, qu'il réduit à la mendicité, pour parler comme ces Auteurs Latins que je vous ai cités. Je n'en veux point de plus forte preuve que celle que je tirerai de fa propre confeffion, & de ce qui lui eft arrivé dans la production de ce bel ouvrage. Il reconnoit, qu'il lui a été impoffible de faire fi bien, qu'il n'ait pèché contre fes préceptes, & il prie fon Lecteur d'avoir feulement égard à fes Remarques, fans s'arrêter à la façon d'écrire contraire, dont il s'eft fervi. Et qui pourra jamais obferver les loix qu'il donne, fi lui même, qui les a faites, qui les a écrites, qui a tant médité deffus, ne les a pû garder? Vous êtes trop clairvoiant, pour ne faire pas le même jugement que moi. Et vous avés trop de connoiſſance de nôtre Langue, auſſi bien que de celles, dont elle tire ſon origine, pour n'avoir pas remarqué l'injuſtice de ce qu'il retranche tantôt comme vieux, tantôt comme bas, & tantôt comme barbare, avec l'impoſſibilité de s'aſſujettir à mille ponctualités qu'il ordonne, d'autant plus déraiſonnables, qu'elles ſont nouvelles, & que l'uſage de tous les bons Ecrivains qu'il reprend, les contredit.

Mais pour finir par quelque réflexion Philoſophique, n'eſt-ce pas une choſe merveilleuſe qu'on ſe forme de ſi différentes idées de l'Eloquence? & que ce qui plait aux uns à cet égard, ſoit ſi abſolument condanné par les autres; Il faut pour vous faire rire, que je vous montre ici de quelle façon cette excellente faculté a été priſe, ſelon les tems & les lieux différens. François Alvarez écrit dans ſa Rélation d'Ethiopie, que quand il fut ſur le point de revenir de ce païs là, le Prête-Jan aiant reſolu de faire réponſe au Roi de Portugal, tous ſes Secretaires d'Etat ſe mirent à étudier les lettres de S. Paul, de S. Pierre, & de S. Jacques, les aiant toûjours devant eux durant un long tems qu'ils emploièrent à faire celle de leur Prince. Il n'y a point de doute que ce sont des piéces divines, & qui ne peuvent pas être mieux couchées pour ce qui regarde nôtre salut, puisque c'est le S. Esprit qui les a dictées. Mais en ce qui touche l'Eloquence humaine, pour laquelle ces Messieurs les prenoient comme un excellent original, vous m'avouërés, qu'on croiroit les profaner par deçà de les appliquer à un tel usage, & que le Cardinal d'Ossat, ni autre qui ait écrit des lettres d'Etat, ne songèrent jamais à se mouler sur un tel patron. Nous lisons de même dans l'Epitome de la vie du Roi Robert, fait par un *Helgadus monachus Floriacensis*, que ce Roi se plaisoit si fort à l'étude de l'Eloquence, qu'il ne se passoit jour qu'il ne lût dans les Pseaumes de David : *Eloquentiæ tantum incumbens, ut nullus laberetur dies, quin legeret Psalterium.* En vérité je pense, que la lecture de nôtre Roi étoit plûtôt un effet de sa pieté, que d'un desir de se rendre éloquent. Mais il faut pourtant que ce bon Moine, qui l'a écrit de la sorte, crût qu'il n'y avoit point de piéce oratoire, comparable à la version commune des Pseaumes, que nous ne considérons jamais à cause de l'éloquence, bien qu'ils en puissent avoir beaucoup dans leur Poësie Hébraïque. Les goûts sont donc différens en ceci comme en toute autre chose. L'on voit des personnes, qui ne peuvent souffrir la moindre allusion de mots, ou le moindre jeu dans la diction. Si est-ce que Platon, *Epist. 27.* Ciceron, & Seneque même, tout austere qu'il est, ne les ont pas rejettées. Je viens de lire présentement dans ce dernier, *nunquam nimis dicitur, quod nunquam satis discitur.* Il est tout plein de semblables rencontres. Les Hyperboles sont insupportables à beaucoup de gens, & en vérité, l'on en voit qu'Aristote a fort bien nommées, μειρακιώδεις, pueriles. Les principaux Auteurs néanmoins, Grecs & Latins, se sont dispensés d'en mettre de telles dans leurs compositions, que le plus grand Hyperboliste de ce tems ne *Idy. 14.* voudroit pas avoir pensé à les écrire. Théocrite le moins licentieux des premiers, parlant d'une femme amoureuse, dit qu'elle étoit tellement en feu, qu'on eût pû allumer une *Lib. 1. ad* lampe en l'approchant d'elle. Tertullien *nat.* pour bien décrire la jalousie de quelques hommes, assure, qu'il en sçavoit plusieurs, qui jettoient des soûpirs, s'ils voioient seulement entrer un Rat dans la chambre de leurs femmes. Et Saint Jean même n'a-t-il pas fini son Evangile par des termes, qu'il ne faut pas prendre au pied de la lettre, quand il dit;

Que si tout ce que nôtre Seigneur a fait, étoit couché par écrit, tout le monde n'en pourroit pas contenir les livres ? Cela se doit entendre, disent S. Augustin & S. Thomas, non pas de la capacité du lieu, mais de la capacité des hommes, comme s'il avoit prononcé, que tout ce qu'il y en a au Monde ne pourroient pas comprendre la grandeur des actions de Jesus Christ. *Hos libros non spatio locorum credendum est mundum capere non posse, sed capacitate legentium comprehendi fortasse non possent.* Il ne faut donc pas condanner indifféremment toute sorte d'Hyperboles. J'apprens, qu'il se trouve encore des Esprits si difficiles, que les plus belles comparaisons les choquent. Vous savés, que la comparaison est de toutes les Figures celle que les Anciens ont le plus volontiers emploiée. Et pour montrer l'état qu'ils en faisoient, il ne faut que voir, comme Hesiode, s'il est le véritable Auteur du Bouclier d'Hercule, voulant décrire le combat de cet Héros contre Cycnus, use de quatre similitudes différentes, qu'il met l'une après l'autre sans interruption. Enfin les pensées, même les plus nettes, & les plus relevées ne sont pas jugées quelquefois tolerables, quand on les considére d'un certain côté. En voici un

3. part. Sum. qu. 42. art. 4.

exemple très notable: Hegesias faisant cette remarque, qu'au même jour qu'Alexandre nâquit, le Temple de Diane avoit été brûlé, ajoûta, que sans doute cette Déesse étoit alors absente, & empêchée aux couches d'Olympias. Plutarque dans la vie de ce Prince trouve la rencontre d'Hegesias si froide, qu'elle pourroit, dit-il, éteindre toute seule un si grand embrasement. Ciceron tout au contraire la nomme gentille au second livre de la Nature des Dieux, où il l'attribuë à Timée, & en fait cas, comme d'une des belles imaginations de cet Historien. Qui doute, que les différens Génies de ces deux grands hommes, Ciceron & Plutarque, ne leur aient fait faire de si divers jugemens? Ne nous étonnons donc pas de la varieté des opinions touchant l'art de bien dire, puisque toutes les parties, qui le composent, sont sujettes à être prises en tant de façons. L'Ane de l'Apologue qui trouva le chant du Coucou préferable à celui du Rossignol, à cause que celui du premier n'étoit pas si obscur ni si inégal, nous apprend, qu'il n'appartient pas à tout le monde de dire son avis de l'Eloquence. C'est pourquoi je vous prie de ne me pas croire si téméraire, que je voulusse rien prononcer determinément & comme en dernier reſſort. Il me ſuffit de vous expliquer privément mes ſentimens particuliers, que je ſuis toûjours prêt de quitter à la premiere connoiſſance, qui me viendra de ce qui leur doit être préferé. Attendant cela je me tiens ferme aux leçons, que ces grands Orateurs Grecs & Romains nous ont laiſſées. Je vois qu'ils mettent tous l'Eloquence infiniment au deſſus de la Grammaire, & qu'ils maltraitent même aſſez ſouvent cette derniere. Cela me fait croire, qu'on ne ſauroit donner à la premiere trop d'honnête liberté, & qu'elle n'a peut-être rien qui lui ſoit plus contraire que cette multitude infinie de nouvelles regles Grammaticales, dont il me ſemble qu'on la veut injuſtement opprimer.

D'UN HOMME QUI REPONDOIT, ÉTANT ENDORMI, EN TOUTES LANGUES OÙ ON L'INTERROGEOIT, QUOIQU'IL NE LES SÇUT PAS.

LETTRE LXI.

MONSIEUR,

Puisque vous voulés être informé du fait, dont l'on vous a dit quelque chose touchant cet homme, qui parloit toute sorte de Langues en dormant, & que vous desirés même de savoir ce que j'en pense; il faut que je rende cette lettre beaucoup plus longue, que je n'ai accoûtumé de les faire, & que vous vous resolviés à la peine de lire ce que vous m'aurés obligé d'écrire avec assez de fatigue.

La Cour étant à Compiegne cet Eté dernier, & le Roi prenant son divertissement l'aprèsdinée sur cette agréable terrasse du Chateau, où étoit aussi Monsieur, Frere unique de sa Majesté, je me trouvai avec Monsieur de Guitaut dans un de leurs appartemens, d'où nous les considérions, & où entre autres propos il me tint celui-ci : Qu'il avoit vû, lors qu'il commandoit dans Broüage, un nommé le Fevre, de la ville de Roüen, qui non seulement parloit en dormant, & répondoit comme beaucoup d'autres sans s'éveiller, étant interrogé, mais qui le faisoit même en toutes Langues, encore qu'il ne sçût bien que la Françoise, & un peu de l'Espagnole & de l'Italienne. Cela m'obligea à tirer de lui le plus de circonstances, que je pûs, d'une chose, qui me sembloit très digne de considération. Et parce que j'appris de son discours, que ce le Fevre étoit venu à Broüage sur un vaisseau, où étoit aussi Monsieur de la Hoguette, que vous & moi connoissons fort bien, je ne fus pas plûtôt arrivé à Paris, que je donnai un mémoire pour lui être envoié, à Messieurs du Puy, qui sont dans le commerce ordinaire de lettres avec lui, afin de recevoir encore quelque lumiere de ce côté là. En effet il leur récrivit par deux fois sur ce sujet. Et dautant qu'il confirmoit tout ce que m'avoit dit Monsieur de Guitaut, avec quelques particularités qu'il importe de savoir, je les vous dois rapporter, il me semble, avant que de passer outre.

Monsieur de la Hoguette assure ces Messieurs, qu'aiant couché long-tems sur un même matelas en mer avec le Sieur le Fevre, il se souvient d'avoir fait plus de vint fois l'experience, lors qu'il dormoit, de ses réponses en diverses langues, qu'il ne savoit point.

Que pour le mettre en beau train, il faloit lui faire faire débauche avec de l'hypocras ou du vin brûlé, parce qu'après cela il n'avoit pas plûtôt la tête sur le chevet, qu'il commençoit à parler seul en propos ordinaires, & puis répondoit en tout langage, où il étoit interrogé, quoique souvent il n'y eût ni ordre, ni suite, ni sens, en ses discours.

Qu'une fois devant plus de vint-cinq personnes venuës exprès pour l'entendre, un nommé Lambel, lui parlant Canadien, il lui répondit en Canadien: Qu'un autre Sieur de la Brosse, Secretaire du Chevalier de Saint Luc, lui parlant Anglois, il répondit en Anglois: Que Monsieur de Guitaut lui aiant prononcé ces seules paroles qu'il avoit lûës dans Thevet, *Paraoufti Satouriona*, qui font le nom d'un Roi de la Floride, il fe mit à parler d'une forte, qui fit dire à un marinier préfent, qu'il parloit le langage des Topinamboux. Et que lui la Hoguette s'étant avifé de lui dire ces autres paroles Grecques de nôtre Oraifon Dominicale, ἁγιασθήτω τὸ ὄνομά σȣ, *agiaftito to onoma fou*, il repartit en un certain baragouin, dont la cadence fembloit être Grecque.

Qu'une autrefois il fit auffi en dormant l'horofcope d'un Capitaine de mer, qui n'étoit pas de fes amis. Il prononça même, qu'il avoit le *Caput Algol* en afcendant, & qu'il mourroit de mort violente, comme en effet il fut tué depuis en duel.

Enfin que Monfieur de Guitaut l'entendit chanter une autre fois encore, les trois parties d'un Balet, qui avoit été danfé chez lui, s'écriant à la troifiéme: Monfieur Titeloufe, voici de la Chromatique: ce Titeloufe étoit un excellent Muficien de Rouën, qu'il connoiffoit.

Car il ne faut pas ignorer, que lui le Fevre avoit les premiers élemens de mille belles connoiffances, mais imparfaitement & avec confufion. Il favoit la Mufique, joüoit du Luth, étoit Empirique, & avoit quelque legere notion de toutes les parties des Mathématiques, mêmes de la Judiciaire. Mais il craionnoit aussi bien qu'autrefois du Mouftier (*), c'est à dire en perfection, & l'on ne voioit point d'homme, qui écrivit mieux que lui. Joignés à cela qu'il avoit deux freres fort galans hommes, & que leur maison étoit d'un fort grand abord à quantité d'honnêtes gens, de qui il avoit retenu beaucoup de choses.

Et certes toutes ces différentes notions lui avoient rempli l'esprit de tant d'images confuses, qu'en veillant, & étant en conversation, il avoit la physionomie d'un homme, qui dormoit, & qui en étoit assoupi: Au lieu dequoi, & par un effet tout contraire, étant endormi, il paroissoit être éveillé.

J'ajoûte pour derniere circonstance de la lettre de Monsieur de la Hoguette, que feu Monsieur de Cominges, frere de Monsieur de Guitaut, & celui, que vous m'avés souvent ouï tenir pour le Gentilhomme de son tems, qui avoit le plus d'éloquence naturelle, aiant demandé au même le Fevre endormi, qui étoit le meilleur de ses amis? il répondit que c'étoit Monsieur de la Hoguette.

(*) Peintre françois, qui faisoit des Portraits en crayon.

Sur quoi Monsieur de Cominges lui repliquant, qu'il étoit fort abusé, & que ce la Hoguette lui rendoit tous les jours de mauvais offices auprès de Monsieur de Saint Luc: Il jura le nom de Dieu contre son ordinaire, se levant en son séant, & proferant ces mêmes termes, Qui que vous soiés, vous avés menti, la Hoguette est homme d'honneur, je m'en vai vous attendre à la Pierre; c'étoit un lieu où les soldats avoient accoûtumé d'aller se battre.

Mais je ne dois pas aussi oublier ce que je tiens particulierement de Monsieur de Guitaut, que toutes les fois qu'on avoit fait ainsi parler le Sieur le Fevre, il avoit le lendemain un grand mal de tête, dont il se plaignoit fort, protestant qu'on avoit tort de lui causer cette disgrace, car il reconnoissoit par sa douleur de tête, quand on avoit pris plaisir autour de lui, durant qu'il dormoit.

Voilà le thème sur lequel vous voulés que je vous entretienne, & qui m'oblige d'abord à vous dire, qu'on le peut traiter en deux façons fort différentes; l'une en termes de pure Physique, qui se donne toute la liberté qu'ont euë les premiers Philosophes Grecs & Latins, & l'autre en termes de Théologie Chrétienne, qui se renferme dans les bornes raisonnables, que la Foi nous préscrit. Car non seulement celle-ci nous fait connoître un commencement & une Création du Monde, elle nous apprend de plus, qu'un premier homme, de qui tous les autres tirent leur origine, imposa le nom à toutes choses par le moien d'une science infuse: Et que depuis lui jusqu'au tems de ce téméraire & prodigieux bâtiment de la Tour de Babel, il ne se parloit qu'un seul langage par toute la Terre, *Terra erat unius labii;* la diversité des Langues n'aiant été introduite au Monde, que pour punir l'attentat d'une si insolente architecture. Ce sont des vérités révélées, qui nous obligent à nous départir de beaucoup de raisonnemens, qu'on pourroit fonder ici sur l'ancienne Philosophie. Touchons-en quelque chose néanmoins, tant pour les reconnoitre aucunement, que pour nous servir de ce qu'ils ont qui peut compatir avec nôtre créance.

C'est une question célèbre, il y a long-tems, dans l'Ecole, au rapport d'Aulu-Gelle, si les noms, qui composent les Langues, & qui sont, disent les Philosophes, des instrumens propres à nous faire discerner la substance des choses, leur ont été imposés par un pur instinct de Nature, ou s'ils dépendent

Lib. 10. noct. Att. c. 4.

de la fantaisie des hommes, qui en aient convenu pour signifier ce qu'ils nous représentent; Φύσει τὰ ὀνόματα ἢ θέσει, *an nomina naturalia; an arbitraria, positiva & ex instituto.* En effet c'est le sujet d'un des Dialogues de Platon, où Cratyle, qui lui a donné le titre, soûtient, que l'imposition des noms s'est faite naturellement, aiant en cela Pythagore & Epicure pour fauteurs de son opinion, dont le premier considéroit la Nature dans cette action, douée d'une souveraine sagesse, *summæ sapientiæ Pythagoræ visum est omnibus rebus imposuisse nomina*, dit Ciceron au premier livre de ses Tusculanes. Dans le même Dialogue de Platon, Hermogene contredit Cratyle, & veut, que le seul consentement des hommes ait été cause, que les noms soient demeurés aux choses tels qu'elles les ont; en quoi il a été suivi par Aristote, *Lib. de Interpr.* pour ne rien dire de Democrite, qui prouvoit le même sentiment par les homonymies, polyonymies, & heteronymies, où l'on ne voit rien de cette suprême sagesse de la Nature. Mais Socrate au même lieu, comme un facile & agréable médiateur, trouve bon, que quelques noms soient naturels, pourvû qu'on tombe d'accord, qu'il y en a beaucoup d'autres, qui viennent du caprice des hommes, qui les ont impofés, comme bon leur a femblé. Et il trouve des marques de cela dans la plus ancienne & la plus philofophique de toutes les Poëfies, où les Dieux nomment Xanthus le même fleuve, que les hommes appelloient Scamandre; où l'oifeau Chalcis des premiers, eft le Cyminde des derniers, & où le Géant, qui portoit le nom de Briarée au Ciel, n'avoit que celui d'Ægeon en terre.

Or déja toutes ces opinions n'ont rien de formellement contraire au texte de la Génefe, fur lequel on peut dire, qu'Adam, donnant les noms à toutes chofes, fe laiffoit conduire à la Nature, qui agiffoit divinement en lui, comme n'aiant point encore été corrompuë par le péché, & qui lui pouvoit faire prononcer *tu*, & *vos* en pouffant les levres & l'halaine comme pour defigner ce qui eft au dehors, de même que *ego*, & *nos*, en les retirant en dedans felon l'obfervation de Nigidius au même lieu d'Aulu-Gelle, dont nous avons déja cité quelque chofe. Car puifque les termes, qui ont la même fignification que ceux-là, foit Grecs, foit François, foit des autres Langues, qui nous font connuës, obligent aux mêmes mouvemens de la bouche, & des autres organes, qui
fervent

servent à l'articulation de ces paroles, il y a sujet de croire, que cela se pouvoit trouver encore de la sorte au premier de tous les idiomes, que parloit Adam. Ainsi le sentiment de Cratyle trouve ici son compte, aussi bien que celui d'Hermogene, puisque nôtre premier Pere & ses successeurs ont nommé à leur fantaisie tout ce qui vint à leur connoissance. Ce qui rend encore probable la troisiéme pensée de Socrate, qui n'est rien qu'un accommodement des deux premieres, qu'elle présuppose véritables en partie.

Il n'en est pas de même de ce que s'est imaginé Diodore Sicilien au premier livre de sa Bibliothéque. Il dit, que les hommes au commencement n'avoient qu'une voix confuse & qui ne signifioit rien: mais qu'elle devint enfin distincte ou articulée, & même significative par le moien des signes qui accompagnoient la parole de ces premiers hommes, en montrant la chose, dont ils parloient, qui reçût par un commun consentement le nom, qui lui étoit ainsi donné. Mais dautant que les influences du Ciel faisoient produire à la Terre des hommes dans toute son étenduë, qui usoient de sons différens pour designer leurs objets, aiant des mouvemens interieurs, dissemblables selon les climats, où ils naiſſoient, il arriva, qu'ils s'exprimèrent diverſement, à cauſe des lieux de contraire poſition & de différent temperament, qu'ils habitoient. Et c'eſt de là, que ceux de cette opinion veulent, que ſoient venuës tant de Langues, qui n'ont rien de commun les unes avec les autres, & tant d'Idiomes, diverſifiés par les peuples, ſeparés de demeure, auſſi bien que d'inclination & de naturel. Cependant que peut-on dire de plus oppoſé aux livres de Moïſe, que tout ce diſcours, qui battroit en ruine, s'il avoit quelque ſolidité, la Tour de Babel & ce qui en dépend? Auſſi doit-il être rejetté comme offenſant la Foi, à laquelle il n'y a point de raiſonnement humain, qui ne doive ceder.

Pour venir maintenant au fait particulier de ce le Fevre, qui parloit en dormant toute ſorte de langues, ne pourroit-on pas dire dans le ſentiment de Pythagore & de Cratyle, que puiſqu'elles ſont naturelles, l'eſprit humain ſe peut trouver dans une ſi parfaite diſpoſition, que par le même inſtinct, qui les a produites, il en aura quelque uſage & quelque connoiſſance, dans les termes mêmes de nôtre Réligion. Car l'imperfection du pèché originel n'a pas ruiné de telle ſorte nôtre nature, qu'elle ne paroisse souvent toute divine, &, comme Aristote la nomme en plus d'un lieu, Démoniaque. Aussi voions nous, que le Médecin Huarte a soûtenu dans son Examen des Esprits, qu'il s'est trouvé des hommes d'un temperament de cerveau tel, qu'ils ont parlé Latin, sans l'avoir jamais appris. Et il prétend que ce même temperament a formé la parole à quelques enfans presque en sortant du ventre de leur mere, selon que le même Aristote le rapporte au Problême vint-septiéme de la section onziéme. Mais ce grand pouvoir de la Nature ne se reconnoit jamais visiblement, que quand nôtre ame presque séparée de la matiere, d'où lui vient cette tache originelle, opere sans le ministere des Sens, comme il lui arrive quand elle tombe en extase; ou que dans un sommeil extraordinaire l'imagination demeure libre, & fait des operations, qui passent pour miraculeuses. La Fureur même, qui est un autre transport de nôtre raison hors de son assiette ordinaire, cause des actions d'esprit, qui paroissent surnaturelles. Un Citoien de Syracuse nommé Marac, qui se méloit de faire des vers, n'en faisoit jamais d'excellens, dit encore Aristote, que quand il étoit dans l'accès d'une demence ou folie, qui le prenoit souvent; & chacun sait, que la fureur Poëtique passe pour une grande Vertu. La Divination est nommée μαντικὴ des Grecs, comme étant fort voïsine de la manie ou fureur. Les fiévres chaudes font parler ceux, qu'elles travaillent, des langages inconnus. Pomponace nous apprend, que la femme d'un Savetier de Mantouë fut guerie par un Médecin, d'une maladie mélancolique, qui la faisoit parler diverses langues. Un Continuateur des diverses Leçons de Pierre Messie garantit l'exemple d'une femme Limosine, que la fiévre ardente fit discourir trois jours entiers en bon François, qui lui étoit entierement inconnu. Il veut que Fernel ait écrit avoir vû un Page du Roi Henri Second, ignorant jusqu'à ne savoir ni lire ni écrire, qui néanmoins parloit bon Grec dans une Phrénesie dont il étoit travaillé. Fernel pourtant a bien fait mention au seiziéme chapitre de son second livre *de abditis rerum causis*, d'un Gentil-homme possedé, à qui le mauvais Demon donna l'usage de la langue Grecque; mais cela ne fait rien à nôtre propos, & je ne crois pas, qu'on lise dans aucun de ses Traités, ce que ce Continuateur lui attribuë. Repetons plûtôt, que la seule alteration d'esprit a quel-

Lib. de Incant. c. 10.

quefois enseigné le Latin à des personnes, qui ne l'avoient jamais étudié, si nous en croions cet Huarte que nous venons de citer. Erasme veut aussi dans son Panegyrique de la Médecine, qu'un homme de la ville de Spolete devenu maniaque, ait parlé fort bon Alleman, sans aucune instruction précedente; avec cette particularité, qu'il n'entendit plus la même langue, aussitôt qu'il fut gueri. Et nous voions dans Saint Luc, que ceux, qui se mocquoient des Apôtres que le Saint Esprit venoit de gratifier du don des Langues, dirent qu'ils étoient hors de sens, pour avoir pris du vin par excès. Tant il est vrai, que tout ce qui met aucunement nôtre ame hors de son lieu, qui la détache à ce qu'il semble, & qui lui fait faire des saillies violentes, a toûjours été tenu capable de lui apprendre en un instant des idiomes nouveaux, & de la faire parler des langues qu'elle n'a point apprises.

Que le sommeil délie l'ame des sens, qu'il la purifie, & la fasse agir d'une façon du tout extraordinaire, mille exemples le prouvent de songes tenus pour divins, & d'une infinité de remedes que la Médecine confesse lui avoir été revelés en dormant. Cardan reconnoit dans son traité de l'Immortalité de l'ame, *pag.* 230. qu'il doit beaucoup de demonstrations Géometriques aux raisonnemens de son esprit lors qu'il étoit endormi, parce qu'au tems qu'il composoit les livres de sa nouvelle Géometrie, il venoit à bout en dormant, de ce qu'il n'eût osé se promettre de lui étant éveillé. Et je vous puis assurer qu'il m'est arrivé, aussi bien qu'à beaucoup d'autres, d'avoir eu des pensées dans le plus profond sommeil, dont je demeurois étonné en m'éveillant, & que quand j'ai pû me souvenir des termes où je les avois mises, soit en vers, soit en prose, j'ai admiré l'avantage, qu'avoit pris la partie superieure durant l'assoupissement de l'autre. Mais il ne faut pas trouver étrange, que l'esprit agisse alors bien plus noblement en lui-même; puisqu'aux choses mêmes, où il se sert durant ce tems-là du ministere des sens & de la matiere, il ne laisse pas d'y operer quelquefois presque miraculeusement. Vous savés ce qu'on assure de ceux qui cheminent de nuit tout endormis, & que les Latins ont nommés pour cela *noctambulones*. Le Philosophe Theon étoit de ce nombre là, si nous en croions Diogene Laërce, qui dit encore dans la vie de Pyrrhon, qu'un serviteur de Pericles montoit même sur le toit des maisons sans s'éveiller. Le

Médecin Galien témoigne, qu'il est souvent allé à pied par la longueur d'un stade dans un profond sommeil. Et l'on a écrit, qu'une personne, qui ne savoit pas faire la moindre brassée dans l'eau étant éveillée, passoit toutes les nuits une riviere à nâge en dormant. C'est donc une chose rare à la vérité, mais non pas impossible ni surnaturelle, que l'ame s'exerce bien mieux alors, soit en elle-même avec la parole & le raisonnement, soit en se servant plus expressément des organes corporels, comme tant d'exemples le prouvent évidemment.

Je veux m'abstenir des raisons, qui se pourroient tirer de la Philosophie d'Avicenne, selon laquelle l'entendement humain se trouve quelquefois disposé de telle sorte, lors qu'il s'éleve au dessus de la matiere, que toutes choses lui sont possibles. Dans la doctrine de cet Arabe, nôtre ame peut alors commander aux vents, exciter soit des pluies, soit des grêles, & par la force de son imagination, agir non seulement sur le corps, qu'elle informe, ce qui est ordinaire, mais même sur d'autres, avec tant d'effet, qu'elle oblige un chameau à s'arrêter tout court & à tomber contre terre. Ne veut-il pas encore que l'homme participe tellement de toutes les vertus des corps superieurs & inferieurs, qu'il les égale tous par puissance? Il le rend capable, non seulement d'agir comme les Intelligences pures, mais de posseder même quelquefois les plus rares proprietés des pierres, des plantes, & des animaux. Et n'a-t-on pas écrit des Arabes & de quelques Indiens, qu'en mangeant le cœur ou le foie d'un dragon, ils entendoient le jargon de tous les animaux? Philostrate aiant donné cette merveilleuse connoissance à son Apollonius, qui interprétoit à ses disciples les ramages différens des oiseaux. Certes il semble, qu'il y ait moins de chemin à faire pour parvenir à la connoissance de toutes les langues des hommes, que pour arriver à celle de tant de différentes especes d'animaux. Et d'ailleurs, si le cœur de dragon a la proprieté que Philostrate lui donne, l'esprit de l'homme, selon Avicenne, la possede encore par puissance, & par acte, lors qu'il est dans une disposition, qui l'exemte des loix ordinaires de la matiere. Or il n'y a point de tems, où l'ame paroisse telle, & si separée du corps à l'égard de quelques-unes de ses facultés, que pendant le sommeil, qui a fait attribuer la divinité aux songes, & qui pouvoit donner au Sieur le Fevre, selon cette Philosophie des

Phi. l. 1. c. 4. l. 2. c. 3. & l. 4. c. 1.

Arabes que je goute fort peu, la faculté rare & prodigieuſe, d'entendre & de parler toutes les langues, dans lesquelles on l'interrogeoit.

Je ne veux pas non plus avoir recours ici à la poſſeſſion des mauvais Demons, diffamant la réputation d'un homme, qui n'a jamais été ſoupçonné de ce deſaſtre. Car encore qu'entre les ſignes évidens, que l'Egliſe donne pour reconnoitre ceux, qui ſont véritablement poſſedés elle mette celui de parler des langues, qu'ils n'ont point appriſes; ce n'eſt pas à dire pourtant, que ce ſeul témoignage, & cette ſeule marque ſuffiſe, pour conclure avec certitude une véritable poſſeſſion. Quelle apparence y a-t-il, que le Diable, qui n'entre aux corps des hommes que pour leur nuire, & pour les tourmenter, le fit ſeulement lors qu'ils dorment, & qu'ils ſont par conſequent dans un état, où ils ne peuvent mériter ni démeriter? Jamais on n'a ouï parler d'une choſe ſemblable, ni d'une poſſeſſion qui ne fût que purement nocturne. L'Hiſtoire Eccleſiaſtique ni la Paienne, n'ont rien de tel dans leurs obſervations touchant les Energumenes. Et il faut remarquer ici, que la bonne vie de ce le Fevre, & le témoignage que rendent de

F v

sa probité tous ceux, qui l'ont connu, nous doivent empêcher de rien soupçonner de tel.

Je dirois plûtôt, que son temperament, qui paroit dans nôtre Thème fort mélancolique, lui pouvoit donner même durant le sommeil des notions extraordinaires, & telles que les ont euës les Sibylles des Anciens, & les personnes lymphatiques. Car nous lisons dans les Problemes d'Aristote, que toutes ces Pythonisses, & tous ces Enthousiastes, n'étoient transportés que d'une humeur mélancolique, qui leur donnoit des prénotions de l'avenir, & des connoissances de plusieurs langues. C'est ce qui a fait nommer à quelques-uns la mélancolie le bain du Diable. Mais quoique l'opinion commune portât, que Jupiter & Apollon parloient par la bouche de ces Sibylles; ceux de la profession d'Aristote en pensoient bien autrement, laissant au peuple les sentimens qu'il n'étoit pas permis de contredire. Tant y a que tous les grands Esprits, qui ont pour la plûpart été melancoliques, ont eu je ne sai quoi d'extraordinaire; ce qui fait soûtenir au Stoïcien Balbus dans Ciceron, qu'ils ont tous été touchés de l'esprit de Dieu, *nemo vir magnus sine aliquo afflatu divino unquam fuit.*

Sect. 30. qu. 1.

D. de nat. Deor.

Mais certes j'ai bien plus d'inclination à croire ici, que les notions des langues & des sciences qu'avoit apprises le Sieur le Fevre, tant par l'étude que par l'abord des étrangers & des hommes savans chez lui, dans une ville telle que Roüen, fournissoit à son imagination émûë par l'humeur mélancolique, tous ces termes de langues étrangeres, qui sortoient confusément de sa bouche, quand on les provoquoit en le questionnant, comme l'Ambre attire la paille, seulement quand il est échauffé en le frottant. Car on ne dit point, qu'il parlât ces langues en rêvant, que quand il les avoit entendues dans les interrogations qu'on lui faisoit. Et c'est alors, que par une certaine sympathie, & par une vertu presque magnétique ou aimantée il expectoroit des paroles de même nature, dont il trouvoit le magazin dans sa mémoire. Ainsi voit-on sur les instrumens de Musique, qu'une corde couchée en ébranle une autre, qui est à l'unisson sans qu'on la frape, & que par exemple en tirant le son de la quatriéme d'un Luth, la septiéme est émûë, ou la dixiéme si l'on en fait autant à la cinquiéme; quoique les autres cordes, qui sont plus proches, & entre-deux, demeurent immobiles, ne ressentant pas l'effort sympathetique de cet uniſſon. Les demandes, qu'on propoſoit à nôtre le Fevre en langue Grecque, Latine, Angloiſe, ou Canadienne, émouvoient de même les eſpeces ſemblables qui lui étoient demeurées dans l'eſprit, des conferences avec les Etrangers, ou de la lecture des livres; & les paroles conformes à celles dont ſon oreille étoit battuë en dormant, partoient de ſa bouche, comme pour venir au devant d'un ton ami, & qui leur étoit naturel. Auſſi n'y a-t-il rien de plus reçû dans la Phyſique que cet Axiome, *ſimile fertur ad ſimile*, tout ſe porte vers ce qui lui eſt conforme; d'où nous avons dit dans la Morale, que chacun recherche ſon ſemblable. Diverſes Plantes attirent d'une même terre chacune le ſuc qui lui eſt propre, laiſſant ce qui eſt étranger: La Vigne prend pour elle ce qu'il y a de doux; le Lupin la partie nitreuſe; & la Coloquinte, qui eſt le concombre ſauvage, ce qui reſte d'amer. La Rhubarbe va chercher dans nos corps l'humeur jaune & bilieuſe qui la ſuit, & qui ſort avec elle, provoquée par cette reſſemblance; comme d'autres purgatifs agiſſent ſur le reſte de nos humeurs, avec leſquelles ils ont de la convenance. C'eſt pour cela qu'on defend d'expoſer du rouge aux yeux de ceux, qui crachent du ſang;

parce que cette couleur l'incite à fortir. Et c'eſt pourquoi encore il nous prend preſque toûjours envie de nous étendre, & de bâiller, lors que nous appercevons quelqu'un, qui eſt dans cette action. Nous compatiſſons par la même raiſon à ceux qui ſouffrent. Il nous prend envie d'uriner quand les autres piſſent. Et il ne m'arrive guères de laver mes mains, que l'eau qui tombe deſſus ne me follicite, en dépit que j'en aie, d'en aller verſer d'autre, pour peu qu'il m'en reſte dans la veſſie. Bref les choſes même inanimées recherchent leurs ſemblables, & s'allient par cet inſtinct naturel avec leurs pareilles; Ce que les grains de différentes eſpeces dans un crible, & les pierres de diverſes grandeurs au bord de la Mer, font reconnoitre manifeſtement. Pluſieurs même fondent ſur cette ſympatie les mouvemens violens de la Mer pendant la pleine Lune, l'humidité de cet Aſtre, qui a le plus d'action alors, aiant le pouvoir d'élever les eaux & de les attirer quaſi vers elle, ce qui rend bien plus grand leur flux & reflux. Il n'eſt donc pas difficile à concevoir dans cette Philoſophie, comme quoi des paroles d'une certaine langue ou idiome, qui frapoient l'ouïe de cet homme, diſpoſé comme nous l'avons dit, & d'une imagination vive, telle qu'étoit la sienne, en attiroient de même nature à l'exclusion de celles d'un autre ton ou jargon. Mais il faut observer, qu'elles sortoient avec la confusion, qui accompagne toûjours les rêveries de la nuit, & avec un bouleversement d'especes dans sa mémoire, qui lui causoit ces grandes douleurs de tête, dont il se plaignoit le lendemain. Peut-être même prononçoit-il beaucoup de choses, qui ne signifioient rien, & qui ne ressembloient que par la cadence, & le son, aux langues dont il ne savoit que fort peu de termes. Combien voions-nous de personnes, qui contrefont le langage des Suisses ou des Hollandois sans y rien connoitre? J'ai vû le dernier Baïf, qui représentoit si bien un Ecossois en gestes & en paroles, qu'on eût juré, qu'il étoit originaire d'Edimbourg, bien qu'il n'entendit pas le moindre mot de ce païs là. Que s'il n'arrive pas à tous ceux, qui savent beaucoup de langues, de s'en servir en dormant, aussi ne dorment-ils pas tous également: aussi ne font-ils pas tous de mêmes songes; aussi n'ont-ils pas tous l'imagination d'un pareil temperament. Il se trouve des personnes, qui ne rêvent jamais. Les peuples Atlantes parmi les Anciens avoient des songes tout autres que le reste des hommes, si Pline en doit être crû. Et ceux de la Nouvelle France se vantent, que les leurs sont toûjours véritables. Ce n'est donc pas merveille, si un homme d'entre nous a possedé quelque chose de particulier en ceci.

C'est tout ce que vous aurés de moi sur un sujet, où m'obligeant d'opiner, vous avés dû croire, que je le ferois à ma mode, c'est à dire douteusement, & sans user d'aucune affirmation dogmatique. La Sceptique Chrétienne me donne des défiances de tout ce qui se propose en Physique, & tant s'en faut, que j'y veuille passer pour un grand Maitre és Arts, que rien ne me paroit plus vain que ce titre, quand je considére, qu'à peine se trouve-t-il un homme, qu'on puisse justement nommer Maitre en une seule profession. La mienne est de tâcher à m'instruire, en proposant mes doutes & non pas mes résolutions. Vous savés que l'inscription du Temple consacré au Dieu de la Science étoit toute Sceptique, puisque cet *εἰ* ou ce *si*, qu'on y lisoit, est une particule qui nourrit nos défiances, qui marque nôtre incertitude, & qui ne conclut jamais avec détermination. C'étoit sans doute pour nous apprendre, que rien ne peut-être plus agréable au Ciel de la part des hommes, que leurs doutes Philoſophiques, leur ignorance raiſonnée, & leur modeſtie à ne rien decider de ce que l'eſprit humain a droit de conteſter. En effet y a-t-il choſe aucune ſi apparemment fauſſe, qu'on ne puiſſe revêtir de quelque vraiſemblance? Je viens de conſidérer avec horreur un lieu de Plutarque rempli de blaſpheme, où il s'eſt imaginé avoir bien demontré, que toute la Réligion des Juifs n'étoit rien que des Bacchanales. Avoüons-le franchement, il n'y a que les vérités revelées, comme ſont celles de nôtre croiance, qui doivent captiver nôtre eſprit, & que nous devions embraſſer inébranlablement. Tout le reſte eſt ſujet à tromperie; & nôtre raiſon ajoûtant à l'erreur des ſens, ſur leſquels elle ſe fonde, ſa mauvaiſe façon de diſcourir & de tirer des conſequences, ne nous peut rien donner de bien conſtant. Mais puiſque j'ai touché ce mot de l'infidelité & du mauvais rapport de nos ſens, qui compoſent les principaux moiens de l'Epoque, permettés-moi, que je vous recite en riant, ce que je lûs de même dernierement dans le ſecond des livres que Petrarque a faits touchant les remedes contre l'une & l'autre fortune. Il aſſure, qu'un homme de ſon tems ne pouvant ſouffrir le chant

Lib. 4. Sympoſ. qu. 5.

Cap. 50.

chant des Roſſignols, ſe levoit la nuit pour les chaſſer avec des gaules & des pierres. Il dit, qu'il faiſoit mêmes arracher les arbres où ſe retiroient ces aimables oiſeaux, pour les éloigner de ſa demeure. Et ce qui eſt encore plus extravagant, & plus digne de conſidération, ce même homme, dit Petrarque, ne trouvoit point de Muſique ſi agréable que le chant des Grenouïlles, qu'il entendoit avec grand plaiſir au bord d'un Etang où il s'étoit logé. En vérité cet exemple de la bizarrerie de nos ſens, & de la diverſité de nos ſentimens, dont nous ſommes tous également jaloux & idolâtres, eſt trop illuſtre pour n'en pas orner nôtre Sceptique; & je crois même, que je ne puis finir cette lettre par un plus bel endroit. Il faut pourtant que j'y ajoûte qu'en des ſujets pareils à celui qui nous vient d'entretenir, nous n'avoüons pas aſſez ingenument nôtre foibleſſe. Nous voulons paroitre ſavans par tout, & nous maintiendrions, s'il nous étoit poſſible, que la Nature n'a point de plus grande étenduë en ſes effets, qu'eſt celle de nôtre petite connoiſſance. O que le Genie de Socrate étoit bien différent de celui, qui nous poſſede! Il le détournoit ſeulement, diſent tous les Anciens, & jamais ne l'incitoit à rien entreprendre; c'eſt à dire, qu'il lui donnoit aſſez de mouvemens & de lumieres pour nier à propos, mais que jamais il ne lui inſpiroit la hardieſſe d'aſſurer ſes penſées, ni d'établir ſes opinions avec trop d'affirmation. Auſſi dit-on que ce même Genie étoit Saturnien, & non pas Martial, ce qui ſignifie, qu'il portoit véritablement Socrate à la contemplation des choſes, ſans pourtant les lui faire defendre avec cette conteſtation & cette opiniâtreté, qui accompagne toûjours les Dogmatiques.

DE LA MEDITATION.

LETTRE LXII.

MONSIEUR,

Vous ne me reprocheriés pas tant ce que vous m'avés ouï dire aſſez ſouvent en faveur de la vie contemplative, ſi vous ſaviés de quelle façon, lors que j'y penſois le moins, je me ſuis vû comme tranſporté dans celle, qui lui eſt oppoſée. En effet, me trouvant dans la pleine quiétude d'une vie privée, & m'y promenant, s'il faut ainſi dire, le long du rivage, un coup de Mer, avec un vent ineſperé, m'ont jetté tout à coup au milieu de la Cour; de la même ſorte que des tourbillons portent aſſez ſouvent juſqu'en haute mer ce qui goûtoit ſur ſes bords le repos de la terre ferme. Mais ne croiés pas, que pour cela j'aie renoncé à toute ſorte de contemplation, ni que je perde jamais le goût de ces retraites Philoſophiques, ou de ces entretiens ſolitaires, qui compoſent la plus belle partie de nôtre vie. Outre que ceux, qui s'y plaiſent, & qui ſavent l'art de s'y entretenir, trouvent la ſolitude par tout, & leur tranquillité au milieu des plus grandes agitations. Je ne perds pas l'eſperance de regagner un jour le port, & d'aller retrouver, comme Platon, l'agréable loiſir de l'Academie, après avoir paſſé quelque tems dans une Cour, qui laiſſe beaucoup plus d'honnête liberté, que celle qu'il quita. Me voici tantôt dans un âge, où je pourrai honnêtement demander la permiſſion de m'aller accoutumer à la ſolitude du tombeau, & au repos du ſepulcre. Car, puiſque nôtre vie eſt une ſi véritable Comedie, il eſt juſte, qu'après les intrigues, les combats, & les demélés, nous la terminions par des recréations innocentes & philofophiques, qui donnent bien plus de fatisfaction, que toutes les nôces & les danfes d'un théatre.

Je ne dis pas ceci pour me plaindre des occupations, où je fuis, & qui vous femblent fi pénibles. Ce qui fe fait volontiers, ne travaille pas beaucoup; outre que fouvent, foit le plaifir, foit l'utilité, qui accompagnent ou qui fuivent nos operations, furpaffent ce qu'elles peuvent avoir de fâcheux. Les voiles d'un vaiffeau ont véritablement quelque poids, mais elles ne le chargent pas, tant qu'elles lui fervent à le faire aller, & à rendre fa courfe plus legere. Il en eft de même de plufieurs actions, qui paroiffent laborieufes, bien qu'elles foient en effet & commodes & utiles à la vie, pour la paffer plus avantageufement. C'eft par là que je pretens vous pouvoir juftifier mon procedé dans l'emploi où je fuis. Pour le furplus vous ne fauriés avancer aucune propofition fi favorable au repos, que je n'y mette inceffamment l'enchere, par un furcroit d'eftime, que j'y ajoûterai. L'immobilité du premier moteur, me femblera toûjours préferable à l'agitation perpetuelle du premier Mobile. Auffi Sparte n'a rien eu de fi recommandable à mon sens, que l'honnête loisir de ses Citoiens. Et je trouve, que l'un d'eux eût raison, de regarder avec admiration un Athénien qu'on venoit de condanner pour son oisiveté, ce qui paroissoit au Spartiate une punition d'avoir vécu en homme d'honneur, & comme nous parlons aujourd'hui, en vrai Gentilhomme. En effet, quand je considére, qu'on tire nôtre mot *aise*, de l'Italien *agio*, & ce dernier du Latin *otium*, je fais volontiers cette réflexion, que nos Anciens ont toûjours crû, qu'il faloit être en repos pour être à son aise, ou plûtôt qu'on n'y pouvoit être sans un parfait loisir. Cela revient à l'opinion de Thales, que la meilleure de toutes les maisons étoit celle, dont le Maitre avoit le plus de repos. Mais certes ce repos & ce loisir ne nous doivent pas mettre hors de toute action; & nôtre solitude ne doit pas être sauvage comme celle d'un Sanglier, ni telle que les Anciens nous ont représenté la retraite d'un Timon, qui ne pût souffrir qu'un autre bizarre comme lui se rejouït de ce qu'ils mangeoient seuls, sans lui dire, que sa présence l'empêchoit d'être encore en un meilleur état. Le repos Philosophique n'est ni chagrin ni reprochable pour sa fainéantise honteuse. Quand un

Sanglier de *Singularis*.

homme d'honneur se separe de la presse, c'est alors qu'il devient beaucoup plus utile à tout le genre humain. Et le plus solitaire des Oiseaux, consacré à Pallas, aiant toûjours passé pour le symbole de la prudence, nous apprend, qu'une vie retirée n'est pas à mépriser, puisqu'elle a ses occupations studieuses, & qu'elle cultive mieux, que toute autre, les Arts & les Sciences. C'est ce qui a fait dire à Ciceron, que la solitude étoit la demeure, ou, pour se servir de son mot, l'agréable Province de ceux, qui se plaisent aux Lettres & à l'étude. Mais à la vérité il n'appartient pas à tout le monde d'user comme il faut de cette solitude, ni d'employer utilement deux choses, qu'on y doit soigneusement cultiver, le silence & la méditation.

Ne trouvés pas étrange, que je parle du premier, comme d'une chose nécessaire. Vous savés ce que Pythagore requeroit de ses Ecoliers à cet égard. Numa, plus ancien que lui, quoique plusieurs Ecrivains l'aient nommé Pythagoricien, reveroit, dit Plutarque, entre toutes les Muses celle, qu'il nommoit Tacite, ou Muette. Et vous vous souviendrés, s'il vous plait, de ce que Demosthene repartit à un, qui se vantoit du grand profit, qu'il avoit retiré de son babil, qu'à son égard, un seul jour de silence lui avoit valu jusqu'à cinq talens. Ajoûtés à cela, que si nous apprenons des hommes à parler, comme disoit un Ancien, les Dieux, c'est à dire les choses divines, nous enseignent à nous taire, *loquendi magistros habemus Homines, tacendi Deos.* Il est certain qu'un Fou ne sauroit se taire; & que si c'est une vertu d'Orateur, de bien discourir, c'est le propre d'un Philosophe, d'observer souvent le silence, & de se contenir dans le port de Sigée, pour emploier les termes, dont use gentiment une Courtisane Grecque dans Athénée. Les Médecins considérent le silence, comme utile à beaucoup de maladies corporelles; mais il peut passer pour une médecine Socratique, bien plus profitable à l'esprit. Or que ne devons-nous point faire pour la santé de cette partie superieure, s'il s'est trouvé des personnes, qui pour obtenir celle du corps, ont été plusieurs années sans parler. Pline le dit d'un Mecœnas Messius, qui demeura trois ans muet volontaire, afin de remédier à un vomissement de sang, qui lui étoit survenu après une convulsion. En vérité l'on ne sauroit trop estimer le silence, qui outre une infinité d'autres avantages, a celui-là, de rendre beaucoup plus considéra-

Lib. 13. Gnathaena.

Lib. 8. nat. hist. c. 6.

bles les paroles de ceux, qui le favent bien pratiquer. Car comme l'excellence & le prix de la Porcelaine, à ce que nous apprenons de plufieurs Rélations de l'Inde Orientale, vient d'avoir été long tems cachée en terre, où ce qui la compofe a eu le loifir de fe raffiner: Il fe trouve, je ne fai quoi de femblable dans le filence, quand nous retenons pour un tems de bonnes penfées, que nous ne communiquons qu'en tems & lieu, après les avoir bien ruminées. Et n'eft-ce pas la rareté, qui recommande la plûpart des chofes, & qui nous oblige à faire plus de cas de Soleil en Hyver, où il paroit peu, qu'en Eté, où il nous vifite quelquefois plus que nous ne voudrions?

Quant à la feconde chofe abfolument néceffaire, pour tirer quelque profit de la folitude, que nous avons dit être la Méditation, ce n'eft pas fans fujet, qu'on fait prononcer à Periandre que tout dépend d'elle μελέτη τὸ πᾶν, *Meditatio totum.* Celui, qui fait l'art de méditer, *artem Meleteticam*, a ce merveilleux avantage, qu'il n'emprunte point d'ailleurs, ni hors de lui, la fin de fon opération, & qu'il trouve plus par fon moien & par fes regles dans lui même, qu'en tout le refte du monde. Les préceptes de cette science Angelique font que nôtre esprit, tournant une matiere qu'il se propose en cent façons différentes, lui donne toutes les formes, qu'elle est capable de recevoir, de même qu'un Potier fait ce qu'il veut de sa terre argileuse, la remuant à sa fantaisie, selon les loix de son métier. Il en arrive tout au contraire à ceux, qui pour n'avoir jamais exercé avec méthode le discours mental, ne s'être point habitués au raisonnement interieur, & n'avoir jamais accoutumé leur ame à promener un sujet par tous les lieux catégoriques, & par toutes les Topiques qu'enseigne une méditation bien ordonnée, ne produisent rien que d'informe & d'imparfait; comme de certaines femmes, qui n'accouchent que de faux germes, ou n'engendrent que des Monstres. Je sai bien, que vous n'attendés pas de moi, que je vous expose ici tous les Canons d'une Métaphysique, aussi importante, qu'elle est connuë de peu de personnes. Je vous dirai seulement, qu'un de ses premiers préceptes, & de la plus grande consequence, est d'y philosopher toûjours de la circonference au centre, rapportant tout ce qui se présente de divers endroits à l'imagination & à la mémoire, au thême choisi, comme à un but, pris dès le commence-

G v

ment de la méditation. Il faut renvoier tout le reste, qui nous peut détourner l'esprit de ce premier objet, pratiquant en quelque façon cet autre bel art d'oubliance, dont parloit autrefois Themistocle.

Tant y a que vous pouvés reconnoitre par tout ce que je viens de vous écrire, que je ne suis pas si ennemi, que vous le présuppofiés, ni de la vie privée, ni des retraites Philosophiques, ni des solitudes studieuses, où l'on tire profit du silence & de la méditation. Je sai bien, que les Anciens n'accompagnoient les Statuës des Muses de celle du Sommeil, selon l'observation de Pausanias, qu'à cause, que ce Dieu étoit ami, aussi bien qu'elles, du repos, du silence, & des lieux solitaires. Et quand ils ont voulu, que la Nuit, nommée par les Grecs Euphrone, eût été la mere nourrice de la Prudence, j'ai toûjours crû que c'étoit pour signifier, que le secret & le silence de cette même nuit, qui nous separe des compagnies, & qui nous met dans une libre possession de nous mêmes, étoit fort propre à nous former le jugement, & à nous faire avoir de saines pensées de toutes choses. Le Temple soûterrain de Consus le Dieu des bons conseils, reçoit une même interprétation. Quiconque prendra ces mythologies de la sorte, ne préferera jamais absolument la vie active à la contemplative, ni les charmes de la Cour aux enthousiasmes de la Philosophie.

DE LA DIVERSITÉ DES SENTIMENS.

LETTRE LXIII.

MONSIEUR,

Vous trouverés moins étrange ces contestations pleines d'animosité, qui causent aujourd'hui de si grands vacarmes par tout, quand vous saurés, que nôtre Siécle produit des hommes, qui n'ont de commun avec les autres, que la figure exterieure, tout le dedans étant d'une conformation différente. Car si la doctrine d'Hippocrate est vraie, que nos mœurs suivent nôtre temperament, & que les fonctions de nôtre ame dependent des organes materiels, ce n'est pas merveille, que des esprits, qui agissent dans des corps tout à fait diſſemblables, aient des ſentimens abſolument contraires. Je vous dis ceci au ſujet d'un miſerable, dont on fit ces jours derniers la diſſection dans Paris, après y avoir été executé publiquement à cauſe de ſes crimes. Ce n'eſt pas, qu'il ne me ſouvienne bien, qu'Ariſtote a dit, en parlant des Monſtres au quatriéme chapitre du quatriéme livre de la Géneration des animaux, qu'on a vû quelquefois, comme un prodige, à l'ouverture de quelques bêtes à quatre pieds, que leur Foye, & leur Ratte avoient changé de côté & pris la place l'un de l'autre; ce qu'il répete au dernier chapitre du premier livre des mêmes animaux. Pline a fait encore cette remarque en tranſcrivant mot pour mot le texte d'Ariſtote au trente-ſettiéme livre de ſon Hiſtoire naturelle. Mais le corps patibulaire, dont je vous parle, fut bien d'une autre conſidération, vous pouvant aſſurer, qu'il rendit l'Ecole Galenique fort étonnée, quand on lui trouva les entrailles diſpoſées de telle ſorte, qu'il avoit à droite toutes les parties, qui ont accoutumé d'être à gauche, & non-ſeulement la Ratte au côté droit, auſſi bien que le Foye à l'oppoſite, mais le Cœur même penchant vers le lieu, d'où il s'éloigne par embas ordinairement,

& l'orifice superieur de l'estomac, avec sa décharge vers les intestins, tout au rebours de leur situation commune. Imaginés-vous presque tout le reste transposé de même, jusqu'à ce que vous aiés vû la docte description, que vous en donnera le savant Anatomique M. Riolan; vous ne la pouvés pas recevoir de meilleure main. Je vous dirai cependant, que voilà une des plus surprenantes observations, que la Medécine ait jamais faite, bien qu'elle ne soit pas absolument nouvelle; & qui, pour avoir été ignorée, doit apparemment avoir donné lieu à de grandes bévûes dans cette profession. Combien devons-nous croire, qu'il y a eu de personnes incommodées de douleurs hépatiques, qu'on a traitées comme souffrant de la Ratte, & comme splénetiques, à cause du côté gauche, dont ils se plaignoient? & à combien d'autres cette transposition des parties interieures aura-t-elle été préjudiciable, dans une infinité de maladies, où l'on applique des remedes Topiques, pour agir sur le lieu, où est la douleur? Il ne faut point douter, qu'il ne se soit fait d'étranges *qui pro quo*. Et si nous condamnons avec raison dans la Morale ceux, qui prennent de la gauche ce qu'on leur présente de la droite; il semble que la Nature ait grand sujet de se plaindre ici, d'avoir été traitée de la même façon, par ceux qui font état de la connoitre parfaitement. En effet l'on ne sauroit nier sans s'opiniâtrer contre ce qui est vraisemblable, qu'il n'y ait eu une infinité d'autres hommes, formés au dedans, comme l'étoit celui, dont je vous parle, qui néanmoins ont été médicamentés sur le systeme du corps humain, tel qu'Hippocrate & Galien l'ont présupposé, c'est à dire, tout différent de ce qu'il a paru dans ce rencontre.

Je laisse à ceux, qui feront exprès des Discours anatomiques sur ce sujet, de considérer, s'il doit être pris pour un simple jeu de la Nature, qui se plait à la diversité; ou selon les textes que nous avons rapportés d'Aristote pour une production monstrueuse, emploiant ce mot dans sa plus étenduë signification, surquoi je vous renvoie à mon Opuscule des Monstres. Peut-être s'en trouvera-t-il, qui le regarderont comme un notable prodige, propre à nous faire apprehender le bouleversement de toutes choses, qui ne paroit que trop en nos jours dans la plûpart des Etats du Monde. Et peut-être que d'autres rapporteront cette merveille à l'émotion de la fantaifie des Meres, qui caufe fi fouvent des effets extraordinaires *dum fortis imaginatio generat cafum.* Car fi elle eft capable de faire, qu'une poule, qui couve à la feule vûë de l'oifeau ennemi, engendre des poulets, qui ont la tête d'un Milan; fi elle agit même au dehors, & fur des corps éloignés, felon cette doctrine, qui eft celle d'Avicenne, pourquoi cette même imagination ne pourroit-elle pas avoir ici renverfé fon ouvrage, & changé la place qu'elle a accoutumé de donner à fes parties? Je ne fai pas même, s'ils ne voudront point, que ce foit un évenement, produit par le caprice de ceux, qui fe portent avec intemperance au fait de la génération. Lucrece l'a remarqué, comme merveilleufement important, quoiqu'il ne lui attribuë pas l'effet que nous difons, quand il écrit:

  Et quibus ipfa modis tractetur blanda Lib. 4.
   voluptas,
  Id quoque permagni refert: nam more
   ferarum
  Quadrupedumque magis ritu plerumque
   putantur
  Concipere uxores.

Or cela ne fauroit arriver, comme ces Vers, que je n'ai que faire de vous traduire, le portent, qu'une partie de ce, qui est nécessaire à la géneration & qui devroit couler à droite dans l'accouplement ordinaire, ne se jette au côté gauche; ce qui peut donner soupçon, que l'enfant, qui en vient, se ressentiroit après de ce desordre, & recevroit de cette diverse posture une situation différente de ses parties interieures. Chacun sait de quelle importance sont les principes en toutes choses, & personne n'ignore le proverbe, que c'est à l'enfourner qu'ordinairement les pains se font cornus. Mais quittons toutes les considérations physiques, qu'on pourroit rapporter, & nous contentons de toucher sceptiquement le point de Morale, par lequel j'ai commencé, & par lequel je veux finir cette lettre.

Si l'on a pris jusqu'à cette heure pour un argument des diverses opinions, qui se reconnoissent parmi les hommes, la varieté de leurs visages, & la contrarieté de leur tempérament; que ne peut-on point dire aujourd'hui qu'on y observe cette derniere disproportion en la situation de leurs entrailles? Sans mentir c'est une adjonction, qui sert merveilleusement à s'étonner moins du combat perpetuel des esprits au sujet de leurs pensées. Il ne peut pas y avoir de convenance

venance entre eux, où tout est si différent, & je vous dirai à ce propos, qu'aiant souvent fait réflexion sur les divers génies de ces deux grands hommes, Cardan, & Jules Scaliger, je me suis moins étonné qu'ils aient écrit l'un contre l'autre avec tant d'animosité. Considérés la vaine fantaisie de ce dernier, quand il s'imagina, Médecin qu'il étoit, d'être venu des Princes de Verone; inventant une fable, que lui & son fils eussent maintenuë vraie au peril de leur vie. Regardés de l'autre part le mépris que fait Cardan de son extraction, poussé d'une humeur contraire, mais peut-être aussi vicieuse, lors qu'il se declare nettement fils de putain, commençant le livre de sa propre vie par l'action de sa mere, qui fit ce qu'elle pût pour avorter de lui. Certes vous ne trouverés pas étrange ensuite, que des ames si fort dissemblables aient exercé entre elles ces inimitiés literaires, qui ont paru dans leurs Ecrits. Et peut-être que ma conjecture ne vous paroitra pas moins vraisemblable que celle de Philostrate, qui fondoit toute l'animosité, reconnuë entre Eschine & Demosthene, sur ce que le premier aimoit le bon vin, & le second ne bûvoit que de l'eau. Je pense, que s'il eût sû comme les hommes naissent avec cette position différente des parties que Momus eût voulu voir à découvert, il eût plûtôt rapporté l'antipathie de ces deux grands Orateurs à une telle diversité qu'à la cause qu'il en donne, trop foible à ce qu'il me semble, pour un si grand effet.

Car pour revenir à Scaliger & Cardan, quoique l'un & l'autre ait fait profession de ne combattre qu'en faveur de la Vérité, chacun la mettant de son côté, la chose revient toûjours au même point, & l'on voit manifestement, que des esprits d'une trempe si différente ne peuvent s'accorder au fait de cette vérité, à cause de son unité & de sa simplicité. Mais disons davantage, l'on fait la guerre pour le mensonge comme pour la vérité, & celui-là l'emporte souvent sur la derniere. La figure d'un Chien, faite de bonne main, celle d'un Crapaut bien représenté, qui ne sont que des faussetés, sont néanmoins plus estimés, que ces mêmes animaux dans leur véritable naturel. Et pour mettre cela en plus grande évidence, le Spartiate Lysandre n'eût-il pas la hardiesse de soûtenir, que cette même Vérité, dont nous parlons, ne valoit pas mieux que le Mensonge bien emploié? C'est ce qui fit qu'un autre Lacedémonien, au lieu de s'offenser con-

Plutar. apoph. Lacon.

tre celui, qui l'appelloit Menteur, lui repartit froidement, qu'étant homme libre, il pouvoit mentir, quand bon lui fembloit, & que c'étoit le fait des autres hommes, qui vivoient en efclaves, d'être punis pour avoir menti. Auffi comme les Egyptiens dans une fête, où ils mangeoient du miel & des figues, prononçoient ces mots confacrés à cette cérémonie, *dulce eft Veritas*, qu'il n'y avoit rien de plus doux que la Vérité; ne lifons-nous pas ces autres d'une fignification toute différente, dans les Proverbes du plus fage des Hebreux, *fuavis eft homini panis mendacii*, que l'homme dans fa nature corrompuë ne mange point de pain, qui lui foit plus agréable que le menfonge?

Idem de Ifide.

Cap. 20. & poftea implebitur os ejus calculo.

Ce n'eft donc pas merveille, qu'on contefte fur toute autre forte de fujets, fi le menfonge même a des fuppôts, & s'il fe trouve des hommes, qui ofent le préferer à la vérité. Admirons là deffus les fecrets impénetrables de la Providence divine, qui a voulu créer les hommes fi diffemblables de corps & d'efprit, qu'ils ont toûjours été & le feront éternellement dans des difputes, où ils confument les plus beaux jours de leur vie. C'eft de ce principe, que procedent les contentions fi extrêmes & fi implacables, que

H ij

nous voions tantôt au fait de la Théologie, tantôt au sujet de la Politique, où il paroit bien, que la plûpart d'entre eux ont les entrailles dans une position différente. O que les Romains formèrent à propos leur mot *Quiritare* de *Quirites*, d'où l'on croit qu'est venu le *gridare* des Italiens, & nôtre *crier* François: Car qu'y a-t-il de plus propre, ou de plus essentiel aux Peuples, que de murmurer, de se plaindre, & de crier sans cesse, aussi bien que la plûpart du tems sans sujet? Mais, qui n'est point aujourd'hui d'une inclination semblable, & d'un temperament populaire à cet égard? & où sont ceux, qu'on voie de sentimens si conformes entre eux, qu'il ne semble souvent, que ce que les uns ont à droite, les autres l'aient placé à gauche?

DE LA
MODERATION D'ESPRIT.

LETTRE LXIV.

MONSIEUR,

Je suis auſſi aiſe, que le peut être un parfait ami, d'apprendre la ſuite de vos proſperités, & avec quelle modération d'eſprit vous uſés des faveurs de la Fortune, ſouvent plus difficiles à digérer, que ſes diſgraces. Permettés-moi néanmoins de vous communiquer quelques petites penſées là deſſus, non pas, que je prétende vous rien dire, dont vous ſoiés ignorant, mais ſeulement pour vous faire ſouvenir de certaines réflexions, qui nous ont, à ce qu'il me ſemble, ſouvent ſervi d'entretien. En tout cas vous ſavés bien, que les plus grands Avocats prennent l'avis de leurs confreres en ce qui les touche: Et que les plus ſavans Médecins ne rejettent pas les ordonnances des autres de leur profeſſion dans leur propre fait.

Tous les Philosophes moraux ont convenu en ceci, qu'il n'y a point de tems de la vie, qui nous doive être plus suspect, que celui, où toutes choses nous rient, & où il semble, que nous soions dans une parfaite tranquillité; parce que la tempête n'est pas si ordinaire après les grandes bonaces de la Mer, que les revers de Fortune sont certains, quand elle a pris long-tems plaisir à nous caresser. Lors que cette aveugle a retiré le bras, & qu'il semble, qu'elle nous ait voulu, je ne dirai pas obliger, mais seulement épargner; c'est alors qu'il faut être le plus sur ses gardes, & tenir pour assuré qu'elle a dessein de nous tirer quelque coup bien dangereux. *Ubi tranquilla tibi omnia videntur, ibi nocitura non desunt, sed quiescunt, semper futurum aliquid quod te offendat, existima.* Car la Nature, qui a, dit-on, établi un milieu entre toutes les extrémités, n'en a point mis d'apparent entre la joie & la tristesse, le plaisir & la douleur. Paul Emile perd un de ses enfans cinq jours avant son Triomphe, le Destin lui en enleve un second trois jours après; & souvent entre le lever & le coucher d'un même Soleil, nous experimentons ce que l'une & l'autre Fortune ont de plus sensible.

Sen. l. 2. de Ira, c. 31.

Mais à quoi eſt-ce nous reduire, ſi nous ſommes obligés de nous inquieter même dans les plus grandes proſperités par la crainte de l'avenir? Et n'eſt-ce pas nous condanner à une continuelle perplexité durant tout le cours de nôtre vie? En vérité ce ſeroit s'impoſer de trop rudes loix, ſe rendre malheureux de peur de le devenir, & pratiquer une Philoſophie, dont les voies & les adreſſes nous éloigneroient de ſa fin principale, qui ne peut pas être autre, que nôtre félicité. La raiſon doit moderer paiſiblement nos défiances, & quoique nous prévoions tous les mauvais tours de la Fortune, convertir à nôtre uſage ce qu'elle nous offre d'agréable ou d'utile préſentement. Car s'il n'y a rien de ſi contraire à nôtre être que les ſoucis cuiſans, & ſi le Poëte les a placés fort à propos à l'entrée de l'Averne, comme ceux, qui contribuënt plus que toute autre choſe, à nous y précipiter,

Veſtibulum ante ipſum, primiſque in faucibus Orci, — *Virg. 6. Æn.*

Luctus, & ultrices poſuere cubilia curæ.

ne ferions-nous pas artiſans de nôtre propre malheur, ou pour mieux dire, homicides de nous mêmes, ſi nous faiſions ſervir nos plus grandes félicités de matiere à nos déplaifirs, sur l'appréhension de ceux, qui nous peuvent arriver? Soions plûtôt disposés à tout, avec une indifférence, qui ne nous empêche pas de goûter le bien présent, encore que nous n'ignorions pas, de combien de maux il peut être suivi.

Avoüés, que ma Philosophie n'est pas des plus importunes, ni de ces austeres, qui ne rient jamais. Tant s'en faut qu'elle trouble les plaisirs avec de fâcheuses considérations, qu'elle m'apprend à surmonter ce que nos jours ont de plus difficile, par de certaines gaietés, que ses raisonnemens nous impriment. Divers Auteurs parlent d'une montagne d'Afrique, qu'il faut passer en sautant, & en dansant, parce qu'autrement on ne manqueroit jamais d'être saisi de la fiévre. En vérité il en est de même de beaucoup de mauvais pas de la vie, où nôtre esprit succomberoit sous le faix de l'adversité, s'il ne se récréoit par des résolutions philosophiques, qui sont toûjours accompagnées de joie & de satisfaction interieure. *Tum illud oritur inæstimabile bonum, quies mentis in tuto collocatæ, sublimitas expulsis terroribus, & ex cognitione veri gaudium grande & immotum, comitasque, & diffusio animi,* comme en par-

Jean Leon &c.

Sen. de vita bea. c. 1. & 15.

le ce Romain, qui devoit avoir bien ressenti ce qu'il décrit en de si beaux termes.

Mais cela n'empêche pas, que je ne vous exhorte à tenir pour constant, qu'à le bien prendre, la prosperité est plus à craindre que l'adversité, & qu'on peut tirer beaucoup plus de profit de celle-ci que de la premiere. Les revers de Fortune sont des médecines, dont le mauvais goût est recompensé par leurs effets salutaires. Et l'experience journaliere fait voir, qu'il est des hommes, qui naissent parmi les tribulations, comme des arbres plantés durant la rigueur de l'hyver, qui reüssissent incomparablement mieux, & durent bien davantage que les autres. Ajoûtés, que la douceur des plaisirs se convertit d'elle même en amertume, & que ce qui nous a contentés, fait presque toûjours nôtre affliction. Qui causa toutes les calamités de Niobé, que l'excès de ses contentemens précedens?

Tantalis est numero natorum facta superba, — Pentadius ep. vet. 31.

Natorum adficta Tantalis est numero.

Ne vous rebutés donc pas contre ce paradoxe moral, vous, qui prenés plaisir dans la defense de tant d'autres. Et souvenés-vous, que ce n'est pas assez de se garantir des

H v

charmes de la joie, il faut tirer profit de son contraire, & convertir à nôtre avantage, non seulement ce que la Fortune nous présente à souffrir, mais même ce qu'elle fait endurer de fâcheux aux autres. En quelque état que nous soions, nous voions des personnes plus malheureuses que nous, & c'est sur celles-là que nous devons jetter les yeux, pour y trouver de la consolation, plûtôt que sur d'autres, qui ont dequoi se prévaloir à nôtre égard dans toutes les commodités de la vie. Car vous trouverés bien mieux vôtre compte à considérer l'infortune d'un miserable porteur de chaise, qui suë sous la pesanteur de sa charge, pour vous estimer heureux dans vôtre condition; qu'à regarder d'un œil d'envie celui qu'il porte, si vous avés fait difficulté de débourser pour cela une demie pistole comme lui. A tous momens, & en mille autres rencontres, les occasions se présentent de faire les mêmes réflexions.

Vous voiés comme je veux détourner vôtre vûë de tant d'objets agréables, qui l'occupent présentement, pour lui en faire regarder de bien moins plaisans. Je fais en cela comme ceux, qui portent l'eau au logis d'un ami, lors qu'il y a peril, que le feu son contraire ne l'endommage. Ah, que nous en voions qui tiennent un procedé différent! Quand nôtre esprit est dans le feu des plus fortes passions, que la volupté ou le déplaisir le consument visiblement, c'est alors que nous recevons presque de tout le monde, au lieu de ce qui seroit propre à l'éteindre, des méches & des allumettes, qui l'augmentent, ou par de sottes condoléances, ou par des complimens pleines de flatterie.

D'UN AVEUGLE-NÉ.
LETTRE LXV.

MONSIEUR,

Lors que Galien a voulu décrire les merveilles de l'œil, & l'importance de la vûë, il a protesté, qu'il le faisoit par le commandement exprès d'une Divinité, s'excusant même de ce que contre le goût des Médecins de son tems il se servoit de quelques demonstrations Géometriques, parce que c'étoit pour suivre les ordres du Dieu, qui lui prescrivoit cet ouvrage. Si ce grand In- *Lib. 10. de usu partium c. 12. 13. & 14.*

terprète des plus secrets mysteres de la Nature, n'a voulu parler du Génie, qui le poussoit à une si belle contemplation, comme chacun a le sien aussi bien que Socrate,

Virg.   - - *Sua cuique Deus fit dira cupido;*
je trouverois son discours un peu rude, pour un homme, sur tout de sa profession, & les plus partiaux pour sa doctrine auroient peut-être assez de peine à defendre sa sincerité, & même à trouver du rapport entre ce passage & beaucoup d'autres de ses Oeuvres. Quoiqu'il en soit, puisque je ne veux vous parler que du vice des yeux, & des défauts, ou plûtôt de la privation entiere de la vûë, je n'ai pas besoin de prendre le Ciel à garand comme lui, & il me suffira de vous dire, que pour répondre à vôtre curiosité sur les divertissemens que je puis prendre à Poitiers, je desire vous communiquer l'entretien que j'ai eu avec un Aveugle-né, qu'on m'y a fait voir.

Je ne pouvois pas néanmoins prendre un sujet pour vous écrire, qui mérite mieux vôtre attention, puisque les contraires se connoissent l'un par l'autre, & les privations par les habitudes. Nous ne saurions bien comprendre les ténebres que par la lumiere, ni la *Cecité* que par les fonctions de l'œil &

l'excellence de la vûë. Or vous favés qu'elle eft le plus noble de nos fens, comme l'œil eft la plus importante partie du corps humain, où il tient le même lieu, dit Ariftote, que la raifon dans nôtre ame, dont elle fait la plus noble portion, ὥσπερ ἐν σώματι ὄψις ἐν ψυχῇ νȣ̃ς, fi ce rang lui pouvoit être difputé, ce feroit fans doute en faveur de l'ouïe, qui véritablement n'eft pas nommée fans fondement le fens des difciplines, & même de la Foi, parce que la plûpart des Sciences étant acroamatiques, comme parle l'Ecole, & aiant befoin de la vive voix, pour être facilement comprifes; l'ouïe mérite fans doute beaucoup d'éloges à cet égard. Mais fi faut-il avouër, qu'à comparer un de ces fens à l'autre, la vûë doit toûjours emporter le deffus par de grands avantages. Car ce n'eft pas fans raifon, qu'un temoin oculaire eft préferé à dix, qui ne dépofent que ce qu'ils ont ouï dire, *plus valet oculatus teftis unus, quam auriti decem.* Les paroles qui fortent par la porte d'ivoire, dont les dents font le fymbole, font fujettes à bien plus de tromperie, que les objets, qui viennent à nous par celle de corne, ou par l'intervention de cette membrane cornée de l'œil, felon l'interprétation de Servius. Et généralement parlant, la vûë imprime les choses bien plus fortement dans nôtre ame, que ne fait pas l'ouïe;

Horat. de arte poët. *Segnius irritant animos demiſſa per aurem,*
Quam quæ ſunt oculis ſubjecta fidelibus.

Auſſi eſt-ce là deſſus, que Lucien a fondé cette belle Mythologie qu'il nous a donnée, touchant ce que les Anciens ont dit des Syrenes, & des Gorgones. Les premieres n'attiroient pas les hommes en un inſtant, aiant beſoin de quelque tems pour ſe faire entendre; encore s'en eſt-il trouvé, qui les ont évitées. Mais quant aux Gorgones qui agiſſoient par la ſeule vûë, ſans y emploier l'ouïe, leur effet étoit momentanée, & avec tant d'efficace que perſonne n'a jamais pû leur reſiſter. Il y a même des Sciences, comme l'Aſtronomie, où l'on peut ſoûtenir, que les yeux ont beaucoup plus contribué qu'aucun autre ſens. Les Hébreux ne nomment point autrement ceux, qui ont eu le don de Prophetie, que les Voians, ce qui pourtant regarde principalement l'eſprit. Et je me ſouviens, que Platon maintient dans ſon Timée, que la Philoſophie, le plus grand (dit-il) de tous les biens, dont les Dieux ont voulu obliger les hommes, nous a été communiquée par la vûë. Cela fait que je m'étonne moins d'une autre pensée de Galien, touchant la situation de nos yeux. Car beaucoup de personnes se sont contentées de dire avec Macrobe, que tous les sens avoient leur siége dans la tête, où est celui de la raison, parce qu'ils lui doivent être soûmis. Mais Galien fait tant d'état de la vûë, qu'il veut, que le cerveau, reconnu pour le vrai domicile de cette même raison, n'ait sa place dans la tête qu'à cause des yeux, qui devoient y être, comme au lieu le plus haut, bien qu'il reconnoisse, que les autres sens n'y sont qu'en considération du cerveau. En vérité c'est donner une merveilleuse superiorité à la vûë. Et certes son operation, qui se fait en un instant sur tant de choses différentes, montre bien, qu'elle est toute celeste. Les quatre autres sens ont leur rapport facile aux quatre Elemens; il reste la vûë, dont la rélation au Ciel me semble la plus juste, aussi bien que la plus relevée de toutes. C'est par ce cinquiéme sens que l'homme seul discerne, avec plaisir, les delicatesses de la Peinture, & ce qu'ont les Arts de plus rare, ou de plus subtil. Et il me semble, que quand les Grecs ont nommé, à cause des yeux seuls, toute la face humaine, Πρόσωπον,

Lib. 7. Saturn. cap. 14. Lib. 8. de usu part. cap. 5.

3. de part. ani. c. 15.

parce que, dit Aristote, πρὸσωσθὲν ὄπωπε, n'y aiant que l'homme de tous les animaux, qui soit dans une position propre à regarder devant soi; ces mêmes Grecs n'ont pas adjugé une petite prérogative à la vûë sur les autres sens, dont les organes ne sont pas moins apparens, ni moins reconnoissables que le sien sur nôtre visage.

Mais je ne m'apperçois pas, que je dresse ici un Prologue, qui sera peut-être plus long que toute la piéce. Pour revenir donc à l'Aveugle, dont je me suis proposé de vous entretenir, & avec qui je suis entré en quelque conversation, son nom est Dreux de la Valée. Il est honnête homme, d'une des bonnes familles de Poitiers, & qui, nonobstant sa disgrace, n'a pas laissé d'aller, étant jeune, aux Colleges, & d'y faire des études telles, qu'il a disputé publiquement sur des Theses de Philosophie. D'abord il me dit n'être pas bien assuré, s'il étoit né dans une totale privation de la vûë, parce qu'il avoit appris de ses parens, qu'on ne s'étoit apperçû de sa *cecité* qu'à l'âge de neuf ou dix mois, mais qu'il n'avoit nulle souvenir d'avoir jamais rien vû. Je considérai sa vûë assez nette, & lui demandai, s'il ne discernoit pas étant au grand jour, & sur tout au Soleil,

Soleil, un air plus lumineux, que dans la chambre, ou lors qu'il étoit nuit. Au commencement il me fit entendre que non, mais l'aiant mené à la fenêtre, & tourné tantôt du côté du jour, tantôt de l'autre, il reconnut, qu'il s'appercevoit de quelque différence qu'il avoit crû jufqu'à l'heure procéder plûtôt de l'épaiffiffement de l'air, quand il s'approchoit d'une muraille, ou de quelque autre corps folide, que de la lumiere. Car vous remarquerés, qu'il fe promene dans fa chambre fans fe heurter, ce que nous ne faurions faire, lors que nous ne voions goutte, & qu'il iroit fans guide par la ville, à ce qu'il fe promet, s'il n'y avoit à craindre pour lui que de choquer les murailles. Or parce qu'il protefte, que c'eft fans rien voir, il attribuë cela à une efpece d'inftinct, comme il l'appelle, & à une prénotion que lui donne la Nature, par le moien de la condenfation de l'air, qui lui eft fenfible fans favoir comment, lors qu'il approche d'un corps maffif, qui en fait la repercuffion. Pour moi, je crois que c'eft un pur effet de la lumiere, qui agit fur fes yeux, quelque vice qu'il y ait, comme fur les nôtres, lors que nous les couvrons parfaitement de nos paupieres; ce qui n'empêche pas, que nous ne discernions le jour des ténebres, & la vûë d'une chandelle la nuit, quoique nous tenions nos yeux étroitement fermés. Sa cécité n'eft pas telle non plus, qu'il ne s'apperçoive de l'obfcurité d'un corps folide, qui lui rend l'air moins lumineux, & qui l'avertit prefque infenfiblement, qu'il trouveroit là de l'obftacle, s'il paffoit outre.

Quant à ce qui concerne les couleurs, il ne les connoit que par ce qu'on lui en a appris dans les claffes de Phyfique. Il fait qu'il y en a de vraies, comme d'autres qui ne font qu'apparentes, & qu'entre le blanc & le noir il s'en trouve cinq moiennes, avec une infinité d'autres qui fe forment felon qu'elles participent plus ou moins des premieres. Si c'eft en difcourir autrement que les aveugles n'ont accoûtumé de parler des couleurs, il affure pourtant non feulement qu'il n'en difcerne aucune, mais même, qu'il lui eft impoffible de s'imaginer ce qu'elles peuvent être en effet.

Je lui demandai s'il ne fe figuroit point quelque idée du Soleil ou de la Lune, & de cette grande multitude d'Etoiles qui roulent fur nos têtes avec le firmament. Il me repartit, qu'il avoit quelque connoiffance du mouvement des Cieux, par le maniment de la Sphere que lui faifoient toucher ceux, qui lui ont donné quelques leçons d'Aftronomie. En effet, il n'ignore pas la fuite des maifons du Soleil dans l'obliquité du Zodiaque; & il conçoit affez, que la diftance des cercles polaires au Pole, eft égale à celle des Tropiques à l'Equinoctial. Mais avec tout cela il nous pria de croire, qu'il ne lui étoit pas poffible de former dans fon efprit la moindre conjecture de la beauté de ce grand Aftre, dont il entendoit dire tant de merveilles, ni de tout ce qu'on l'affuroit paroitre dans les Cieux à quiconque pouvoit les contempler.

Vous voiés en tout cela clairement la preuve de l'Axiome Philofophique, qu'il n'entre rien dans nôtre efprit que par la porte des fens; & par confequent, que fi l'on manque de quelqu'un, nôtre ame eft néceffairement privée de beaucoup de connoiffances. Pour en prendre plus d'éclairciffement je l'interrogeai, s'il n'avoit jamais fongé en dormant, qu'il converfât avec fes amis, & en ce cas là, comment ils lui avoient femblé vétus, vû que quand même fon imagination les lui auroit repréfentés tout nuds, il faloit, que leur corps lui parût couvert de quelque couleur. Il reconnut, que fa faintaifie lui avoit fouvent donné de telles illufions, mais que l'entretien avec ſes amis ſe paſſoit toûjours ſans les voir, en propos & en divertiſſemens où il n'intervenoit nulle ſorte de couleurs, non plus qu'à l'heure, que nous parlions à lui, il n'en voioit aucune, ni nos perſonnes, quoiqu'il fût en diſcours avec nous, & que nous communiquaſſions les uns avec les autres. Je lui avois fait cette queſtion, parce que la faculté interieure, que nous appellons fantaiſie, étant, ſelon l'étymologie de ſon nom Grec, une autre lumiere, qui éclaire au dedans, & qui peut-être faiſoit voir la nuit pour quelque tems Tibere & Cardan à leur réveil, je voulois m'informer ſi elle pouvoit produire, dans ce défaut de Nature où il eſt, quelque phantôme indépendant. Mais je me confirmai dans la doctrine commune, que cette ſeconde lumiere dépend abſolument en ceci de la premiere, que c'eſt *lumen de lumine*, & qu'elle n'éclaire, pour faire voir les couleurs, qu'autant qu'elles lui ont été revelées par les fenêtres de l'ame, qui ſont les yeux.

L'on m'a montré ici un autre aveugle, dont le pere étoit Horloger, & qui reüſſit en pluſieurs ouvrages, faits à la main, avec aſſez d'artifice. Quelqu'un donna au Cardinal de Richelieu, comme une piéce rare, un

ἀπὸ τῦ φάϐς.

Ariſt. 3. de ani. cap. 14.

Carroſſe en petit, qu'il avoit fait dans une cave fort obſcure, ou pour y être moins diſtrait qu'ailleurs, ou pour avoir cela de commun avec les taupes, auſſi bien que la cécité, de ſe plaire ſous terre. Mais outre, que je n'ai rien remarqué de beaucoup plus notable dans ſon induſtrie, qu'en celle de l'aveugle des Quinze-vints de Paris, qui fait & polit ſi parfaitement des formes de ſouliers; il eſt encore moins conſidérable que le premier, en ce qu'il n'eſt pas aveugle-né, ſe ſouvenant bien d'avoir vû des étoiles au Ciel, parce qu'il ne perdit la vûë qu'à quatre ans. Car ſi le mot, *aveugle*, vient du Latin *aboculatus*, il lui convient véritablement, puiſqu'il a été privé de la vûë, dont il jouïſſoit autrefois; mais il n'eſt pas aveugle-né, ou, *cœcus ab ortu*; comme il ſembleroit, qu'à parler exactement, l'aveugle-né ne pourroit pas être nommé *aboculatus*, ni ſimplement aveugle, d'autant qu'il n'a pas perdu ce qu'il n'a jamais poſſedé. L'uſage néanmoins l'emportera toûjours ici & ailleurs ſur les petites raiſons Grammaticales. Il eſt bien certain, que tous les aveugles-nés ne le ſont pas pour toûjours, s'il eſt conſtant, que les petits Tartares viennent au monde les yeux fermés, auſſi bien que les chiens, & qu'ils ne voient clair au plûtôt qu'au bout de cinq jours, selon que plusieurs l'écrivent. L'on a dit aussi, que la Nature formoit l'œil le dernier de tous les membres, comme le dernier nécessaire, ce qui ne diminuë pas les avantages, que nous lui avons donnés. A la vérité, outre quelques animaux imparfaits, tels qu'on en voit dans des écailles, on dit, que la Balene a besoin d'un guide, qu'on veut qui la conduise, parce qu'elle ne voit goute. La Taupe a bien des yeux, mais la membrane, qui les couvre, les lui rend comme l'on croit de nul usage. Antonius Diogenes assure dans Photius, que les hommes d'une ville d'Iberie ne voioient que de nuit, & nullement de jour. Et si les Issedons du Nord, qui sont les Arismaspes des Scythes, n'ont qu'un œil, non plus que les Cyclopes des Poëtes, il semble, que cette même Nature ne prenne pas tous les soins de la vûë qu'elle a d'ordinaire de ce qui est absolument nécessaire.

La consolation, qu'on voudroit donner là dessus à ceux, qui ont perdu la vûë, seroit bien legere. Mais certes il y a des raisons bien plus fortes, dont on peut adoucir ce que leur desastre semble avoir de plus fâcheux. De combien de pénibles desirs font-ils exemts par cette maxime générale de la Morale, qu'on ne souhaite jamais une chose inconnuë? *ignoti nulla cupido.* La privation des plus grandes satisfactions, que nous donnent les yeux, ne peut pas rendre malheureux les Aveugles-nés, comme plusieurs se l'imaginent, si la même regle est aussi certaine, qu'on la tient. Supposons néanmoins qu'ils soient à plaindre dans la perte de beaucoup de contentemens, que leur donneroit la vûë; de combien de fâcheux objets sont-ils delivrés en recompense? Et ne ferons-nous pas toûjours contraints d'avouër, à bien examiner ce point, qu'il y a de l'avantage pour eux, puisqu'ils gagnent plus qu'ils ne perdent dans leur aveuglement? Car on ne peut pas dire, qu'il soit un mal de lui-même, & consideré separément; si nous ne voulons demeurer d'accord, que nous soions miserables la moitié, ou peu s'en faut, de nôtre vie, que nous avons les yeux fermés. Certes il en est tout autrement, & si nous y prenons garde, nous trouverons, que nous les fermons souvent pour mieux goûter les plaisirs des autres sens, & pour y rendre nôtre ame plus attentive, comme elle est toûjours, lors qu'elle reçoit moins de distraction. En effet, quand le

Poëte a voulu repréſenter Didon dans ſon plus grand contentement, il lui a fait perdre la lumiere, & l'a miſe dans l'obſcurité d'une profonde caverne.

Speluncam Dido, Dux & Trojanus eandem
Deveniunt.

Pour bien juger d'une mélodie, ou pour diſcerner exactement le goût d'une liqueur, la Nature nous porte d'elle-même à fermer les paupieres. Et nôtre ſatisfaction ſe trouve tellement quelquefois dans les ténebres, que nous les recherchons aux choſes même les plus ſaintes, l'air ſombre des Temples augmentant nôtre dévotion, & le Ciel ne ſe découvrant jamais plus lumineux à nos ames qu'aux heures & aux lieux, où nous ne voions goute ici bas.

Combien toutes les Hiſtoires nous font-elles remarquer d'aveugles tels qu'Appius Clodius, qui ont eu meilleure vûë aux affaires d'importance, que les plus clairvoians de leur tems? Et ne dit-on pas, que Democrite ſe priva tout exprès des yeux du corps, pour avoir ceux de l'eſprit plus propres à la contemplation? s'il ne le fit, comme d'autres penſent, pour ne pouvoir ſouffrir l'objet des méchans qui ne proſperoient pas moins de ſon tems, qu'ils ont fait depuis.

L'aveuglement d'Homere ne l'a pas empêché, de nous faire voir des choses si belles, que depuis plus de deux mille ans elles sont en admiration à tout le monde. Et Tirefias, qui perçoit si avant & si certainement dans l'avenir, qu'il a passé pour le plus grand Prophete des Gentils, n'avoit pas la vûë meilleure qu'Homere; quoique, selon l'observation de Ciceron, ils ne l'aient jamais re- *5. Tuf. qu* présenté dans toutes leurs Poësies déplorant son infortune, comme ils ont fait un Polypheme, qui dans sa brutalité croioit avoir tout perdu en perdant la vûë. En vérité, ils eussent eu grand tort de donner les sentimens d'un homme si grossier, à celui, qu'ils croioient avoir reçû tant de graces de leur Jupiter; vû principalement, qu'il n'est pas des aveugles, comme des sourds, & des muets, qui ne peuvent jamais devenir, dit Aristote, *Lib. de* judicieux ni sages comme les premiers. La *Sensili.* prudence est si voisine de la *cécité*, que plu- *c. 1.* sieurs, pour s'attribuer celle-là en apparence, affectent de témoigner, qu'ils ont la vûë courte, ce qu'on reproche ordinairement aux Espagnols, qui prennent pour cela leurs *antojos* de meilleure heure que les autres, ou du moins *por gravedad*, comme ils disent, qui est un second avantage qu'ils y cherchent.

Mais on peut bien passer plus outre, & soûtenir, que la vûë cause souvent plus de disgraces que l'aveuglement. Ovide ne fut banni, que pour avoir trop vû, & beaucoup par là sont tombés depuis lui dans d'extrèmes infortunes. Sa Medée a peur de rendre ses yeux criminels,

Lib. 7.
Metam.
    - - - *oculosque videndo*
    Conscelero.

La vûë ne fascine pas seulement, elle reçoit la fascination. Il se trouve de puissans Monarques sur la Terre assez impuissans d'esprit, pour ne pas souffrir, qu'on les regarde impunément au visage, & si nous en croions Acosta, c'étoit un crime puni de mort à l'égard du menu peuple par les Rois de Mexique. Combien y a-t-il de personnes, qui peuvent dire comme cet amant infortuné, *ut vidi, ut perii ?* Et qui peut se vanter d'être jamais retourné de la ville chez soi, sans avoir été affligé par cette partie qui nous fait voir? & souvent en beaucoup de façons. Ce n'est donc pas sans un grand mystere, que le Sage Hebreu s'est écrié dans son Ecclesiastique, *nequius oculo quid creatum est?*

En vérité l'on ne sauroit nier, que le défaut de la vûë ne puisse être quelquefois préjudiciable: C'est par lui, qu'on a souvent rendu incapables de porter Couronne, ceux à qui l'on n'eût pû autrement la disputer. Manlius Torquatus est loüé d'avoir lui-même refusé le Consulat sur l'infirmité de ses yeux, protestant, que celui, qui ne voit que par ceux d'autrui, ne peut accepter sans impudence une charge, qui lui met entre les mains, & laisse à sa conduite la vie & les biens d'une infinité de personnes. Bref, à moins que de tomber dans un aveuglement d'esprit, on ne doutera jamais des desavantages que cause souvent celui du corps. Mais tournés la medaille, vous verrés, qu'on n'en évite pas d'autres encore plus grands, pour avoir bonne vûë, & si vous serés d'ailleurs contraints de confesser, que la *cécité* a ses biens & ses privilèges encore plus grands que nous ne les avons remarqués, ne fût-ce que quand nous cedons le haut du pavé aux aveugles comme aux plus grands Seigneurs. Pour conclusion permettés-moi cette petite raillerie en faveur des premiers, que si le texte d'Aristote est véritable, qu'aux Pourceaux la perte d'un œil est la perte de la vie, on peut dire que c'est tenir plus du Pourceau que de l'homme raisonnable, de ne pouvoir vivre sans yeux. *Lib. 6. de hist. ani. c. 18.*

DES NOUVELLES DE LA COUR, &c.

LETTRE LXVI.

MONSIEUR,

Je ne m'étonne pas, qu'il ait si bien reüssi à celui que vous dites vous avoir envoié une si belle description de nôtre Cour. Les choses, où nous prenons plaisir, s'exécutent ordinairement avec succès. Et comme il fait ici une des plus considérables parties de nôtre beau monde; ce n'est pas merveille, qu'il se soit plû à vous représenter un lieu, où il a tant d'avantage, & qu'on peut nommer avec figure son Element. Vous n'ignorés pas ce qui se dit autrefois d'un Androcide, qui avoit si admirablement peint les poissons, dont une Scylla se trouvoit environnée. L'on savoit, qu'il les aimoit avec une extrème friandise, & cela fit prononcer à tous ceux, qui contemplèrent son tableau, que l'inclination de l'ouvrier avoit beaucoup plus contribué à sa perfection, que les regles de

Plutar. l. 4. Symp. qu. 4.

l'art, ni la delicateſſe du pinçau. Je crois, que les principaux agrémens de ce beau craion, que vous avés reçû, peuvent être rapportés à un ſemblable principe. Pour moi, qui n'ai pas ſujet de reſſentir les mêmes tranſports d'eſprit, & que l'âge, avec le naturel, éloignent de ce que la Cour peut avoir de plus charmant, je n'ai garde d'entreprendre rien de tel, & vous feriés injuſte, ſi vous m'y vouliés obliger.

Tant s'en faut, que je ſois pour le faire, qu'il n'y a rien que j'obſerve plus inviolablement depuis que j'y ſuis, qu'un ſilence approchant du Pythagorique. Mes yeux & mes oreilles me ſervent dans leurs fonctions accoûtumées: mais pour la langue, elle auroit ſujet de ſe plaindre, ſi elle n'avoit pris goût à l'agréable taciturnité, que je me ſuis préſcrite. Souvenés-vous, que cette même langue eſt la partie, par laquelle les Médecins ont accoûtumé de reconnoitre les maladies du corps, & les Philoſophes celles de l'eſprit. La Bibliotheque de Photius m'a fait *Cod. 190.* voir quelque part, que celui, qui fut appellé Ulyſſe, parce que ſa mere étoit accouchée de lui dans un chemin, eût encore le nom d'Outis, dont Homere a parlé, à cauſe de ſes grandes oreilles, qui ſont le ſymbole de cette exacte attention à écouter sans bruit, & de cette prudence consommée, dont il servit de patron à toute l'Antiquité.

Ce n'est donc pas de moi, de qui vous devés attendre les plus curieuses nouvelles du Cabinet, quand même il en viendroit quelqu'une à ma connoissance. Et vous pouvés juger, que celui, qui fut condanné à l'amende par ceux de Locres, pour avoir demandé des nouvelles à l'entrée de leur ville, n'étoit pas de l'humeur où je suis présentement. A la vérité je ne les ai pas toûjours méprisées de la sorte. Le génie de nôtre nation m'y a fait autrefois chercher du divertissement, comme font les autres. Mais la loi, que je me suis imposée, m'a changé de telle sorte, que celle de Charondas, qui defendoit aux Comédiens d'offenser personne sur le Théatre, hormis les adultéres, & les curieux de nouvelles, cette loi, dis-je commence à ne pas me déplaire.

Ne croiés pas pourtant, que je sois métamorphosé de même au reste de mes sentimens. La Cour, qui m'oblige à quelque contrainte pour ce qui touche l'exterieur, & en des choses d'aussi peu de consequence que sont des nouvelles, n'aura jamais le pouvoir d'ébranler tant soit peu mon ame aux choses d'importance, ni de lui faire prendre d'autre assiette, que celle où vous l'avés vûë.

Les agitations de cette même Cour m'affermissent plûtôt, qu'elles ne m'ébranlent. Et ses vanités, au lieu de me donner envie de m'élever, me font aimer tout ce qui est bas. Je ressemble à ces plantes, telles que la Christophoriane, qui se tiennent d'autant plus petites, qu'elles se trouvent en un lieu haut. *Simlerus de Alpibus.* Et pour contrecarrer l'humeur de ceux, qui ne songent ici qu'à occuper toûjours le dessus, mes plus frequentes pensées me font observer l'avantage de ce qui est humble & rampant. En effet, nous ne faisons guères d'actions agréables sans nous humilier. Pour ne rien dire des plus voluptueuses, nous ne saurions dormir doucement sans nous coucher, l'on s'assiet pour se reposer, & le plaisir de la table ne se peut bien prendre debout. N'est-ce pas tout le contraire de ce que nous faisons en nous élevant? L'on ne monte jamais qu'avec peine, & toûjours vers le peril & la chutte. Le fruit ne se cueille au haut des grands arbres, qu'en hazardant la vie, *noli altum sapere*. Et nous voions, que les potences & le gibet font l'exaltation de ceux que tout le monde déteste.

Cependant tout fourmille ici d'Ixions, qui embraſſent des nuës de grandeurs pour le véritable bonheur. Mais ils en ſont bientôt punis, comme celui de la Fable, ſur cette rouë de Fortune, qui du plus haut qu'elle ait, les précipite ſouvent au plus profond de la miſére. Que dirés-vous, ſi je vous aſſure, que les plus ardens à cette pourſuite, ſont preſque toûjours les plus indignes d'y parvenir, comme ceux, qui ont l'eſtomac mauvais, ſont plus avides des viandes, & plus inſatiables que d'autres, qui peuvent digerer tout ce qu'ils deſirent manger ? Je paſſerai plus outre, pour vous communiquer philoſophiquement une de mes obſervations, qu'à la balance, qui meſure ici le mérite, celui qui en a le plus, eſt ſujet à trébucher, au même tems, que le plus leger gagne le haut & laiſſe l'autre au deſſous de lui. L'on y voit bien plus d'outres pleines de vent, & de corps pourris, que de bons nageurs au deſſus de l'eau.

Ne vous en étonnés pas, il n'en fut jamais autrement, & l'Hiſtoire de toutes les Cours nous les a toûjours dépeintes de la ſorte. La nôtre eſt peut-être une des plus innocentes, qui fut jamais, dont je ne veux point de plus forte preuve, que la liberté, dont elle me

permet

permet de vous écrire. Aussi vous ai-je dit dès le commencement, que je n'étois pas pour vous apprendre des nouvelles; tout ceci ne doit être pris, que pour de vieilles remarques. N'a-t-on pas de tout tems encensé les Idoles de la Cour, & fait des genuflexions à tous ceux, qui ont eu la moindre participation de cette vertu occulte & plus que magnétique qu'inspire la Faveur? Qu'on leur rende pourtant tous les honneurs, qu'on voudra; qu'on passe, comme l'on fait, jusqu'aux plus serviles soûmissions, & qu'on les accompagne, si l'on veut, de culte & d'adoration: jamais ils n'en recevront autant, que les Egyptiens en déferoient à leur Apis, qui néanmoins n'étoit que ce que vous savés. Ne m'en demandés pas davantage, s'il vous plait. Vous voiés bien, que je ne parle que de ces Puissances subalternes, qui abusent du peu d'autorité, qui vient jusqu'à elles. Car pour ce qui touche les Anges tutelaires, qui sous le branle d'un premier Moteur, président à la conduite des Etats, dont ils reglent les mouvemens, vous n'ignorés pas, combien je les révere. Outre, qu'on ne sauroit, sans blesser la conscience & sans crime, manquer de respect envers eux, nous pouvons dire hors de toute flaterie par la grace de

Dieu, qu'ils n'ufent aujourd'hui de leur pouvoir, ni de leurs moiens, que comme d'inftrumens propres à l'exercice des plus éminentes vertus.

DE

L'ESTIME, ET DU MÉPRIS.

LETTRE LXVII.

MONSIEUR,

Seriés-vous bien de l'humeur, dont j'ai lû dans la vie du Pere Paul, qu'étoit le Cardinal de Saint Severin; il nommoit flateurs ceux, qui acquiefçoient doucement à fes fentimens, & d'un autre côté il haïffoit cruellement tous ceux, qui lui contredifoient? En effet il y a beaucoup de perfonnes, qui ont l'efprit de la même trempe: mais pour vous, la demande que je vous fais fi librement, & avec raillerie, vous peut affurer, que je vous ai en toute autre eftime. Vous m'avés donné pourtant le fujet que j'ai eu de vous écrire de la façon, quand vous m'avés mandé, combien les loüanges de Gnathon vous avoient été importunes, & de quelle forte d'ailleurs vous aviés reſſenti le mépris, & même les injures de cet infame Therſite.

Pour le premier point, je trouve, que vous avés eu raiſon de témoigner le peu de cas que vous faiſiés des éloges diſtribués par un homme tel, que celui, qui vous les donnoit. Il y a plûtôt à ſouffrir qu'autrement, de s'ouïr préconiſer par ceux, qui font des lieux communs de loüanges exceſſives qu'ils appliquent indifféremment à toute ſorte de perſonnes. Les médiocres & bien appropriées s'augmentent avec le tems, ſelon le mot de Théopompe, au lieu que les démeſurées, & qui ne conviennent pas, s'évanouïſſent auſſitôt; outre qu'elles paſſent toûjours pour ridicules. Ceux, qui les ſavent ajuſter, comme il faut, ne les examinent pas moins ſoigneuſement qu'on faiſoit autrefois les parfums, dont on compoſoit le Thymiame des Hébreux, afin de n'encenſer jamais perſonne, qu'avec des termes legitimes, où l'on ne puiſſe trouver à redire. Et il me ſemble, que ce Spartiate eût raiſon, de demander à celui, qui priſoit extraordinairement & avec admiration un joüeur de Guitarre; quel honneur il défereroit à un homme plein de vertu, s'il témoignoit tant d'estime pour un pinceur de cordes? Cependant c'est une chose étrange, qu'on prenne aujourd'hui à injure d'être loüé raisonnablement & avec mesure, *eo enim dementiæ venimus, ut qui parce adulatur, pro maligno sit.* Je sai bien, que le Philosophe Phavorin soûtenoit autrefois, qu'il y avoit plus de desavantage à être loüé bassement & avec froideur, qu'à être injurié à toute outrance & avec animosité; parce qu'en ce dernier cas l'on reconnoit aisément l'ennemi, qui parle; ce qui n'arrive pas au premier, où l'on croit, que celui qui loüe, quelque ami qu'il soit, ne trouve pas de matiere suffisante, pour s'étendre davantage. Mais cela est bon à l'égard de ceux, qui pleins de mauvaise intention, ne disent du bien d'un homme, que pour lui nuire, & n'usent d'éloge en son endroit, que comme on fait du vin, quand on le mêle avec le poison, afin qu'il passe mieux dans les veines. Car vous ne voiés guères que ceux, qui recommandent si foiblement, ne coulent quelque trait de médisance, comme un vent coulis dangereux, entre les petits avantages qu'ils donnent. Il y a toûjours quelque cantharide cachée sous la rose qu'ils présentent.

Sen. l. 4. qu. nat. Gell. l. 19. c. 3. noct. Att.

Impia sub dulci melle venena latent. Ovid. 1.
Am. cl. 8.
Et leurs paroles obligeantes ressemblent souvent à celles du Renard, lors qu'il loüoit le Lievre en la présence du Loup, d'avoir la plus delicate chair qu'on se pouvoit imaginer. C'est ce qui a fait dire, il y a si longtems, qu'il n'y avoit point d'ennemis plus à redouter que ceux, qui nous donnent des loüanges, *pessimum inimicorum genus, laudantes.* Aristoxene étant porté de mauvaise volonté contre Socrate, commençoit toûjours ses discours contre lui par la loüange de ce qu'il étoit grand ennemi de l'injustice, & puis ajoûtoit, que d'ailleurs c'étoit un ignorant, qui n'avoit pas la moindre teinture des Sciences, & qui de plus se laissoit emporter à d'infames voluptés. N'est-ce pas faire gentiment chauffer le fer, pour lui donner ensuite dans l'eau froide la trempe, que nous voulons qu'il ait, pour mieux trencher? Sans en venir même jusqu'à cette seconde partie de l'invective, les loüanges, toutes pures, se donnent souvent, pour ruiner ceux, pour qui l'on a quelque haine secrette. La Sultane Roxolane ne trouva point de meilleur moien pour perdre son Beau-fils Mustapha, que de le loüer excessivement à son pere Soliman. C'est ainsi qu'Hercule em- *H. Illustrius.*

braſſoit Antée, pour l'étouffer: Et que les Eginettes ſuffoquèrent leur Legiſlateur Dracon, en le careſſant ſur un théatre.

Mais l'infame métier de flateur, dont Gnathon eſt ſi diffamé, vous doit avoir ſur tout rendu ſon Panégyrique inſupportable. Car il n'y a rien d'impertinent, ni de ridicule, au jugement de Dion Chryſoſtome, à l'égal d'un flateur, qui a l'effronterie de mentir à ceux, qui ſavent mieux que perſonne reconnoitre ſon menſonge. D'ailleurs Pindare a fort bien dit, que comme il n'y a que les enfans, à qui les Singes paroiſſent parfaitement beaux, il ne ſe trouvoit guères auſſi que des eſprits foibles, à qui les flateurs fuſſent agréables. A la vérité Xenophon a prononcé, que la plus doux ſon, dont nos oreilles puiſſent être frapées, étoit celui de la loüange. C'eſt la craie, dont nous ſavons qu'on marque les lieux, où les Vertus habitent. Elle les fait multiplier, & leur eſt ce qu'eſt une douce roſée aux plantes, qu'elle vivifie. Beaucoup d'animaux même, l'Elephant, le Paon, & quelques autres, en ſont touchés;

Orat. 3.

Ode 2. Pyth.

Ovid. 1. de art. am.

Laudatas oſtendit avis Junonia pennas;
Si tacitus ſpectes, illa recondet opes.

Et il se trouve des hommes, qui en sont si avides, qu'Ammien Marcellin nous assure, qu'un certain Lampadius, qui avoit de l'autorité dans Rome de son tems, trouvoit mauvais, si quand il crachoit on ne le loüoit d'apporter beaucoup de prudence dans cette action. Cela n'empêche pas pourtant, qu'une ame généreuse ne se rebute d'entendre les lâches propos que tiennent perpetuellement les Flateurs. Ils n'enluminent aucune action qu'avec des hyperboles ridicules. Le dernier qu'ils loüent, est toûjours le premier homme de toute la Terre. Et par un aveuglement étrange on leur voit donner les mêmes titres d'honneur à Vatinius, qu'ils ont déja attribués à Caton. Les Atheniens, aussi sujets à ce vice que peuples du monde, eurent l'insolence de mettre auprès de la Statuë de Menandre, celle d'un méchant Poëte Phé- *Dio. Chr.* nicien, le nommant même Olympien, ou *orat. 51.* divin. Pour moi, je trouve à reprendre jusqu'aux amis, qui usent de trop de complaisance, & qui soûrient à tout ce que font ou disent les autres, semblables à l'eau, qui prend toutes les formes des vases, où elle entre. Il n'y a qu'une lettre à dire entre *assentiri*, &, *assentari*. Je n'ai que faire d'une personne, qui se conforme si universellement à moi: Il me fuffit de mon ombre pour cela, qui le fait mieux, que qui que ce foit. Bref, je veux un ami franc & véritable, qui me contredife où il en eft de befoin, *& qui dicat aliquid contra, ut duo fimus.*

Cependant c'eft un oifeau de rare plumage au païs, où je fuis préfentement. Chacun y vife à la complaifance, avec des paroles de foie, ou de coton. Et ceux, à qui il importe le plus d'être informés de la vérité, ne l'entendent prefque jamais, parce qu'on la juge trop rude pour leurs oreilles. Certes, je ne m'étonne pas, fi nous voions les changemens merveilleux, qui paroiffent dans la plûpart des Etats de l'Europe, ne doutant point, qu'il n'en arrive autant aux autres parties du Monde. Car je penfe, qu'il n'y a plus de peuples de l'humeur de ces vieux Theffaliens, qui ruinèrent une de leurs villes, parce qu'elle s'appelloit Colacée, comme qui diroit la flateufe. Tant y a qu'aujourd'hui l'on ne fait ce que c'eft, que d'exprimer nettement la moindre vérité, qui puiffe donner du dégoût, ou qui choque tant foit peu l'interêt. Et les agrémens d'une diffimulation complaifante l'emportent prefque toûjours auprès des Puiffances, fur les rudes fimplicités de cette même vérité. Mais je vois bien, que vous m'imposés silence sur une matiere si odieuse. Laissons là l'infame proceder de Gnathon, & venons au mépris de Thersite, qui n'avoit garde d'être sans injures.

Vous savés bien que ceux-là souffrent le mieux les injures, qui les ont le moins méritées. Et pour moi je n'admire nulle part tant Socrate, que dans la belle façon, dont il a souvent supporté celles qu'on lui pensoit faire. Je parle ainsi, parce qu'en effet nous n'en pouvons recevoir, si nous n'y consentons. Quelqu'un dit à Diogene, qu'un autre se moquoit de lui; Et moi, dit-il, je ne me tiens pas pour moqué. Je ne sai, qui étoit celui, qui sur le rapport de certains termes fort mauvais qu'on avoit tenus à son préjudice, repartit, qu'il n'en savoit point de mauvais gré à leur auteur, parcequ'il l'avoit pris pour un autre, *non in me dixit, sed in eum, quem me esse putabat.* Pericles me semble sur tout admirable, parce qu'outre, que comme disciple d'Anaxagore, il étoit grand Philosophe, il passoit pour le plus grand homme d'Etat, pour le premier Orateur, & pour le plus rédouté Capitaine de son tems. Il fut une fois persecuté tout un jour par un insolent, qui le suivit jusqu'au foir, en l'injuriant toûjours. Et à l'entrée de fa maifon, pour tout reffentiment il commanda, qu'on prit un flambeau, & qu'on ramenât cet homme chez lui. Permettés-moi, que je joigne à cet exemple celui de deux hommes de nôtre fiécle, qui peuvent être nommés après Pericles. La Nouë, auffi célebre par fes actions que par fes Commentaires, fut conduit avec des injures atroces par le Miniftre la Place, dans la Rochelle, depuis le lieu du Confeil jufqu'à la porte de fon logis, où ce Prédicant lui donna un fouflet. Des Gentils-hommes préfens, avec les domeftiques, qui fuivoient la Nouë, voulant maltraiter ce temeraire, il les en empêcha, & fe contenta en le renvoiant à fa femme, de lui mander, qu'il la chargeoit d'avoir foin de lui. Le fecond exemple recent fera du Chancelier de Sillery, qui entendit mille mauvaifes paroles d'une femme, irritée de la perte d'un procès qu'elle lui imputoit. Il lui fuffit pour toute repartie de demander, fans s'émouvoir, à celui qui l'accompagnoit, & à qui cette enragée n'avoit quafi pas donné le tems d'ouvrir feulement la bouche, fi elle n'étoit pas fa femme, & comme ce mari lui eût répondu qu'oui, En vérité, lui repartit le Chancelier, je vous plains bien, ramenés la chez vous. Ces exemples inftruifent autant & plus que tous les préceptes de la Morale. Souvenés-vous à l'égard de vôtre Therfite, que c'eft le propre des aveugles de dire des injures à ceux, qui voient clair. Mais gardés-vous bien de prendre pour des outrages de certaines railleries ingenieufes, que les plus beaux Efprits ont toûjours dites & reçûës avec beaucoup de grace, quelque pointe piquante qu'elles euffent. Que dis-je? Dieu même, au rapport d'un célebre Théologien, femble s'être plû quelquefois à la raillerie. Ne dit-il pas dans cette figure à nôtre premier Pere après fa chute, *Ecce Adam quafi unus ex nobis factus eft, fciens bonum & malum!* Et n'eft-il pas écrit qu'au dernier Jugement, *Qui habitat in cœlis irridebit eos, & Dominus fubfannabit eos.* L'Ironie eft une des douceurs de la converfation, auffi bien qu'une des beautés de l'Oraifon; ne la rejettons pas, & nous gardons bien de la faire paffer pour un vice.

D'UN LIVRE.
LETTRE LXVIII.

MONSIEUR,

Je vous dois un grand remerciment pour le petit livre que vous m'avés communiqué. Ce n'eſt pas ſeulement dans la Peinture, que les racourciſſemens ſe font admirer, & la Nature, qui eſt toute entiere dans ſes moindres ouvrages, nous apprend, qu'il n'y a point d'artifice plus conſidérable, que celui, qui renferme beaucoup en peu d'eſpace. J'eſtime autant qu'un autre cette Eloquence diffuſe, qui contraint tout un peuple par ſon abondance de ſuivre les mouvemens qu'elle lui veut donner. Mais où il eſt queſtion de s'expliquer ſur des ſentimens Philoſophiques, rien ne m'agrée davantage que le ſtile concis, & j'oſe vous dire, que la ſuppreſſion du langage m'inſtruit quelquefois extraordinairement. Le ſilence de vôtre Auteur en pluſieurs lieux me donne plus à comprendre que ne ſeroit un fort long diſcours; ſes expreffions ont des retenues inftructives, comme les ouvrages de Timanthe, *plus intelligi-* Plin. *tur quam pingitur*, & ce que je m'apperçois, qu'il n'a pas voulu dire, me porte à des pensées, & me jette dans des connoiffances que je ne recevrois pas de la plus haute Eloquence. Car quoiqu'on apprenne parmi les Orateurs à bien parler, en parlant beaucoup, & souvent; il n'en est pas de même parmi les Philofophes, où l'on apprend à bien penser & à bien parler en parlant peu, & fort souvent en se taifant. Je les compare en cela aux Spartiates. Leur difcours étoit auffi court que leurs épées, mais en recompenfe les coups qu'ils portoient, fe trouvoient bien plus juftes & plus vigoureux tant fur les corps que fur les efprits. C'eft une étrange chofe que par tout où il y a beaucoup de langue, il ne s'y rencontre que très peu de cœur, de force, & de prudence. Et je m'étonne encore plus, que nous aions tous les jours tant de perfonnes à fouffrir, foit de vive voix, foit par écrit, femblables à ce jouëur de flûte des Anciens, à qui l'on étoit contraint de donner plus pour le faire taire, qu'on ne lui avoit promis pour chanter: Je penfe que c'eft ce qui a donné lieu au proverbe *Arabius Tibicen*.

Permettés-moi que je vous dife là deffus le remede plaifant, dont je lifoit dernierement que fe fervent quelques femmes de la Guinée, pour s'empêcher de trop parler. Le Pere du Jarric dit, que leur coûtume eft de prendre dès le matin une bouchée d'eau qu'elles gardent fans l'avaler, afin que leur bouche étant ainfi occupée, elles foient contraintes de fe taire, ou de tomber dans l'inobfervation d'une chofe, qui les fait paffer pour des babillardes. En vérité nos plumes & nos langues auroient fouvent befoin de quelque expedient pareil, ou de quelque préfervatif contre des diarrhées fpirituelles, & un certain *dicendi fcribendique cacoëthes*, qui ne font pas des plus petits maux de la vie, ni des moins importans à la focieté civile. Le bon eft, que les productions de cette nature n'ont pas plus de durée, que les Infectes, & qu'il n'y a guères de plus courte vie, que celle d'un mauvais livre. Ce que vous dites, qui vous a fait quelque peine dans celui, pour lequel j'écris tout ceci, ne m'a nullement déplû; & je veux bien répondre en fa faveur à vos petites inftances, à la charge, que mes folutions n'excederont pas leur étenduë, n'étant pas ici le lieu d'être plus long.

Lib. 5. c. 44.

Le mépris de la Grammaire, qui vous choque, ne me semble pas desagréable, parce qu'il y a des lieux, où un peu de négligence sert en contentant l'oreille; & où je crois, qu'il vaut mieux plaire aux Lecteurs contre les regles, qu'aux Grammairiens en les observant,

   - - - cœnæ fercula nostræ   Hor.
   Malim convivis, quam placuisse cocis.
Ne pouvons-nous pas dire aussi, que l'Auteur a plus visé à la satisfaction de l'ame, que de l'oreille? *hæc animis scripta, non* Sen. Ep.
auribus.   101.

Ces passages, paraphrasés plûtôt que traduits, & que vous nommés pour cela une subversion plûtôt qu'une version, ont d'ailleurs tant de grace, que je ne les puis condamner. Je ne saurois trouver laide une belle Maitresse, encore qu'elle ne soit pas aussi fidelle qu'on le pourroit desirer.

Vous vous plaignés de quelques censures Morales, qui vous paroissent un peu trop austeres. Souvenés-vous, qu'il est des alimens spirituels, comme des corporels; les uns plaisent & nourrissent seulement, les autres ont cela de plus, qu'ils purgent les mauvaises humeurs. En tout cas, prenés ceux-ci pour un rémede, dont vous ne pouvés séparer ce qu'il a de rude, non plus que l'amertume de l'alöes, sans en ôter toute la vertu.

3. Nem. Pour ce que vous dites être tiré de trop loin, je vous renvoie à cette Ode de Pindare, où vous verrés, que si les Geais & les Corneilles se contentent de manger ce qui est dans leur voisinage, les Aigles, qui sont les Rois de l'air, se plaisent à prendre leur proie aux lieux les plus écartés.

Je tombe d'accord, qu'il y a dans ce petit ouvrage quelques principes, qui ne s'accordent pas, & quelques maximes séparées, qui confrontées & approchées l'une de l'autre, semblent se détruire.

- - - congestaque eodem.
Non bene junctarum discordia semina
rerum.

Mais s'il ne faut pas encor demeurer ici sans repartie, que savés-vous, si l'Auteur n'a point voulu imiter celui de la Nature, qui se sert de principes contraires dans toutes les générations? Et qu'y a-t-il de plus entrechoquant que les Atomes d'Epicure & de Democrite, dont ils ont composé tout ce que nous voyons de beau dans le Monde?

Si dans cette énumeration, dont vous vous scandalisés, le rang du mérite n'a pas été

été observé; & si les plus honorables n'y ont pas été nommés les premiers, gardés-vous de condanner trop absolument une chose qu'il faudroit reprendre dans l'Evangile même si elle étoit toûjours vicieuse, puisque la plus considérable des Maries, qui se trouvèrent à la Passion, n'y est pas nommée devant les autres. Le Postillon précede le Courier, & l'Enfant de Chœur le Chanoine, sans préjudice. L'Ane & le Liévre sont placés au Ciel indifféremment parmi les plus notables constellations.

Sur tout que le défaut de Préface à ce livre ne soit plus une de vos objections. J'avouë, qu'il se fait des Préfaces, qui sont très belles & très nécessaires. Mais il y en a tant d'autres qu'on peut comparer aux affiches des Comédiens, qui visent où vous savés; ou à ces harangues de Charlatans, qui ne sont prononcées que pour exalter leurs drogues afin de les debiter; qu'en vérité je suis encore moins ici de vôtre sentiment, qu'en tout le reste. Un Avant-propos sans nécessité & de la nature de ceux-ci, est un Prélude mal concerté, qui fait perdre l'attention au lieu de la rendre plus favorable.

DE LA PRÉVOIANCE DE NÔTRE MORT.

LETTRE LXIX.

MONSIEUR,

Ce n'a pas été seulement vôtre Epicure, qui a dit, qu'un homme sage avoit presque toûjours la Fortune contraire: Aristote a été du même sentiment, lors qu'il a prononcé, que par tout, où il se trouvoit beaucoup de raison, il s'y rencontroit très peu de fortune. Ils ont convenu tous deux en cela dans une façon de philosopher très différente, comme étoit la leur. Et je considére, que la plus fameuse de toutes les Républiques de la terre, qui est la Romaine, n'a jamais élevé de temple à la Sagesse comme à la Fortune; à qui Sylla, le plus grand aussi bien que le plus heureux de ses Citoiens, reconnoissoit devoir tout ce qui lui avoit succedé. Certes ceux-là eûrent raison, qui représentèrent cette même Fortune assise sur un Serpent, pour dire, qu'elle est au dessus

marginalia: 2. Mag. moral. c. 8.

de toute la prudence humaine. Prenés y garde, vous trouverés, que non seulement les maisons particulieres, mais encore les plus grands Etats, doivent leur établissement *Lib. 7.* à cette Divinité aveugle. Xerxes le reconnoit dans Hérodote, où il représente à son principal Ministre Artabanus, que si ses prédecesseurs n'eussent donné beaucoup de choses au hazard, ils n'eussent pas élevé son Sceptre jusqu'au point d'exaltation, où il l'avoit trouvé. Et Salomon, après s'être *Cap. 19.* tourné de tous côtés, avouë dans un lieu de son Ecclesiaste, qu'il a reconnu, que tout dépendoit du sort, plûtôt que de nôtre prudence ni de nôtre industrie. *Verti me ad aliud, & vidi sub sole, nec velocium esse cursum, nec fortium bellum, nec sapientium panem, nec doctorum divitias, nec artificum gratiam, sed tempus casumque in omnibus.* Aussi defend-il ailleurs d'user d'une trop exacte & trop scrupuleuse prévoiance. *Qui observat Cap. 15. ventum non seminat, & qui considerat nubes nunquam metet.* Lors que nous croions avoir été au devant de toute sorte d'évenemens, c'est alors qu'il nous arrive d'ordinaire de plus fâcheux accidens. La Biche monocule d'Esope pensoit avoir donné bon ordre à sa sûreté, de mettre en paissant le long d'un ri-

L ij

vage fon bon œil vers la terre, d'où elle prévoioit que lui pouvoit venir le danger, & elle fe fentit percée en un inftant d'un coup de fléche, tirée d'un vaiffeau qui fe promenoit fur l'eau de l'autre côté. Tant il eft vrai, que la Fortune fait fon jeu, de changer ce que la Prudence croit le mieux concerté, & de bouleverfer ce qu'elle penfe avoir le plus fortement établi. Si la premiere, qui n'a point de pieds, femble quelquefois donner les mains à l'autre, pour le moins eft-il certain, qu'elle ne fe laiffe jamais prendre les ailes, comme le fit entendre autrefois cet Ambaffadeur des Scythes au grand Alexandre. Pour moi je trouve, que fi les pilotes Italiens & les Efpagnols ont bien nommé *Fortunal*, une tempête qui furprend dans le calme, & un orage inopiné; nous pouvons dire encore plus proprement fur terre, qu'un coup de Fortune eft prefque toûjours le renverfement des plus fermes réfolutions de la Prudence, & qu'une grande Fortune bien conduite n'eft en effet qu'une grande tempête.

Mais quoi, deviendrons-nous donc fur cela des aveugles volontaires? Et laifferons-nous tout aller à l'abandon, fi ainfi eft, que les meilleurs raifonnemens foient les plus malheureux, & que les deliberations les mieux arrêtées soient toûjours suivies des pires évenemens? Préférons-nous l'inconsidération de cet Epimethée, que toute l'Antiquité a si fort méprisé comme pere de la repentance, à son frere Promethée, qui a toûjours passé pour le patron de la prudence humaine? En vérité ce seroit ravaler de beaucoup nôtre condition au dessous de celle des bêtes, qui ont une raison naturelle appellée Instinct, dont ils tirent de très grands avantages durant tout le cours de leur vie. Il est vrai, que nous restant si peu à vous & à moi de celle que nous coulons depuis tant d'années, le mieux que nous puissions faire, à mon avis, c'est d'employer toute nôtre prévoiance aux pensées de la perdre sans repugnance d'esprit, & sans que l'image de ce dernier periode nous effraie.

Quelle honte à ce Romain, qui avoit été trois fois Consul, de demander le petit espace de tems qu'il faut pour décharger son ventre, voiant l'épée tirée pour executer sa condannation à la mort? Si nous l'envisageons du bon côté, nous n'y trouverons rien, qui nous doive contrister. Il n'y en a point de mauvaise, qui ait été précedée d'une bonne vie. Et comment peut-on assurer, que ce *Plutar. in Pomp.*

soit un mal de la recevoir, si jamais personne ne s'est plaint d'elle après l'avoir ressentie? Quoiqu'il en soit, je trouve la pensée très gentille d'un Arabe, qui étoit Poëte & Philosophe comme ces Anciens de la Grece, quand il dit dans une de ses Epigrammes, que puisqu'il pleuroit en venant au monde, tous les amis de sa maison se réjouïssant, il est resolu de mourir en riant, & de laisser pleurer ses amis à leur tour, si bon leur semble. Caton, au point & en l'âge où nous sommes, s'arrêtoit à considérer les Cyprès bien plus long-tems que les autres arbres. Le même, qui se fâchoit d'avoir dit son secret à sa femme, comme d'avoir navigé lors qu'il pouvoit aller par terre, mettoit pour son troisiéme repentir, d'avoir laissé passer un jour sans que son testament fût tout dressé. Et cette pensée de nôtre commune destinée nous doit si peu attrister, si nous sommes raisonnables, qu'un Legislateur des Lyciens ordonna, que les hommes, qui voudroient témoigner leur affliction, & porter le deuil à la mort de leurs parens ou amis, le fissent avec des robes de femmes, pour dire, qu'il n'y avoit qu'elles, qu'on pût en quelque façon excuser d'en user ainsi.

Sem. sap. cap. 7.

Vous me ferés peut-être cette objection, que César, & assez d'autres grands hommes, qui ont été de son sentiment, aiant tenu la mort la plus subite & la plus inopinée pour la meilleure, semblent avoir condanné ces prévoiances de nôtre fin, & toutes ces méditations lugubres du trépas, qui ne font que peiner l'esprit inutilement.

Ma réponse vous dira, qu'on peut être de l'avis de César que je n'improuve pas, & avoir toutes les pensées de la mort que nous venons de dire, & dont les Philosophes moraux ont toûjours fait le plus doux entretien de leur vie. Car la prévoiance & les considérations de nôtre anéantissement, si nous parlons en général, n'empêchent pas qu'en particulier nous ne puissions recevoir une mort subite & inopinée. Mais ne trouvés pas étrange que je fasse cas de celle-ci, nonobstant les prieres publiques & ordinaires de l'Eglise, qui demande à Dieu, qu'il nous préserve *a subitanea & improvisa morte*. Ce n'est pas simplement d'une mort subite que cette bonne Mere nous fait peur, & nous veut garantir, c'est de celle, qui est conjointement & subite & imprévûë. Pour être subite seulement, elle peut n'avoir rien de mauvais en soi; il n'y a que celle, qui nous prend au dépourvû, & fans que Dieu nous ait fait la grace d'y penfer auffi Chrétiennement que nous y fommes obligés, qui foit un mal véritable.

Or les Méditations Philofophiques, dont nous venons de parler, font d'un excellent ufage, pour n'être jamais furpris de la forte. Elles nous difpofent à être toûjours prêts de partir, pour faire un voiage, qui ne dépend pas de nous. Elles nous font voir, qu'il n'y a point d'homme fi jeune, ni fi fain, qui fe puiffe promettre le matin d'être en vie, lors que le Soleil fe couchera, puifque le premier coup de la mort fe fit fur le plus jeune qui fût au monde. Et nous apprenons d'elles, que la plus longue demeure ici bas n'eft pas la plus eftimable, dautant qu'on en confidére plus la qualité, que la quantité. Le prix après la Comédie ne fe donne pas à celui, qui a le plus long tems parlé fur le théatre, mais à celui, qui a le mieux recité fon role. Et l'on ne préferera jamais un joueur d'inftrument, pour l'avoir touché toute une après-dinée, à un autre, qui en peu d'heures en aura beaucoup mieux joué que lui. Nous devons donc chercher, & vous & moi, quelque autre avantage que celui de la durée de nos jours, qui fe doivent pefer plûtôt que compter, & dans l'examen des fortes raisons que nous fournit la Philosophie, pour ne faire pas grand cas de la vie, nous entretenir gaiement sur les douces & salutaires pensées de la Mort.

DE LA PROFUSION DES PRINCES.

LETTRE LXX.

MONSIEUR,

J'acquiesce volontiers à vôtre sentiment, que la Liberalité n'est pas seulement une Vertu bienséante aux Princes, mais qu'elle leur est absolument nécessaire. S'il y a eu quelque chose à louër au dessein de Stesicrate, qui vouloit faire du mont Athos la figure d'Alexandre, c'est dans la pensée qu'il avoit, de lui faire verser un grand fleuve de l'une de ses mains, ce qui pouvoit être pris pour une marque qu'un Souverain doit continuellement répandre ses graces sur ceux, qui lui

L v

font soûmis, & combler ses peuples de bienfaits. C'est pourquoi l'on n'a point vû de grands Monarques, qui n'aient soigneusement cultivé cette vertu. Alexandre le Grand s'offensoit de telle sorte, lors qu'on refusoit ses presens, qu'il récrivit une fois à Phocion, que s'il ne vouloit pas accepter ce qu'il lui envoioit, il renonçoit à son amitié. Et nous avons dans l'Histoire Romaine le beau mot de cet Empereur, qui fut nommé les delices du genre humain, Que personne ne devoit jamais se retirer triste de la présence de ceux de sa condition, établis de la main de Dieu dans le haut degré de puissance qu'ils possedent, pour faire à son imitation incessamment du bien à tout le genre humain.

Mais encore y a-t-il en cela quelque moderation qu'ils sont obligés d'observer: Si la Liberalité des Rois est une Vertu morale, il faut nécessairement qu'elle soit entre deux extrémités vicieuses. Et la Sagesse, qui se vante à juste titre dans Salomon, qu'ils ne regnent que par elle, doit toûjours intervenir dans la dispensation de leurs bienfaits, comme au reste de leurs actions. Aussi voions-nous que le premier précepte d'un bon gouvernement que reçût Vespasien d'Appollonius, fut, de faire grand cas de ses

Prov. c. 8. per me Reges regnant.

Philost. l. 5. c. 13. Cic. 2. de Offic.

tréfors, pour ne les diftribuer que bien à propos. Et Philippe pere de cet Alexandre, dont nous venons de parler, le reprit très féverement d'ufer de prodigalité envers les Macedoniens pour acquerir leur bienveillance. Car quelque eftime qu'on faffe du propos, dont Mecœne entretint Augufte, que les hommes, à qui donner, lui manqueroient plûtôt, que les moiens de leur donner. Et quoiqu'on veuïlle foûtenir, qu'un Roi ne puiffe jamais devenir pauvre qu'au feul cas remarqué par Alphonfe d'Arragon, quand la Sageffe feroit à vendre : Si eft-il certain, qu'affez de Souverains ont fouvent incommodé leurs affaires, & mis leur Etat en de très mauvais termes par d'exceffives profufions. Les dix dernieres années de l'Empire de Conftantin le Grand l'ont autant diffamé *Baptift.* par des largeffes inconfidérées, que les dix *Egn. l. 1.* premieres lui avoient acquis de réputation. Et fi l'on vouloit venir à un particulier dénombrement de Princes femblables, l'on en feroit voir beaucoup auffi peu avifés que Théodofe, à qui Pulcheria fa fœur fit figner une donation de fa propre femme Eudoxie, *S. Gelaï* qu'il aimoit très ardemment, afin de le ren- *vie de Louis XII.* dre plus circonfpect à ne pas accorder tout ce qu'on lui demandoit fans y prendre garde.

Reduisons-nous à ce seul exemple de nôtre Histoire. Elle fait voir clairement, qu'après la conquête de Naples, le Roi Charles VIII. ne pouvant rien refuser, donnoit jusqu'aux vivres & aux munitions des places conquises, avec tout ce qui étoit nécessaire pour les defendre, d'où s'ensuivit la perte de ce beau Roiaume.

Or les graces & les dons qui se font sans jugement, se reçoivent aussi sans obligation. La semence, qui doit être jettée avec la main, se verse inutilement avec le sac ou le boisseau. Et l'on a fort à propos comparé les Monarques prodigues à cet Erisichthon des Poëtes, à qui tous les vivres qu'il prenoit, ne servoient de rien. En effet une des plus signalées disgraces, qui les accompagne, c'est, qu'ils se trouvent enfin reduits à la nécessité d'ôter à toutes mains aussi bien qu'injustement & avec extorsion aux uns, pour continuer à donner aux autres, afin de couvrir leurs exactions d'une fausse apparence de Liberalité. Voici les termes dont je me souviens que Pacatus a exprimé ce mauvais & assez ordinaire procedé: *Est improborum Principum postrema defensio auferre donandi gratia, & invidiam rapinarum magnitudine munerum deprecari.* Cependant, outre le

In Paneg.

crime évident d'en user de la sorte, & le malheur, qu'ils ne peuvent éviter, de tomber dans cette extrémité, c'est une grande foiblesse à eux, & fort indigne de leur condition, de n'oser refuser avec justice, ce qu'on leur demande à toute heure injustement. Si l'on a bien le front de leur faire des demandes contre raison, pourquoi n'auront-ils pas la hardiesse de les rejetter, retenus d'une mauvaise honte, qui a je ne sai quoi de servile, tant s'en faut qu'elle convienne à la majesté de leur nom.

Vous me dirés peut-être, que la plûpart des dons que font les Rois, sont fondés sur des recompenses de services. Je vous réponds, qu'encore qu'ils fassent bien de leur part de les reconnoitre le plus qu'ils peuvent, ce n'est pas à dire pourtant, que leurs sujets aient droit de rien exiger d'eux là dessus. Sans dire que *officio merces non debetur*, comme parle une loi du Digeste; & que nous ne faisons que nous acquiter d'une dête, lorsque nous emploions nos biens & nos vies au service de nos Souverains; le seul honneur, qui s'acquiert en le faisant, doit tenir lieu d'une suffisante recompense. Un Gentilhomme François peut-il nier, qu'outre la nature de son Fief, qui l'oblige originellement à ce devoir, les grandes prérogatives, dont il joüit, & les respects qu'on lui rend, ne le paient assez de ses services? S'il en est autrement, je soûtiens, que son Prince est un des plus malheureux des hommes, puisque, quand il possederoit cent Roiaumes tels que le sien, il n'auroit pas dequoi satisfaire la seule Noblesse de celui-ci, selon que chacun voudroit faire valoir ses prétensions. Aussi sont-elles fort éloignées de la doctrine que nous devons suivre sur ce sujet. Comme l'Esprit de Dieu souffle où il veut, conformément au texte de l'Ecriture Sainte, celui des Princes distribuë leurs bien-faits, où bon leur semble, & c'est être Pelagien d'Etat, pour ainsi parler, d'attribuer ici quelque chose au mérite, tout étant dû à la Grace.

Mais certes le desordre de nos jours paroit bien plus grand, lors que ceux, qui ont le plus déservi, sont les mieux traités, & recueillent à la vuë des plus fideles serviteurs le fruit qu'ils se pouvoient promettre de leurs bonnes actions. L'inconvenient en est double. La plûpart des gens de bien perdent par là le zèle, dont ils étoient portés à leur devoir; *ubi malos præmia sequuntur, haud facile quisquam gratuito bonus est.* Et d'un autre côté les méchans sont excités par

Sal. 1.
hist.

un fi pernicieux exemple, à continuer une malice, qui, fans rien apprehender, leur peut être avantageufe. L'efperance & la crainte font les deux Poles fur lefquels fe meut la raifon d'Etat, parce que toutes nos actions s'y rapportent. Celui, qui vit donner au Chien du pain trempé dans la plaie qu'il avoit faite, avertit fort à propos, qu'on prit garde, que les autres Chiens ne s'en apperçuffent, qui fans doute voudroient tous mordre, pour recevoir de femblables morçaux.

Je n'accufe néanmoins par là que le malheur du tems, qui a reduit les chofes à de fi mauvais termes, & contraint peut-être les plus clairvoians & les mieux intentionnés à une fi perilleufe néceffité. Car je fuis bien *Plutar. in* de l'opinion de ceux, qui tiennent, que les *Lyc.* meilleurs commandemens deviennent inutiles, où il n'y a plus de difpofition à les refpecter. Théopompe répondit felon ce fentiment à celui, qui difoit, que l'Etat de Sparte étoit glorieux à caufe que les Rois y favoient bien ordonner; que c'étoit plûtôt parce que les Sujets y favoient bien obeïr. Et un autre Souverain de Syracufe reprocha *Herod.* dans la même penfée aux Atheniens, qu'il *l. 7.* fe trouvoit affez de perfonnes chez eux pour commander, mais qu'il n'y en avoit point, qui fuffent propres à l'obéiffance. Si nos calamités viennent d'un même defaut, il n'eſt pas juſte d'en accuſer ceux, qui ont fait tout ce qu'ils pouvoient pour nous en préſerver.

N'en diſons pas davantage, ce peu n'eſt peut-être que trop pour le ſujet, & pour vôtre humeur & la mienne; qui n'eſt pas d'entrer ſi avant dans le Sanctuaire. J'aime mieux finir par le thême que je me ſuis propoſé dès le commencement, & vous répeter, que je tiens la Liberalité une Vertu tout à fait Roiale. L'on a dit, il y a long-tems, que les Rois avoient les mains fort longues, pour donner à entendre l'étenduë de leur pouvoir en ce qui touche la punition. Je les ſouhaiterois encore plus vaſtes & plus alongées pour ce qui concerne les recompenſes, & je leur en accorderois volontiers autant que les Poëtes en ont attribué à Briarée, pour diſperſer avec plus de facilité un nombre infini de bienfaits. Trouvés bon néanmoins, qu'ils y apportent ces petits temperamens de Politique & de Morale que nous avons touchés, & vous ſouvenés de ce qu'obſerve nôtre Hiſtoire, que le Roiaume de France ne devint riche & floriſſant ſous François Premier, nonobſtant toutes ſes diſgraces,

Bodin. 2. de Rep. c. 4.

que

que lors qu'il parut un peu chagrin sur la fin de son âge, personne n'osant plus lui rien demander mal à propos & avec importunité comme auparavant.

DE L'ÉTUDE, ET DU LIEN D'AMITIÉ.

LETTRE LXXI.

MONSIEUR,

L'on dit qu'on voioit autrefois dans un Temple de l'Isle de Chio une Diane de marbre fort élevée, dont le visage avoit cette proprieté, qu'il paroissoit triste à l'entrée, & joieux au contraire à ceux, qui sortoient, leur devotion, ou leur curiosité finie. L'Etude, sur tout de la Philosophie, possede naturellement ce que l'art sût donner à ce chef d'œuvre. Quelque austere qu'elle nous semble d'abord, elle a de tels agrémens ensuite, qu'on ne se separe jamais d'elle qu'avec des satisfactions d'esprit, qui se ressentent mieux, qu'elles ne s'expriment. Je sai bien que ceux, qui s'y adonnent, ne sont pas les plus enjoués du monde, & que leur teint ordinaire semble démentir ces contentemens interieurs, dont je parle. Mais l'on est presque toûjours trompé, quand on juge des choses sur les apparences. Et je suis sûr qu'à la reserve de quelques ignorans, qui ne se sont jamais mêlés du métier des Muses, personne n'oseroit contredire mon sentiment. J'avoüe bien que cette joie secrette, dont une ame studieuse est touchée, peut se goûter diversement, selon le naturel différent de chacun de nous, & selon l'objet plus ou moins digne, qui nous retient. Car il importe merveilleusement que nôtre application se fasse sur des sujets assez relevés, pour mériter une serieuse attention. Comme il y a des Gagne-petits dans les Villes, qui ne s'élevent jamais au dessus de la lie du peuple, il se trouve des hommes nés à l'étude, qui la font & y consument leur âge, sur des choses de si petite importance, que ce n'est pas merveille, s'ils n'en recueillent pas toute la gloire ni toute la satisfaction que nous venons de dire. César demanda à des Etrangers qu'il voioit dans un amour extraordinaire pour des

Singes, dont ils faifoient toutes leurs delices, fi les femmes de leur païs n'engendroient point d'enfans? L'on peut faire cette autre queftion de même à ceux, qui s'occupent ferieufement à des bagatelles, ce qui n'arrive que trop fouvent, s'ils n'ont nulle connoiffance des chofes, qui méritent mieux leur application. Comme c'eft un grand bien pour la vûë de la porter fur des objets, qui la recréent & la fortifient en même tems; l'efprit reçoit un merveilleux avantage, lors qu'on l'attache à des études utiles & agréables tout enfemble. Voilà ce qui m'obligea dernierement à vous exhorter non pas fimplement à la lecture des livres, mais fur tout à vous adonner aux fpeculations dignes de vôtre grand génie, vous affûrant, qu'au lieu de nourrir vôtre melancolie, comme vous le craignés, elles la combattroient indubitablement par des gaietés interieures, & vous recompenferoient tôt ou tard du tems, que vous y emploieriés.

Mais puifque vous m'engagés dans un autre difcours, par le confeil, que vous me demandés fur le fujet de celui, qui vous recherche d'une amitié fi étroite, je vous le donnerai tel que je puis en termes généraux, n'aiant pas affez de connoiffance de la personne que vous me designés, pour pénétrer jusques dans le particulier.

Je ne saurois m'empêcher d'abord de vous louër du soin que vous apportés pour ne vous pas engager mal à propos dans une affection, dont vous voulés observer les loix en homme d'honneur. L'on peut civilement ne s'y pas embarquer, mais depuis qu'on y est, le mauvais choix ne cause pas de petites amertumes; & le dégagement a plus de difficultés que vous ne pouvés vous en représenter. Un mauvais morçau avalé ne donne pas tant de peine à rejetter, qu'un fâcheux ami à quitter, même dans les liaisons d'une amitié ordinaire. Vôtre franchise d'ailleurs vous portant à imiter la Nature, qui commence son ouvrage du corps humain par le cœur, vous faites très prudemment de ne pas hazarder légerement une partie, où l'on ne reçoit jamais de legeres blessures. En effet il n'y a rien de sensible à l'égal des degoûts que nous donnent quelquefois ceux, de qui nous attendions toute sorte de bons offices. Les mauvais que nous rendent des ennemis, nous trouvent tout préparés à les recevoir. Ceux que nous causent des personnes indifférentes, se digérent après quelques réflexions. Mais quand nous sommes outragés par celui que nous tenions pour nôtre ami, le coup est si sensible, que tous les remedes de la Philosophie se trouvans trop foibles, il n'y a qu'une grace particuliere du Ciel, qui puisse nous donner assez de forces pour le souffrir. C'est ce qui fit dire plus subtilement que Chrétiennement à quelqu'un, que les Loix divines nous obligeoient bien de pardonner à nos ennemis, mais qu'elles ne nous avoient jamais commandé de pardonner à nos amis. Vous voiés bien, que je vous veux faire rire de ce faux raisonnement, où l'on voudroit rendre la qualité d'ami de pire condition que celle d'un ennemi. Il faut que je vous dise encore là dessus, qu'encore qu'il soit vrai, que nôtre Réligion enseigne seule avec perfection, non seulement de pardonner à nos ennemis, mais même de les aimer; si est-ce que la lumiere naturelle, accompagnée sans doute d'une grace speciale, a éclairé de sorte l'entendement de quelques Paiens, qu'ils ne se sont pas éloignés de cette charité parfaite. Aristide, injustement banni par la rigoureuse loi de l'Ostracisme, dit pour tout ressentiment, qu'il prioit Dieu, que les Atheniens *Dits not.* fussent si heureux, que de n'avoir jamais sujet de se souvenir de lui. N'est-ce pas témoigner de l'amour pour ſes plus grands perſecuteurs ? Plutarque, qui le rapporte ainſi dans la vie de ce grand homme de bien, dit ailleurs ſur cela un autre beau mot d'Ariſton Spartiate, ou plûtôt, à ſon avis, de Socrate. On loüoit devant l'un d'eux le ſentiment du Roi Cléomene, que l'Office d'un Prince Souverain étoit de faire du bien à ſes amis, & du mal à ſes ennemis. Il vaudroit mieux, repartit Ariſton ou Socrate, faire du bien à tous les deux, & ſe rendre amis par ce moien ſes adverſaires mêmes. Certes on ne peut pas ſoûtenir raiſonnablement après cela, qu'ils aient tout à fait ignoré l'excellent précepte de Morale d'aimer juſqu'à ſes ennemis.

Cic. ad Heren. Pour revenir au point de vôtre demande, ſouvenés-vous de ce vieux proverbe, qu'il faut connoitre avant que d'aimer, *deligere oportet quem velis diligere*; & de ce que remarquoit un Ancien, qu'on rejettoit ſagement le chardon, quoi qu'il ſuivit & s'attachât aux perſonnes, pour aller chercher l'olivier quelque éloigné qu'il fût. Vous voiés bien ce qu'il vouloit dire, & vous n'ignorés pas, quels ſont les amis de table, de jeu, ou d'interêt, qui tiennent bonne compagnie, comme les mouches, durant le beau tems des prosperités, & demeurent sans mouvement au premier coup d'une rigoureuse fortune. Certes l'on n'en voit guères d'autres à la Cour. N'y comptés mille amis que pour un, & si vous y avés un seul ennemi, comptés-le pour mille. C'est le conseil d'un Persan, dont vous vous trouverés bien en France. Chose étrange, qu'on ne se puisse promettre dans le monde d'être heureux en amis, si l'on n'est malheureux d'ailleurs, *felix se nescit amari.* Mais si vous usés de prudence au choix d'un ami, n'en aiés pas moins au sujet d'un ennemi, si vous ne pouvés éviter d'en avoir. Ce n'est pas assez de s'en garder, ni même d'avoir avantage sur lui, il en faut tirer du profit, comme vous feriés d'une bête sauvage, après l'avoir tuée. Le sage Précepteur de Trajan, a fait un Traité exprès pour cela, & vous y verrés, que s'il y a des animaux d'un si bon estomac, qu'ils digérent même les Serpens, l'homme avisé peut convertir en son propre bien par prudence le mal que lui veulent ses ennemis. Evités sur tout d'avoir le moindre différend avec des hommes d'une vertu reconnuë, n'y aiant rien, qui vous puisse être plus préjudiciable. Homere, pour bien

Pilpay.

diffamer Therſite, n'a pas oublié d'écrire, qu'il étoit grand ennemi d'Achille & d'Ulyſſe.

Il me reſte à vous reprocher le mépris que vous faites d'un homme très recommandable par ſon eſprit, ſur ſon exterieur. J'avouë, qu'il n'a ni la taille du corps, ni les traits du viſage tels, qu'il ait ſujet d'en remercier beaucoup la Nature. Mais pourquoi lui imputés-vous ce qui n'a jamais dépendu de lui. J'euſſe attendu de toute autre que de vous un ſi populaire ou ſi peu raiſonnable jugement. Nôtre Hiſtoire me faiſoit remarquer dernierement, que le renommé Connétable Bertrand du Gueſclin, étoit un des plus petits & des plus laids hommes de ſon tems. Et celle des Incas du Perou vous fera voir, que la plus groſſe & la plus belle perle du monde fut trouvée aux Indes Occidentales dans une ſi petite Conque & une ſi mépriſable écaille en apparence, qu'on penſa la rejetter pour cela dans la mer. Tant il eſt vrai, que les plus nobles choſes & les plus précieuſes, ſont quelquefois comme cachées par le Deſtin ſous de fort viles couvertures. La plante humaine eſt comme les autres plantes ruſtiques, dont les petites ont ſouvent plus de vertu que les grandes: *Centaurium minus præſtantius eſt ad omnia*, dit le

Garcil.
l. 8. c. 23.

Médecin Arabe descendu des Rois de Da- *Mesué* mas. Cette observation suffira pour ce coup [l. 2. c. 19.] en faveur des moindres statures que vous avés tort de nommer pour cela ridicules.

DE L'HABITATION DES VILLES.

LETTRE LXXII.

MONSIEUR,

Je ne m'étonne pas de l'inclination merveilleuse de vôtre ami pour le séjour de Paris. C'est un abregé de la France, pour ne pas dire de tout le Monde. Et ce qu'osa proferer de Rome un Sophiste Grec, qu'elle étoit l'Epitome de l'Univers, peut aujourd'hui être en quelque façon imaginé d'une demeure, qui a tous les avantages qu'il remarquoit en celle-là. Dion Chrysostome [Orat. 45.] observe dans une de ses Oraisons, que Thesée mit tout le païs Attique dans la ville d'Athenes; Epaminondas toute la Béotie dans celle de Thebes; & les Milesiens toute la Troade & l'Eolie dans la leur. Ne peut-on pas dire, que nos Rois ont renfermé de même toutes les Gaules dans Paris, qui est leur milieu de perfection, & qui tient lieu de Patrie commune à tous les François, ou plûtôt à toutes les Nations, qui l'abordent? Ce que la Raison est dans l'ame, la prunelle dans l'œil, & le Soleil dans le Ciel, Paris l'est sans doute dans ce Roiaume, depuis que le Grand Clovis y établit le Siege de son Empire, il y a près de douze cens ans. Mais ne vous attendés pas ensuite, que pour la mieux loüer, je tire son nom ni du fameux Juge des trois Déesses, ni du courage de ses Habitans, ni de l'Isis de Melun, ni de sa ressemblance au Caire pris pour l'Is d'Hérodote, comme Belon en parle au second livre de ses Observations. Ces rapports me semblent aussi ridicules que les étymologies incertaines; & quoique son autre nom de *Lutetia*, qui se trouve un peu changé dans Ptolomée, semble venir de la blancheur de ses maisons enduites de plastre, je le trouve bien mieux tiré de la quantité de ses boües, *à luto*. Pourquoi non, puisque selon Strabon le Pelusium d'Egypte fut ainsi appellé ἀπὸ τȣ πηλȣ, de la fange, dont ses habitans

Greg. Tur. l. 2. c. 38.

Cap. 37.

Lib. 27. Geogr.

n'étoient pas vraisemblablement si incommo-
dés que ceux de Paris?

En effet quelque éloge qu'on lui puisse
donner, l'on ne sauroit nier, que son terrain,
& son ciel, *solum*, *& cœlum*, ne soient des
plus incommodes. Un railleur disoit d'une
des Médines d'Espagne, qu'en hiver l'on n'y
voioit ni le ciel, ni la terre, à cause des crot-
tes & des nuages qui la couvroient haut &
bas durant tout ce mauvais tems. Mais certes Paris ne lui cede en rien de ce côté-là,
& je doute fort, que les bouës de Médine
soient aussi puantes que les siennes. Elles
étoient sans doute bien plus hautes avant
que Philippe Auguste l'eût fait paver, puisque comme les ruës de Rome ne furent pa-
vées selon Tite-Live, que près de six cens *Dec. 5. l. 1.*
ans depuis sa fondation, celles de Paris ne
le furent que huit cens ans après l'établissement de nôtre Monarchie. Que si cette
ville est devenuë un peu plus commode à
cet égard; aussi a-t-elle perdu le grand avantage qu'elle avoit autrefois, de n'être sujette ni aux incendies, ni aux serpens, ni aux
mulots, & telles autres fâcheuses bêtes, au
cas que le Talisman, dont parle Gregoire de *Lib. 8.*
Tours mérite d'être considéré. *c. 33.*

Quoiqu'il en soit, les beautés & les avantages de Paris mis en balance avec les dégoûts & les disgraces qu'on y ressent presque inévitablement, je ne trouve pas étrange, qu'un homme de la condition de vôtre ami s'y plaise si fort, n'y cherchant que le plaisir & le divertissement: Mais je soûtiens, que c'est la plus fâcheuse de toutes les villes du Monde, pour ceux que les affaires obligent d'y demeurer, & qui par la dépense ne peuvent se mettre au dessus de toutes les peines qu'on n'y sauroit éviter qu'avec beaucoup de pistoles;

Juven. *sat. 3.* — — — *Magnis opibus dormitur in urbe:*
Sa grandeur immense, l'embarras joint à l'ordure de ses ruës, & son defaut de police, donnent des peines, qui ne se peuvent exprimer.

Lib. 2. Je sai bien, que Diodore Sicilien nous décrit Ninive avec ses quinze cens tours, pour avoir été beaucoup plus grande: Que ces villes Hécatompyles, ou à cent portes, telles que Thebes d'Egypte, devoient avoir plus de circuit: Et Babylone étoit toute

3. Polit. *cap. 3.* autre, s'il est vrai, comme Aristote l'écrit, que ceux, qui l'assiégeoient y étant entrés par un bout, l'on s'en apperçût seulement trois jours après dans l'autre extremité, quoique la premiere Muse d'Herodote ne le rapporte pas tout à fait de la sorte. Au cas que le Roi Denis tirât de Syracuse six vints mille hommes de pied, & douze mille chevaux; selon le texte du même Diodore, elle étoit semblablement bien plus peuplée que Paris. Encore aujourd'hui Pequin, Quinsay, & Nanquin, excedent infiniment sa longueur, s'il est constant, qu'un homme à cheval ne puisse aller en un jour d'un bout de leur enceinte à l'autre. Et l'autorité de Monsieur de Breves qui donne vint-quatre mille ruës au Caire, me le fait aussi estimer plus ample que Paris, où à peine l'on en a pû compter jusqu'à mille, celles des Faux-bourgs y com- *Mor. l. 5.* prises. Mais cela n'empêche pas, qu'Aristote *cap. 10.* n'ait eu raison de condanner une grandeur de ville démesuré, où chacun ne peut pas se connoitre l'un l'autre, ni beaucoup moins se voir & se visiter avec commodité, si l'on y est obligé, comme il croit, qu'on doit faire, pour y vivre heureusement. Et c'est peut-être pourquoi Platon s'est determiné à ce *4. de Rep.* nombre mysterieux de cinq mille quarante *cap. 15. &.* maisons, où il met la perfection d'une ville *l. 7. c. 4.* au cinquiéme livre de ses Loix.

Pour ce qui touche la situation & le bon air de Paris, il faut avouër, qu'elle est dans un des plus agréables territoires qu'on puisse voir, & je crois, que son assiette contribuë autant que la multitude de ses feux, qui la purifient incessamment, à la rendre une des plus saines Villes de la Terre. Vous savés, que les Grecs & les Romains donnèrent autrefois cet avantage à Crotone, par le proverbe *Crotone salubrius*, qui regardoit le corps & l'esprit de ses habitans, si nous en croions Strabon. Un Anglois dans Purchas adjuge présentement la même prérogative à la ville de Laguna dans l'Isle de Teneriffe. Et quelques Rélations veulent, que ce soit Hispaham, qui mérite d'être préférée à toute autre à cet égard. Sans rien determiner sur une chose si malaisée à prouver, je tiens par plusieurs considérations Paris aussi saine, qu'une grande ville remplie d'habitans, & par conséquent de confusion, le peut être. Cela n'empêche pas pourtant, que je n'estime bien plus, sur le sujet où nous sommes, les Villes portatives & ambulatoires des Arabes, des Abyssins, & des Tartares, qui ne croupissent jamais dans l'infection d'un lieu determiné, & où l'on ne voit aussi jamais les morts se promener, pour parler comme ce Grec. Si je ne pensois qu'au corps, & à vivre sainement, il ne faut point douter,

Lib. 6. Geogr. Tom. 5. ch. 12. §. 3.

que je n'éluſſe une toute autre demeure que celle dont nous traitons.

— — — *Ego vel Prochytam præpono* Inven.
  Suburræ. Sat. 3.

Et s'il faut croire, que la ſalubrité de l'air ne contribuât pas moins à l'eſprit qu'au corps des Crotoniates, ou à faire de ſages Pythagores, qu'à former de robuſtes Milons; comment ſe peut-on imaginer, que cette principale partie de nous-mêmes trouve ſon compte dans un lieu, *ubi habendus metus eſt aut* Sal. l.1. *faciundus*, où il faut preſque de néceſſité être hiſt. le patient ou bourreau, *aut præda aut prædo*, le marteau ou l'enclume? Car vous vous pouvés ſouvenir comme le Satyrique compare une grande ville à des champs peſtiferés, *in quibus nihil aliud eſt niſi cadavera, quæ la-* Pet. Arb. *cerantur, aut corvi, qui lacerant.* Sans mentir c'eſt une choſe étrange, que toutes choſes dégénerent tellement en s'éloignant de leurs principes, & que ces grandes communautés d'hommes, inventées & formées pour les faire vivre plus avantageuſement, ne ſervent plus qu'à les rendre beaucoup plus miſerables qu'ils n'étoient auparavant. Si ce n'eſt, que nous rapportions cette diſgrace à la mauvaiſe main du premier fondateur de Ville, qui fut Caïn, meurtrier du juſte Abel;

selon l'obfervation de Jofephe & de Saint
Auguftin. Mais fans prendre ce point fi
fort à la rigueur; & tombant d'accord, que
la Vertu, qui eft la fanté de l'ame, jette fes
racines comme une plante robufte, & peut
fubfifter par tout; fi ne voudrois-je pas à
l'exclufion de toute autre demeure, donner
un fi grand avantage que vôtre ami fait à celle de Paris.

Lib. 1.
Ant. c. 2.
Lib. 5. de civit. Dei
c. 1. & 17.

Dites-moi fur ce propos, fi vous pouvés comprendre, comme il peut y avoir eu autrefois dans l'Egypte, qui n'a pas la moitié de la longueur & largeur de la France, jufqu'au nombre de dix-huit mille Villes ou confidérables Cités, felon le texte de Diodore, du tems duquel on y en comptoit encore trois mille, vû que toute la diligence d'Ortelius ne lui en a pû faire trouver en nos jours plus de trois cens? Car pour les trente-trois mille trois cens & trente-neuf Villes, que Théocrite met dans le Roiaume de Ptolomée Philadelphe, cela fe pourroit attribuer à une licence Poëtique. Dites-moi encore, s'il vous plait, de qui vous faites plus de cas, ou de ces grands preneurs & deftructeurs de Villes comme étoit Demetrius, ou de ceux, qui en ont encore plus bâti, témoin dans Appien, Seleucus, qui en fit conftruire neuf entr'autres

Idyl. 17.

tres appellées de lui Seleuciés, cinq Laodicées à cause de sa mere, & seize portant le nom d'Antioches, qui étoit celui de son pere; pour ne rien dire d'Alexandre le Grand, que Plutarque assure dans sa vie avoir été fondateur de plus de soixante-dix en diverses parties du Monde? Et si vous ne vous lassés point trop de mes demandes, quelles villes estimés-vous le plus, ou celles qui excellent en fortifications, comme Magdebourg, qu'on dit la plus considérable à cet égard qui soit aujourd'hui, ou d'autres, qui ressembleroient à Sparte, dont la principale gloire fut d'être sans murailles, & de donner néanmoins la loi à toute la Grece? Du moins fut-elle constamment ainsi jusqu'au tems de ses Tyrans, puisque les Romains la trouvèrent, qui en avoit sous Nabis, au rapport de Tite-Live. Pourriés-vous bien n'être pas pour le beau sentiment de Cleomene? O la belle retraite pour des femmes, dit-il en voiant une ville des mieux achevées en ses retranchemens. *Dec. 4. Lib. 4.*

Je veux en recompense de mes questions importunes, *quippe superioris est interrogare,* vous faire part, pour vous complaire, d'un point de nôtre Philosophie, où me porte ce que je vous ai dit tantôt du Talisman de

Paris, & de la prise de Babylone qui étoit ignorée trois jours après en l'une de ses extrémités. Ajoûtés à cela cette Ville de Bacchus, dont parle Strabon après Aristote, qui étoit en Afrique, & qui ne se pouvoit jamais trouver deux fois par ceux, qui la cherchoient. Car ne faut-il pas mettre tout cela au rang de ces fausses traditions historiques, & de ces *Farfalloni* du Seigneur Lancelot, qui passent pour véritables, sans que personne les veuïlle examiner? Il n'y a que la Sceptique, qui s'en prévale utilement, dans le dixiéme des moiens, dont elle se sert pour établir son Epoque, ou sa suspension d'esprit. Or je me souviens assez, que vous vous étes souvent moqué des vaisseaux arrêtés par la Remore, qui n'a pouvoir d'arrêter que les plus crédules esprits. Mais nous n'avions point d'instance contre la vertu du chant du Coq à faire fuïr le Lion. En voici une, prise d'une Rélation moderne, qui

La Boulaye. conte, qu'en remontant le Tigris de Basore à Bagdat, un Coq chantant sur le vaisseau de quelques passagers, au lieu de faire peur à un Lion, qui paroissoit sur la rive, le faisoit rugir & l'animoit davantage contre eux. Un

Præfat. Sem. Sap. Auteur Arabe m'apprend trois autres choses qu'il faut ajoûter au notable chapitre *de falso*

creditis : La premiere, que le Caméleon vit de moûches, & non pas d'air fimplement : La feconde, que le Corail n'eft point mou dans l'eau, où il poffede la même fermeté, que nous lui voions : Et la troifiéme, que la Vipere engendre fes petits fans mourir, & comme les autres animaux mettent les leurs au monde. Infinis Auteurs ont écrit, qu'un Juif n'eft pas reçû à fe faire Mahometan fans paffer par le Chriftianifme, cela eft très faux ; mais il eft vrai, qu'ils reconnoiffent Jefus Chrift pour un grand Prophete en recevant l'Alcoran. L'on a dit auffi, que ces mêmes Mahometans fe tournoient toûjours vers le Midi, pour faire leurs prieres. C'eft proprement vers la Meque, qu'ils fe tournent, qui véritablement eft au Sud à l'égard des Turcs de Conftantinople : Mais les Mufulmans de Mofambique, qui font dans une pofition contraire, fe tournent au Nord, & d'autres vers le Levant ou vers le Couchant, felon leur demeure différente. Combien de fois avés-vous lû auffi bien que moi, qu'il ne pleuvoit point en Egypte ? Cependant les pluïes de Novembre, Decembre & Janvier y font telles quelquefois, qu'on demeure à caufe d'elles des journées entieres fans fortir. N'avés-vous pas crû de même fur d'autres

Rélations, qu'il ne se trouve pierre aucune où sont les Pyramides, ni même à cent lieuës de là. C'est une autre fausseté, dont des témoins oculaires m'ont depuis peu desabusé, aiant remarqué entre le lieu de la Sphynge, & celui de la grande Pyramide, les endroits en forme de carrieres, d'où vraisemblablement toutes ses pierres ont été tirées. Ceux, qui se sont figuré le Monde comme un grand animal, mettent ses narines au fond de la Mer; par lesquelles il respire de telle sorte, qu'il attire & fait perir irrémissiblement tous les vaisseaux en de certains endroits où l'on ne trouve jamais le fond, comme vers le Nord sur l'Ocean, & vers le milieu de la Mer Caspienne: Cependant ceux, qui ont été aux lieux où l'on designoit ces barathres, y ont trouvé la Mer telle qu'elle est ailleurs, & ont vérifié la fausseté de tels contes, qui sont sans fin aussi bien que sans raison. Mais en voilà assez pour cette fois.

DE LA CONVOITISE.
LETTRE LXXIII.

MONSIEUR,

Le Philosophe Aristippe consideroit avec étonnement, que celui qui boit & mange sans se rassasier, a recours au Médecin, comme se reconnoissant malade, & que ceux, qui ne sont jamais satisfaits de biens, dans quelque opulence qu'ils se trouvent, ne s'apperçoivent pas, qu'ils sont d'autant plus malades, que les infirmités de l'esprit sont plus à craindre, que celles du corps. Certes il avoit raison, & je ne crois pas, qu'il y ait une plus grande malediction, que d'être dans cet appetit insatiable de richesses, lors qu'on en possede assez pour ne pas craindre raisonnablement la pauvreté, *cum non tantum extra* *Seneca.* *sensum paupertatis sumus, sed etiam extra metum.* Je parle d'une crainte bien fondée sur la vraisemblance, n'ignorant pas, qu'à se représenter tout ce qui peut humainement arriver, nous ne possedons rien sous le titre de biens de Fortune qu'elle ne nous puiſſe ôter à tout moment :

Laberius.   *Non eſt tuum, Fortuna quod fecit tuum.*

Mais à le prendre de la ſorte, il n'y a point d'abondance, qui nous puiſſe mettre l'eſprit en repos, & ſi l'on peut dire, que cette conſidération rend l'aveuglement plus grand de ceux qui accumulent ſans ceſſe, parce qu'ils donnent par là moien à cette même Fortune de les endommager davantage, & de rendre par conſequent leur déplaiſir plus grand. Car outre qu'il ne lui eſt pas plus difficile d'ôter les millions que les centaines, encore peut-on dire, que ſon plus grand divertiſſement, & ſon plus ordinaire paſſe-tems, eſt de dépouïller ceux, à qui elle ſembloit avoir le plus liberalement donné. Me permettrés-vous de vous dire encore au ſujet de cette Déeſſe aveugle, qu'on a grande raiſon de mettre les richeſſes entre les biens, qui portent ſon nom, puiſqu'on peut ſoûtenir, que c'eſt un grand hazard & une merveilleuſe fortune de les voir reüſſir à bien. Le nombre de ceux qu'elles perdent, eſt ſans comparaiſon plus grand que des autres, qui en ſavent quelquefois tirer quelque avantage. En effet je ne veux pas nier, que ces richesses, dont vous faites tant de cas ne soient de véritables moiens, quand on en use bien, pour exercer beaucoup de bonnes actions. Mais il faut pour cela les posseder un peu philosophiquement, & autrement que le commun des hommes, qui sont plûtôt possedés par elles, qu'ils ne les possedent. L'on peut dire avec fondement des richesses ce qu'un Ancien prononça du feu & de l'eau, que ce sont de bons serviteurs & de très mauvais maitres. Pour peu qu'elles prennent d'empire sur nos esprits pour se faire estimer plus que la raison ne veut, elles jouënt bientôt le personnage des valets de Rome au tems des Saturnales, où ils usurpoient le commandement despotique. Gardés-vous donc bien de laisser empieter un pouvoir sur vous à celles que vous devés tenir dans une sujetion absoluë. Jamais un vassal ne se mêle de commander, qu'il ne donne bientôt jusques dans la tyrannie.

Mais, dites-vous, le défaut de biens & ce qu'on nomme pauvreté vous paroit si affreux, qu'à vôtre avis, l'on ne peut s'en trop éloigner. En vérité c'est un grand abus de le croire ainsi, & je suis sûr, que quand vous y aurés bien pensé, vous trouverés, que la pauvreté est plus traitable & plus aisée à supporter, que les grands biens. Afin de n'en point douter, figurés-vous les mœurs de ces grands Richards que vous connoiffés, & les comparés à celles des autres que vous nommés incommodés; je me fais fort, que vous ferés contraint d'avouër, que la converfation ordinaire & familiere de ceux-ci, eft préférable en plufieurs façons à celle des premiers. Pour moi, je ne puis comprendre, pourquoi l'on veut, que beaucoup de chofes manquent à celui qui eft content de fort peu, & à qui les purement néceffaires fuffifent. La pauvreté pouïlleufe & qui paffe jufqu'à l'extréme mendicité eft véritablement pénible & honteufe; mais la volontaire, qui méprife l'affluence, doit à ce qu'il me femble être tenuë pour honorable; outre le privilège qu'elle a, de paroitre toûjours gaie, hardie, & fans inquietude. Ceux, qui la connoiffent, comme faifoit Ariftide, font gloire d'enrichir les autres, en demeurant pauvres: Et comme il dit fort bien dans un jugement public, il n'y a que ceux, qui font néceffiteux par force, qui en doivent rougir, quand on l'eft de fon bon grè, il y a plus de fujet de s'en glorifier qu'autrement.| Vous favés bien, que je ne vous prêche pas ici, affis fur la vendange, & afin que l'honneur

Plutar. in Arift. & in Cat.

de mes emplois ne vous impofe rien à cet égard, fouvenés-vous, que Petrarque n'a pas laiffé de placer Lactance Firmien entre les grands perfonnages qui ont vécu dans la pauvreté, nonobftant la charge qu'il avoit auprès du fils de Conftantin le Grand. *Lib. 2. de rem. utr. fort. c. 9.*

Après ce difcours moral je viendrai au repas de nos Deipnofophiftes, dont vous voulés être informé. J'en puis parler pour m'y être trouvé, ce que je n'euffe pas fait, fi j'euffe été auffi avifé que le Sage Chilon, qui ne voulut jamais aller au feftin de Periandre, qu'il n'eût fçû le nom de tous les conviés. Cela vous foit dit en paffant, je vous referve quelque chofe de particulier pour la premiere rencontre. Car il n'eft pas des diners Philofophiques comme de ceux des Spartiates, qui ne vouloient pas, que rien fortit jamais par la porte de leurs Syffities de tous les propos qui s'y étoient tenus. Ceux des Philofophes au contraire fe peuvent divulguer par tout, & je ne ferai nulle difficulté de vous en faire quelque jour un fidele rapport. Sachés cependant, que rien ne m'y plût davantage que le bon vifage de celui qui nous traitoit. Philemon ne l'avoit pas meilleur, lors qu'il reçût à fa table Jupiter & Mercure.

Ov. 8.
Metam.

    - - - *Super omnia vultus*
Accessere boni, nec iners pauperque voluntas.

En effet, quoiqu'il ne nous préfentât rien que de bon & de bien apprêté, fon proceder en mille rencontres donnoit encore plus de fatisfaction. Et la politeffe jointe à l'honnête frugalité de tous fes mets, étoit un autre affaifonnement très agréable à tant que nous étions. Auffi n'y en eût-il aucun, comme je crois, qui eût befoin le lendemain de corriger les excès de fa bonne chere par l'ordonnance du Médecin. C'eft une chofe étrange, qu'il y ait tant de perfonnes, qui creufent tous les jours leurs foffes avec leurs dents, pour ufer des termes d'un proverbe Anglois. Et l'on ne fauroit trop s'étonner de ceux qui pouvant paffer d'ailleurs pour hommes affez raifonnables, ne laiffent pas néanmoins de fe remplir fouvent le ventre de telle forte, que femblables à un navire trop chargé, ils font contraints d'être fans ceffe à tirer la fentine & à fe purger. Vous vous doutés bien, qu'un repas fi reglé fur la quantité, ne le fut pas moins à l'égard de la qualité des vivres. L'on n'y vit point ce qui déplaifoit fi fort à Caton, de petit poiffon qui coûtât plus qu'un bœuf; ni de fruits que la nouveauté eût rendus si chers, qu'on pût demander, comme Socrate, à ceux qui les mangeoient à si haut prix, s'ils desesperoient d'arriver à la saison qui les rend communs. L'on dit autrefois à quelqu'un, dont la table avoit consumé le prix d'une terre sise sur le bord de la Mer, qu'il avoit le ventre plus grand qu'elle, qui s'étoit contentée de lêcher l'héritage qu'il avoit devoré. Nôtre hôte ne recevra jamais de tel reproche, quoique je vous puisse assurer, que dans une fortune médiocre comme est la sienne, il fait fort bonne chere à ses amis. Je n'estimerai jamais celle, où le vin & les viandes affoiblissent l'ame, en fortifiant le corps. Le vaisseau rempli ne resonne plus; nos yeux pleins d'humeur ne voient que trouble; & le Soleil même par un air humide perd toute sa force. Si la vapeur des alimens est telle qu'elle offusque l'esprit, il devient de pire condition que tout cela. Je pense aussi, que vous ne nous soupçonnerés pas d'avoir fait des brindes excessifs. Il faut, que je vous avouë pourtant, qu'il ne tint pas au Poëte que vous savés, que nous n'en fissions d'avantage. Sa gaieté fut prise pour une licence poëtique, & le Temple de Delphe, dedié aux Dieux Bacchus & Apollon conjointement, lui fervit d'une agréable excuse. Mais nous le priâmes de se souvenir, que la défense faite au Prêtre de Jupiter, nommé par les Romains *Flamen Dialis*, de se promener ou de passer seulement sous une treille de vigne, avertissoit tous les hommes raisonnables, de ne permettre jamais au vin, de monter jusqu'à la tête, ni d'envoier ses fumées jusqu'au cerveau. Cela fut dit néanmoins en lui accordant pour le contenter, que tout ce qui est soigneusement arrosé profite beaucoup mieux, & que nôtre vie même a besoin de ce regime, *ne remaneat in sicco*.

Plutar. de voce.

DES ANES.

LETTRE LXXIV.

MONSIEUR,

Je ne suis pas ennemi non plus que vous de cette sorte d'écrits, semblables à la loüange des Marmittes que fit Polycrate, ou à celle des Boües qu'on attribuë à un Majoranus. Plutarque parle de quelqu'un, qui avoit loüé de même le Vomissement, & le nombre est infini de sujets aussi ridicules, qui ont servi de matiére à de grands Paranymphes; comme l'on s'est exercé d'un stile différent à composer des satyres contre Socrate & contre Achille, puisque le Sophiste Théon se plût à diffamer éloquemment ce dernier. Mais je ne vous puis nier, que faisant profession sincere d'ignorer ce que la plûpart des hommes croient savoir, l'Eloge des Anes de ce tems m'a été d'un singulier contentement; & je veux pour vous le témoigner, ajoûter à leur recommandation quelques particularités, dont il me semble, qu'il n'est point parlé dans le discours que vous avés vû.

In progy.

Si les Egyptiens firent bien leur Dieu visible d'un Apis, c'est à dire d'un Veau, & s'ils oférent dire du plus vil des Insectes le Scarabée ou Escarbot, qu'il étoit l'image vivante du Soleil, pourquoi ne pourrons-nous pas prendre la licence de prononcer deux ou trois mots en riant à l'avantage du plus patient, du plus généreux, & peut-être du plus spirituel de tous les animaux? Le premier de ces attributs ne lui est dénié par personne, & chacun sait avec quelle patience il s'accommode avec ses Destinées.

- - - *Asini est clitellam ferre libenter.*

Marc. Paling. in Leone.

Son raisonnement sans doute, tout bestial qu'il est, lui donne cette image de Vertu, & l'on peut croire, qu'il y est porté par la même pensée qui fait dire à Seneque, *Nulli tam arctum est jugum, quod non minus lædat ducentem quam repugnantem.* Que si Macrobe a eu sujet de prononcer, qu'il n'y avoit point de gens plus impatiens que les impertinens, & les ignorans, *nihil impatientius imperitia*, il est encore aisé de conclure par la doctrine des contraires, que la patience de l'Ane doit être fondée sur une profonde connoissance d'une infinité de choses, dont l'on a peut-être tort de le croire incapable. Et Salomon ne nous a-t-il pas enseigné, que la principale doctrine de l'homme, aussi bien que sa plus grande gloire, procedoient de sa patience qui les faisoit reconnoitre? *Doctrina viri per patientiam noscitur, & gloria ejus iniqua prætergredi.* Comme il avoit proferé un peu auparavant dans un autre Proverbe, que la force, ou grandeur de courage, étoit de beaucoup inferieure à cette même patience: *Melior est patiens viro forti, & qui dominatur animo suo, expugnatore urbium.*

Ce passage seul pourroit presque suffire à prouver le second attribut que nous avons donné à l'Ane, qui est celui de la générosité.

Marginalia: 5. de Ira cap. 16. / 7. Satur. c. 4. / Prov. c. 19. / Prov. c. 16. / Pro. c. 16.

Vous l'avés vû dépeint comme un petit Mars, d'où semble venir son surnom ordinaire de Martin? mais l'état que faisoient de lui les Socrates, dont parle Elien, peut bien être plus particulierement considéré, que l'on n'a fait. Ils estimoient les Anes, dit-il, pour le moins autant que les Grecs leurs meilleurs chevaux, puisque les reservant pour les combats, ils eussent fait conscience de les employer ni à porter des charges, ni à tourner des rouës, ou à faire aller des meules de moulin. Voici un autre témoignage de leur valeur & de leur courage, qui ne peut être contredit. Meruvan, vint-uniéme Calife à compter depuis Mahomet, reçût pour un grand éloge le surnom *d'Ane de Mesopotamie*, parce que, dit l'Histoire Saracenique qu'Erpenius nous a communiquée, il tenoit toûjours ferme & ne reculoit jamais dans les combats, y aiant un proverbe de ce païs-là, qui porte, que l'Ane guerrier ne sait ce que c'est que de fuir.

Lib. 12. c. 34.

Lib. 1. p. 106.

Pour ce qui touche sa spiritualité, encore que la Réligion nous prescrive de ne lui en donner pas plus que ce qu'on peut en attribuer sans impieté aux animaux qui paroissent les plus ingenieux: Si est-ce qu'il semble avoir beaucoup d'avantage en cela sur le

Cheval, & fur le Mulet, à qui David dénie toute forte d'entendement. Car pourquoi ne le prendra-t-on pas auffitôt de ce côté là, que de celui dont l'Anglois Ovenus l'explique dans cette Epigramme.

<small>Ep. 261.</small>

> *Cur Afinum non junxit equo, muloque Propheta?*
> *Vecturus natum Davidis ille fuit.*

Je fai bien, que l'opinion commune de la ftupidité des Anes, eft fort contraire à ce que nous difons, & que l'injure ordinaire d'être un Ane, qui fut même appliquée à l'Empereur Juftinien, par la faction de la couleur verte fon ennemie, combat nôtre fentiment. Mais les erreurs populaires font fi frequentes, & le mérite de Juftinien fi connu de tous les Jurifconfultes, qu'encore qu'il eût les oreilles auffi mobiles que Procope l'écrit dans fes Anecdotes, je ne crois pas, qu'il dût beaucoup s'offenfer de ce fobriquet γάυδαρε, d'où je penfe qu'eft venu nôtre vieux mot Gaulois Baudet, que Robertus Cœnalis & quelques autres ont derivé de l'Hébreu. Auffi ne fut-ce pas pour injurier Junius Baffus qu'on l'appella *l'Ane Blanc*, fa galanterie feule à dire de bons mots, & fon agréable converfation le firent ainfi nommer. Et quoi? L'Ane d'Ammonius, dont parle Photius

<small>Lib. 1. de re Gall. per. 3. p. 11.</small>

Photius dans son extrait de la vie d'Isidore, Cod 242. écrit par Damascius, ne doit-il pas servir lui seul d'une preuve suffisante, que l'esprit des Anes est tout autre que ce que le vulgaire s'est imaginé ? Il étoit si amateur de la Poësie, que pour y prêter l'oreille, dans sa plus grande faim il quittoit le ratelier, quelque bien garni qu'il fût, toutes les fois qu'on recitoit des compositions du Parnasse. Galien a donc un tort merveilleux de s'être laissé emporter si fort au torrent de la multitude, qu'encore qu'il ait reconnu quelque part l'Ane pour l'animal de tous qui a la meilleure mémoire, il ne laisse pas de l'accuser ailleurs d'être le plus grossier, & d'approcher de la stupidité. C'est au huitiéme livre de Cap. 13. l'usage des parties, où pour reprendre l'opinion d'Erasistrate, que le cerveau de l'homme a bien plus de sinuosités & de détours que celui du reste des animaux, parce qu'il les doit surpasser tous en pointe d'esprit, & en bonté de raisonnement ; il prétend, que si cela étoit, les Anes n'auroient nulle diversité de ventricules, de cavités & de passages, ni le cerveau de la conformation des autres, comme l'on voit, qu'ils le possedent, ce qui ne les empêche pas d'être lourdauts & stupides au dernier point. Mais qui a dit à Galien, qu'ils ne raisonnent pas à leur mode, aussi justement peut-être, & aussi profondement qu'on sauroit faire? Et qui le peut assurer, que cette humeur reposée qu'il nomme stupidité, ne soit point une des complexions mélancoliques & Saturniennes, qui font parmi nous les beaux Esprits, j'ai pensé dire les Esprits forts? Car on ne peut soûtenir, que les Anes n'aient été produits par la Nature qu'à la mode des Ours, comme des masses informes & pesantes, puisqu'on ne voit rien de plus gai, ni de plus enjoüé, que les jeunes Anons. Il est bien plus vraisemblable, que cette façon de vivre serieuse, grave, & arrêtée, qui leur vient avec le tems, & peut-être par connoissance, est attachée au temperament, qui donne les plus belles lumieres, & que l'Ecole attribuë à ses principaux Docteurs.

Mais il n'est pas besoin d'étendre plus loin cette Anerie, dont je ne vous ai entretenu, que pour m'accommoder au tems du divertissement, & pour dresser un corollaire à ce traité de raillerie, auquel vous m'écriviés qu'on ne pouvoit rien ajoûter.

Homo acharis quasi fabula vana. Ecclesiastic. cap. 20.

DES
TREMBLEMENS DE TERRE.
LETTRE LXXV.

MONSIEUR,

Ce n'eſt pas ſans ſujet, que la deſcription qu'on vous a faite de la perte de Pivry aux Griſons le quatriéme de Decembre mil ſix cens dix-huit, vous a donné tant d'étonnement. Une ville aſſez conſidérable, accablée en un inſtant ſous une montagne, qui écraſa ou étouffa tous ſes habitans, à la reſerve de trois ou de quatre, eſt un évenement ſi rare dans toutes ſes circonſtances, que l'Hiſtoire n'en repréſente guères qui lui puiſſe être comparé. Je ſai bien, qu'on y lit de plus grandes deſolations arrivées par des tremblemens de terre. Diodore parle *Lib.* 15. d'un, qui étoit plus de nuit que de jour, & dont preſque toutes les Villes du Peloponeſe ſe reſſentirent, Helice & Burra, alors des principales, aiant été entierement ruinées, ſoit, dit-il, par des cauſes phyſiques & néceſfaires, soit par une vengeance de Neptune irrité contre leurs habitans. Ce même Auteur avoit déja remarqué comme plus de vint mille Lacedemoniens périrent dans Sparte par un autre tremblement, qui fut de longue durée. Et Josephe assure, que l'an septiéme du regne d'Herode trente mille hommes & une infinité d'animaux moururent en Judée d'un semblable accident. Mais cette chute momentanée d'une montagne sur une ville, où rien n'est épargné, & où personne n'a le moindre loisir de penser à soi, est une chose si particuliere, que je ne lui puis rien égaler, sinon ce qui arriva dans les mêmes Alpes au territoire de Vallais du tems de nos premiers Rois. Car Marius Evêque de Lausanne fait voir dans sa Chronique, que le mont qu'il appelle *Tauretunensem*, tomba si subitément sur un Chateau, & sur des Bourgs voisins, que tous les habitans en furent opprimés, avec un débordement d'eaux, dont la ville de Géneve se trouva incommodée.

Quand vous ne sauriés pas mieux que moi les raisons naturelles de ces effets merveilleux, je suis bien assuré, que vous me dispenseriés de vous rapporter ce qu'Aristote, Pline, Seneque & tant d'autres Auteurs en ont dit. Il ne seroit pas juste d'ailleurs, que je voulusse paroitre plus savant que ces anciens Romains, qui n'adressoient leurs prieres ni leurs vœux à aucun Dieu particulier aux tremblemens de terre, comme ils faisoient en tout autre accident, à cause, dit Varron dans Aulu-Gelle, qu'ils avoient peur *Lib. 2.* de se méprendre, ignorant d'où cela procedoit, *c. 28. quoniam & qua vi, & per quem Deorum Dearumve terra tremeret, incertum esset.* Mais opposons à cette grande modestie Romaine, pour ne pas dire ignorance, la merveilleuse science ou vanité des Grecs, qui se vantoient de pouvoir prédire les Tremblemens de terre, aussi bien que les Comètes à venir. Et avoüons, que pour peu qu'il y auroit de vérité en cela, nous serions fort éloignés de leur connoissance. Cela se dit néanmoins de Pherecydes Précepteur de Pythagore, com- *Diog.* me si bûvant de l'eau d'un puits de l'Ile de *Laërt. in Pher. Cic.* Scyros, il avoit prédit avec succès, que la *1. de Di-* Terre y trembleroit dans trois jours. La *vin.* même chose se lit encore d'Anaximandre, honoré du titre de Physicien, qu'on veut qu'il ait averti fort à propos les Lacedemoniens de sortir de leur ville, parce que leurs maisons alloient être renversées par un semblable écroulement. Et je vois, qu'Apollonius surnommé Dyscole, attribuë une pareille sagacité à l'Hyperboréen Abaris, dont la Grece n'a pas moins respecté les lumieres, que celle de ses plus grands Philosophes. N'est-ce point qu'à considérer la Terre comme un grand animal, ils avoient l'art de lui tâter le pouls, & de reconnoitre par là ces convulsions, qui lui devoient arriver?

L'on en peut voir dans toutes les Histoires d'étranges particularités. Car quoiqu'on veuïlle, qu'il y ait des païs, comme celui d'Egypte, d'Irlande, & de Delos, qui soient exemts de ces rudes sécousses; ce qui a fait prononcer à Virgile de cette derniere Ile,

Immotamque coli dedit, & contemnere ventos:

Si est-ce que pour user des mêmes termes dont Seneque s'est servi sur ce propos, la nation des Philosophes n'a pas été reconnuë moins crédule ici que celle des Poëtes: & cependant tous ces lieux ne laissent pas d'être ébranlés quelquefois aussi bien que les autres par des agitations de la nature de celles, dont nous parlons. Il est vrai, que les contrées fort chaudes, ou fort froides y sont ordinairement les moins sujettes, ce qui fait observer à Hérodote, que les Scythes tiennent pour un prodige, quand il arrive chez eux le

Marginalia:
Cap. 5.
3. Æn.
Lib. 6. nat. qu. c. 26.
Lib. 4.

moindre tremblement de terre. C'est pourquoi l'Angleterre, aussi bien que l'Irlande, n'en ressentent guères non plus. Et néanmoins Camden n'a pas laissé d'en remarquer divers qu'elle a soufferts dans le seul dernier siécle. Il décrit entre autres celui de l'an mil cinq cens soixante & onze, qui fit sauter une montagne beaucoup plus haut qu'elle n'étoit, avec ses arbres & ses animaux, ne laissant qu'un trou à l'endroit qu'elle occupoit auparavant. Je trouve moins étrange, qu'un champ dans cet effort passe d'un côté à l'autre, ou que deux montagnes opposées se choquent, comme Pline veut, qu'il soit arrivé. Mais qu'une montagne bondisse, pour aller se placer dans un lieu superieur, selon le texte de Camden, n'est-ce pas faire ce que David a dit du mont Sinaï, & rendre réelle une description divine & poëtique tout ensemble; *Montes exultaverunt sicut arietes, & colles sicut agni ovium.* Certes il ne se peut rien dire de plus étrange, si ce n'est le tremblement de terre prétendu universel sous Diocletian, qu'Ammien Marcellin décrit, & que Paulus Diaconus n'a pas fait de difficulté d'assurer au commencement de sa continuation de l'Histoire d'Eutrope. Ammien seroit croiable aux choses de son tems,

Lib. 2. c. 83.

Psal. 113.

Lib. 26.
Lib. 9.

s'il en pouvoit avoir pris une certaine connoiſſance qu'on ne lui peut attribuer en cela.

Vous aurés admiré, je m'aſſure, dans d'autres Auteurs Latins, que ni les Romains ni les Carthaginois ne s'apperçûrent point d'un tremblement de terre, qui ſe fit durant qu'ils combatoient les uns contre les autres auprès du Lac de Peroufe, qu'on nommoit alors Thraſymene. Le peril du combat, l'ardeur de la mêlée, & le deſir de vaincre, les pouvoit occuper ſi fort, qu'ils n'avoient nul ſentiment pour tout le reſte. Voici un évenement tout contraire, qui ne vous étonnera pas moins. Le Maire aiant paſſé avec ſes Hollandois par le Détroit de ſon nom dans la Mer du Sud, ils ſentirent la nuit dans leur vaiſſeau, & reconnurent avec fraieur, que la terre trembloit ſous eux, bien qu'ils en fuſſent ſeparés de tout l'Element de l'eau. Leur crainte auſſi ne fut pas telle, que de ſemblables tremblemens l'ont cauſée quelquefois à ceux, qui devoient être moins agités, puiſqu'ils étoient ſur ce que la Nature a de plus ſolide. Beaucoup ont perdu l'eſprit & ſont demeurés tout infenſés après de telles fecouſſes, comme Seneque le témoigne par ce qui arriva dans la Terre de Labour, lors

Lib. 5. hiſt.

que la ville, qui portoit le nom de Pompée y fut bouleverſée, ou même abimée. Et l'on peut voir dans Agathias, que les Byſantins long-tems depuis ce grand tremblement de leur ville arrivé du tems de Juſtinien, ne trouvoient plus rien de ferme ni de ſolide ſous eux, & croioient toûjours, que Conſtantinople agitée étoit prête à perir, tant l'émotion qu'ils avoient reſſentie dans cet accident, leur avoit troublé l'imagination.

Mais le mot qu'ajoûte cet Auteur là deſſus me ſemble fort conſidérable, que ces ébranlemens extraordinaires de la Terre ſeroient plûtôt à ſouhaiter qu'autrement, s'ils épargnoient les bons, n'offenſant que les plus méchans des hommes. Je dis de plus, que ſans cette moralité ils ont été quelquefois utiles à des batimens malfaits, qu'ils ont rendus plus ſtables, & de plus de durée, ſi nous en croions Seneque, *quædam parum aptata* Lib. 6. *poſitu ſuo, & a fabris negligentius ſolutiuſque* nat. qu. *compoſita, terræ motus ſæpius agitata compe-* c. 30. *git.* N'apprenons nous pas auſſi de Polybe, Lib. 5. que le tremblement de terre arrivé à Rhodes, qui renverſa ſon renommé Coloſſe, au lieu d'être préjudiciable aux Rhodiens, leur tourna à très grand profit, par les préſens que cette infortune leur attira de tous côtés. Il est vrai, que ces mouvemens héteroclites de la plus basse partie du Monde, ont presque toûjours été pris à mauvais augure. Thucydide veut, qu'un de Delos ait été le présage de la guerre Péloponesiaque. Et dans Rome aussi bien que dans Athenes, on quittoit toute sorte d'affaires, quand ils survenoient, pour vaquer aux prieres qu'on croioit devoir appaiser la colere des Dieux. Néanmoins, quoiqu'Agis sur ce fondement eût retiré ses troupes de l'Elide, pour contenter Neptune le grand ébranleur de terres; nous voions dans Xenophon, qu'Agesipolis en usa depuis tout au rebours, assurant les Lacedemoniens, que le même Dieu l'avertissoit par ce signal, de poursuivre sa pointe contre leurs ennemis. Cela montre l'instabilité de l'esprit humain au sujet de celle de la Terre, aussi bien qu'en toute autre chose.

Lib. 1.

Hist. l. 4.

Cependant n'y a-t-il pas dequoi fortifier son esprit contre la crainte de tels accidens, si l'on considére, qu'on ne voit rien dans la Nature jusqu'au plus ferme & au plus solide de tous ses corps, que le tems ne ruïne & qui ne soit sujet à perir? *Ingens mortis solatium, terram quoque videre mortalem.* Mais s'il étoit aussi vrai, comme il est vraisemblable, que la terre se meuve & fasse en vint-

Sen. l. 6. nat. qu. cap. 2.

quatre heures un tour entier fur fes Poles, fans parler de fon mouvement annuel, ni de celui d'inclination, peut-on trouver étrange, fi quelque partie de cette grande maffe eft ebranlé quelquefois? N'y devons-nous pas être préparés par tout, je veux dire en quelque pofition que nous y foions? Et nôtre plus grand étonnement ne doit-il pas venir de ce que cela n'arrive pas plus fouvent? Quelqu'un difoit autrefois, que s'il devoit tomber, il fouhaitoit, que ce fût du plus haut du Ciel, afin que fa chute femblable à celle de ce Dieu boiteux fût plus confidérable; & Seneque a fait état de cette penfée, parce qu'elle étoit d'un Poëte de fes amis. Celle qu'on peut avoir au milieu des plus grands tremblemens de terre n'eft pas moins à prifer, de perir volontiers dans un bouleverfement général, accablé de toute la péfanteur du plus lourd Element, & par un defordre de la Nature, qui femble devoir finir avec nous, *fi cadendum eft, cadam orbe concuffo.* En effet une feule pierre de médiocre groffeur nous peut auffi bien tuër en tombant un peu de haut, que la chute d'une montagne femblable à celle qui écrafa Pivry & fes habitans. Un petit gravier même retenu dans le rein, ou bouchant l'uretaire, nous fera mourir fans cette confolation Philofophique bien plus cruellement, que fi nous étions fuffoqués par le poids de Pelion & Offa entaffées comme autrefois fur l'Olympe. Je veux néanmoins vous faire part d'un expedient dont vous pourrés vous prévaloir, fi vous vous trouvés jamais reduit au même point, où fe rencontrèrent Trajan dans Antioche, Charlemagne à Spolete, & le Pape Boniface VIII. dans Riete. Platine dit, que ce dernier y fit bâtir au milieu du fpacieux Cloitre des Cordeliers, une petite loge de bois fort leger, & dont par confequent la chute n'étoit pas à redouter, comme celle des maifons & des Palais de la Ville, étonnée alors d'un très grand tremblement de terre. Voilà dequoi vous exemter de mal, auffi bien que de peur.

DE L'EMPLOI DES PERSONNES AGÉES.

LETTRE LXXVI.

MONSIEUR,

Vous me demandés ce que je fais, comme si mes jours devoient être sans Sabath, & qu'il ne me fût pas permis de prendre d'autre repos que celui des bonnes femmes, qui ne laissent pas de filer leur quenouïlle, encore que la lassitude les contraigne de s'asseoir. Il semble même, que vous cherchiés du mystere dans mon silence, & que vous me soupçonniés de faire le fin, lors que je demeure sans rouler mon tonneau, ou du moins sans que vous en preniés connoissance. Ne croiés-vous point, que je reprenne haleine pour mieux sauter? ou, que je m'épargne pour quelque action d'importance, comme on reserve le Bucentaure à Venise pour épouser la Mer, ou pour quelque autre grande cérémonie? On gardoit de même le vaiſſeau nommé Paralos, & la Galere Salaminienne dans Athenes pour les affaires de conſequence: mais ce qui convenoit par rapport là deſſus au mérite & à la conduite de Péricles, ne me peut-être approprié ſans me rendre ridicule. Je ſai bien, qu'on a obſervé auſſi, que l'Aigle & le Lion retirent quand ils cheminent leurs ongles en dedans, afin de les conſerver aux emplois qui leur ſont utiles, & que pluſieurs ont cette maxime de ménager de même la pointe de leur eſprit pour les bonnes occupations, ne le voulant pas émouſſer en des choſes de néant. Mais je ne vous puis rien celer, & ſans y chercher tant de fineſſe, je vous dirai ingenuëment, qu'en l'état où je ſuis, j'éprouve de plus en plus, que les derniers pas qu'on fait dans un fâcheux voiage, ſont ceux qui laſſent davantage, & qu'on trouve les plus penibles. Les dernieres gouttes d'une médecine qu'on prend mal volontiers, ne ſont-ce pas celles, qui donnent le plus de dégoût? Ajoûtés à cela l'indiſpenſable rigueur des années, qui augmentent leur charge tous les jours par la loi du mouvement naturel, d'autant plus violent & plus rude qu'il approche de la fin. N'eſt-ce rien faire que de reſiſter à tout cela? A la vérité l'on voit quelquefois d'aſſez beaux

Automnes, mais on peut foûtenir à ce qu'il me femble, qu'il n'y a point d'agréable Hyver. Et pour moi, qui ne fuis guères plus que fexagenaire, je ne laiffe pas de pouvoir dire avec Laberius,

Ut hedera ferpens vires arboreas necat,
Ita me vetuftas amplexu annorum enecat.

Ce n'eft pas pourtant que je prétende là deffus donner couleur à une fainéantife honteufe, renonçant au métier des Mufes, & abandonnant le doux entretien de mes livres, comme autrefois les vieilles Courtifanes facrifioient leurs miroirs à Venus, les vieux Pafteurs leurs flûtes au Dieu Pan, & les foldats caducs leurs armes à Hercule. Je fai bien, qu'une vieilleffe de Pelée, & de Laërtes, deftituée de toute action, eft auffi méprifable, que celle de Neftor eft glorieufe par tant de belles occupations, qu'Homere lui donne devant Troie. Et quand je confidére, que les Abeilles auffi bien que les Fourmis travaillent jufqu'au dernier moment de leur vie, je fuis contraint d'avouër, que l'âge eft un mauvais prétexte pour s'excufer de bien faire. Si nous ne fommes plus capables d'executer ce que la jeuneffe nous faifoit autrefois entreprendre avec fuccès, & fi nos forces fuccombent fous le faix de cette

Lib. II.
cap. 16.
πολυπραγμοσύνη des Grecs, à qui Aulu-Gelle n'a pû donner de nom Latin, non plus que nous de François: Pour le moins devons-nous imiter cette vieille Mule, qui n'aiant plus la force de tirer, montroit le chemin aux autres, & l'enseigner en donnant courage à ceux qui ne sont pas encore arrivés, comme nous, au bout de la carriere. Car nôtre vie se peut commodément diviser en trois parties, aussi bien que celle des Vestales. Elles apprenoient premierement ce qui étoit de leur profession; après cet apprentissage on les occupoit à l'action; & puis elles venoient à ne faire plus qu'instruire les novices dans la vie Réligieuse. Et quel plus honnête emploi peut-on prétendre dans le monde, & qui puisse mieux adoucir ce que la vieillesse a de rude & de douloureux, que d'être le guide & le précepteur du genre humain?

En vérité ce n'est pas seulement nôtre foiblesse, c'est le mauvais usage de nôtre raison, qui nous afflige de nous voir arrivés à un but où tout le monde vise, & où il n'y a point de jeunesse, qui ne desire parvenir. Que dirions-nous des fruits que produisent les arbres, supposant avec les Manichéens, qu'ils eussent quelque ame, & même quelque
jugement,

jugement, si nous voyions, que ces mêmes fruits se plaignissent d'être arrivés à leur maturité? Nous sommes encore plus injustes & plus ridicules, quand il nous déplait de finir un être, qui dans nôtre esperance n'est que le passage à un autre incomparablement meilleur. Il faut, que je le vous déclare avec sincerité, mon regret n'est pas tant d'être vieux, que d'avoir été jeune; vous savés bien par là ce que je veux dire. Et puisque je vous ai déja débité du Grec & du Latin, je prendrai la liberté de vous communiquer encore la réflexion que je fais sur une commune façon de parler qu'avoient les Romains. Il me semble, que quand ils prononçoient *nihil mihi antiquius*, pour signifier, que quelque chose leur étoit si chere, qu'elle ne pouvoit pas l'être d'avantage, ils donnoient bien à connoître la grande estime qu'ils faisoient des choses vieilles, & qu'ils ne pensoient pas, qu'elles devinssent moins considérables par les longues années. Puisque nous ne sommes pas nés, comme ces Hyperborées que Pindare dit, dans quelqu'une de ses Odes, n'être jamais attaqués d'aucune caducité, consolons nous, d'avoir la meilleure des deux parties, dont nous sommes composés, qui ne la ressent jamais. Il n'y a point d'ames, qui agiffent plus fortement, que celles, dont les corps font devenus plus foibles par la durée du tems. Les fruits de l'arriere-faifon font les plus prifés. Et ces vieux feps de vigne, qui ont effuié tant de rudes hivers, portent les plus doux raifins.

Vous m'avés demandé ce que je faifois, & parce que les bonnes gens ne font plus que rêver, je vous fais part naïvement de mes rêveries. Si j'étois auffi rétenu que Socrate, qui rendit cette raifon de ce qu'il n'écrivoit rien, que la carte blanche lui fembloit plus précieufe que tout ce qu'il eût pû mettre deffus, je ne vous aurois pas fi long-tems entretenu de mes fantaifies. Mais quoi! il n'eût pas été expedient, que tout le monde fe fût montré auffi auftere que lui à cet égard, & nous favons d'ailleurs par une autre de fes réponfes, qu'il n'épargnoit fa plume & fon parchemin, puifque le papier n'étoit pas encore en ufage de fon tems, que parce qu'il aimoit mieux graver fes penfées dans les cœurs des hommes, que fur des peaux de bêtes mortes. Chacun peut fuivre fon génie, & emploier fon talent aux chofes, qui n'ont rien que d'honnête. La longue vie feroit beaucoup plus ennuieufe qu'elle n'est à plusieurs personnes, si elles ne prenoient ce divertissement, de communiquer leurs pensées à leurs amis, & par eux à la posterité. Cela se voit par la conclusion de ce beau travail des Nuits Attiques, où leur Auteur témoigne, qu'il ne souhaite plus vivre, lors qu'il aura perdu la faculté de s'entretenir de la sorte; *neque longiora mihi spatia vivendi volo, quam dum ero ad hanc facultatem scribendi commentandique idoneus.* Nous en connoissons bien vous & moi, qui ne sont pas éloignés de ce sentiment.

Il me reste à vous dire un mot de Morale Sceptique, puisque vous m'assurés, qu'il n'y a rien, que vous lisiés plus volontiers dans mes lettres. Je ne me peinerai pas beaucoup l'esprit, pour vous contenter, mes dernieres lectures de quelques voiages de long cours, dont l'on a depuis peu imprimé les Rélations, me suffiront pour cela. Une du Bresil nous fait voir, qu'au lieu que nous quittons souvent le surnom de nos peres, pour prendre celui d'une Terre ou Seigneurie; les Tapuyes & autres Bresiliens donnent au rebours leurs noms non seulement aux Aldées ou Villages qu'ils occupent, mais même à des Nations entieres, s'ils en peuvent obtenir la Souveraineté. Une autre Rélation de l'Isle de S. Laurent, ou de Madagascar, assure, qu'il n'y a point de Bourreau particulier dans toute son étenduë, parce qu'elle n'a point d'habitant qui ne tienne à honneur d'executer un criminel, & de couper la tête à un homme condanné pour ses méchantes actions, tant s'en faut que le métier de Bourreau y soit infame comme en France, & en Lithuanie, où l'on contraint les criminels de se pendre eux-mêmes. Il n'est pas pourtant abhorré de même ni reputé honteux en beaucoup de lieux d'Allemagne. Hérodote a observé, il y a plus de deux mille ans, que les Egyptiens avoient des façons de faire du tout opposées à celles des autres hommes. Un César Lambert Marseillois remarque la même chose d'eux jusqu'aujourd'hui, savoir que les hommes y pissent accroupis encore à présent, & les femmes droites ou debout; outre qu'au contraire de nous ils portent leurs morts au Sepulcre la tête devant, ce qu'Hérodote n'a pas dit, & semblent être nos Antipodes en mille autres choses. Nos femmes se pourroient-elles resoudre à se percer le nés de part en part pour y attacher une bague? Les plus belles de Babylone le pratiquent tous les jours & ne croiroient pas être assez gentilles sans cela.

Elles abhorrent, & les hommes même, l'odeur du musc que nous prisons tant, & le tiennent pour un si grand poison, que l'Ambassadeur Anglois Sciarley, qui alloit en Perse, fut chassé d'un quartier de cette grande ville, avec ceux qui l'accompagnoient, parce qu'on les prenoit tous pour des Marchands, qui vouloient faire le trafic du Musc, ordinaire à ceux de nôtre Europe. Mais pourquoi examinerons-nous seulement la diversité des sentimens humains selon les différentes Nations, si nous pouvons sans sortir de chez nous remarquer une varieté de goûts & d'opinions, qui ne montre pas moins sceptiquement l'incertitude de nos jugemens ? Il n'y a plus de beaux chevaux à nos yeux qui n'aient la queuë coupée, ce qu'autrefois l'on n'eût jamais souffert; comme si nous voulions reformer la Nature, qui leur eût donné une partie inutile, & qui n'eût pas sçû en quoi consistoit le point de leur perfection. Que diroient nos peres, s'ils voioient qu'en guerre même on ne veut presque plus monter que des Hongres, qui ont perdu ce qu'ils avoient de plus martial ?

Proh superi ! quantum mortalia pectora Ovid. 6.
     cæcæ   Metam.
Noctis habent.

En vérité pour peu que nous voulions cultiver l'Epoque, nous trouverons par tout dequoi enrichir celui de ſes dix moiens auquel ceci peut être rapporté. Conſidérés ſeulement le plancher de vôtre ſalle, & tenés pour aſſuré, que ſi les arbres croiſſoient quarrés, on en eût taillé les poutres & les ſolives en rond. L'homme eſt un Controlleur général des ouvrages de Dieu & de la Nature.

DE
L'ELOIGNEMENT DE SON PAÏS.

LETTRE LXXVII.

MONSIEUR,

Je ſai bien, que vous n'étes pas de ceux, qui ont beſoin de leurs amis pour ſe fortifier l'ame contre des coups de Fortune, ſemblables à celui, qui vous oblige à vous éloigner de vôtre païs. Vous avés fait proviſion, il y a long-tems, de trop bonnes habitudes, pour être furpris avec étonnement par quelque accident, qui vous puiffe arriver. Mais celui-ci eft fi peu de chofe à le bien prendre, que j'ai prefque envie de me réjouïr avec vous, qu'il fe préfente un jufte fujet de vous promener, & de voir un peu plus de monde, que vous n'avés encore fait. L'amour de la Patrie (fans parler des devoirs d'un bon Citoien) n'eft pas tout ce que le Bourgeois groffier & fédentaire fe fait quelquefois accroire, & cette paffion qu'Ovide exilé mettoit au deffus de toute raifon,

Rurfus amor patriæ ratione valentior omni, 1. de Pon. cl. 4.

eft peutêtre celle de toutes, qui a le moins de fondement, & qui fe doit le plus facilement furmonter par le moindre ufage de nôtre chere Philofophie. En effet, fi vous la prenés pour un certain charme phyfique, qui nous lie d'affection à cette piece de terre que nous avons la premiere foulée aux pieds, & que les Latins ont fur cela nommée *Natale folum*, y a-t-il rien de plus ridicule? Et n'en voit-on pas clairement la fauffeté en ceux, qui ont été tranfportés fort jeunes hors du lieu de leur naiffance, pour lequel ils ne reffentent pas la moindre tendreffe? Auffi n'ignorés-vous pas l'opinion de ceux, qui mettent tout au contraire l'endroit où nous mourons, & celui de nôtre Tombeau pour nôtre vraie Patrie, à cause du long-tems que nous y devons être. Mais que l'on donne l'avantage à l'une ou à l'autre de ces pensées, elles paroitront également vaines à l'égard des Déliens, qui n'étoient pas moins charmés du séjour de leur Isle, qu'un Athenien, un Romain, ou un Gaulois de celui de leur païs, quoique personne autrefois ne nâquit dans Delos, & n'y reçût la sepulture, par une superstition Payenne. L'on peut ajoûter là dessus, que ces mêmes Déliens ne furent jamais touchés d'aucune des inclinations, qu'on veut que chacun ressente pour sa Patrie, prise pour le lieu de sa naissance ou de son inhumation. Voulés-vous voir dans l'Histoire même des Fideles, comme cette affection dépend plus de la coûtume qu'elle n'est naturelle? S'il y eût jamais peuple, qui dût aimer son territoire, c'étoit sans doute celui des Hébreux, parce qu'ils le tenoient de la main de Dieu, qui le leur avoit donné en partage. Aussi lisons-nous dans Sulpice Severe, que Jeremie ne le voulut jamais quitter, tout desolé qu'il étoit par l'armée ennemie, quoique le Prince Nabusardan lui offrit de grands biens, & de grands honneurs, s'il

Lib. 1. & 2. hist.

vouloit le fuivre en Babylone. Et néanmoins le même Auteur nous fait voir un peu après, comme Cyrus, aiant depuis donné permiſſion aux Juifs de retourner en Paleſtine, leur reſtituant même les Vaſes ſacrés, dont Nabuchodonoſor avoit dépouïllé le Temple de Jeruſalem, fort peu d'entre eux le prirent au mot & acceptèrent cette grace, ne ſe ſouciant pas de revoir une Patrie, dont vraiſemblablement la Méſopotamie leur avoit fait perdre l'amour & le ſouvenir. Que ſi la demeure en un païs de captivité pût ſi aiſément en faire oublier un tel, qu'étoit la Judée, que ne doiton point préſumer du changement d'une contrée en une autre beaucoup plus favorablement regardée du Ciel, & telle qu'eſt celle où j'aprens que vous vous acheminés? Un Grec, aiant demandé à un autre habitant de Seriphe, quel crime l'on y puniſſoit de l'exil; ſur ſa réponſe, que c'étoit celui des Fauſſaires, lui repliqua gentiment, qu'il s'étonnoit donc, qu'il ne commit point une faute, qui le pouvoit faire chaſſer d'un ſi mauvais lieu. En vérité l'on en pourroit dire autant à une infinité de perſonnes, qui s'arrêtent, ſans ſavoir pourquoi, en des lieux plus propres à perpétuer la miſere de leurs habitans, qu'à ſe faire raiſonnablement affectionner. Si celui, que vous quitterés a quelque chose qui vous agrée, représentés-vous de combien d'importunités, d'entraves & de peines vous vous delivrerés en l'abandonnant; & souvenés vous, que par tout, où la Vertu est reconnuë, un homme d'honneur y trouve facilement de la conversation, des amis, & du divertissement, outre la satisfaction qu'il peut tirer de son propre entretien dans la plus grande solitude. Peutêtre que la privation de vôtre Maison, soit de ville, soit de campagne, vous est sensible: Confidérés, que la vuë de mille autres choses rares & excellentes compensera ce défaut? *Iucundum nihil est nisi quod reficit varietas*, & prenés garde, qu'il n'y a guéres que les hommes vulgaires, qui soient touchés de cette tendresse, peu sortable à un homme de vôtre esprit. Car j'ai bonne mémoire, que Ciceron traite très mal dans une de ses Oraisons ceux, qui s'attachent si fort à leurs possessions, loüant Cincius au contraire de ce qu'il n'avoit contracté nulle amitié ni alliance, comme il parle, avec ses Fermes rustiques, ou ses lieux de plaisir & de revenu tout ensemble qu'il avoit à la campagne. L'invective néanmoins me semble un peu excessive, quand il dit, *genus hominum horribile & per-*

Laberius

Orat. pro Sylla.

timefcendum, qui tanto amore fuas poffeffiones amplexi tenent, ut ab his membra divelli citius ac diftrahi poffe diceres. Cincius nunquam fibi cognationem cum prædiis effe exiftimavit fuis. Quoiqu'il en foit, nous voions les Suiffes que nous prenons pour les hommes d'Europe de la plus groffe pâte, quoiqu'il s'en trouve de très excellens en toute forte de profeffions, étre fujets à une foibleffe à cet égard, que les autres Nations n'éprouvent point fi extréme qu'ils la reffentent. La plûpart de ceux, qui quitent leurs Cantons incultes & fauvages pour venir en France ou ailleurs, tombent dans une maladie qu'eux mêmes nomment *Heimweh*, c'eſt à dire, *rage de retourner chez lui*, parce que le feul defir de revoir leur païs les rend fi hectiques, & fi imbecilles, qu'ils courent fortune de la vie, s'ils ne retournent vifiter leurs foiers & leurs montagnes, auffi affreufes qu'infertiles. J'avouë, que cela prouve affez manifeſtement, combien cette paffion eſt naturelle, & que les Grecs ont eu fujet de nommer νόστιμον ce qui eſt doux & agréable, par une métaphore prife de νόστος, qui fignifie le retour en fa patrie, parce qu'il eſt prefque toûjours accompagné de beaucoup de contentement. Mais toutes les paffions que la raifon doit maitrifer, n'ont-elles pas le même fondement dans nôtre humanité; & n'eſt-ce pas être brutal, de ſe laiſſer tranſporter comme le reſte des animaux à des mouvemens, qui, pour être avoués par la Nature, ne le ſont pas ſouvent par la ſuperieure partie de nôtre ame?

Je me diſpenſe de parler ainſi à celui, qui fait profeſſion d'une très exacte Morale, & qui ſait, que le plus grand, ou du moins le plus ſuivi de tous les Philoſophes, ſemble avoir voulu, que ſes Diſciples ne fiſſent que ſe promener en les nommant Péripatéticiens. Quelles plus belles & plus utiles promenades peut-on faire, que celles des voiages? Anacharſis les devoit juger telles, quand il ſe vantoit d'être dans ſon chariot Scythique, comme le Soleil dans le ſien, changeant tous les jours de demeure, & courant le Monde pour le contempler, ſans s'attacher plus en un lieu qu'en l'autre, & ſans préferer au reſte la moindre de ſes douze Maiſons. Voulés-vous ſavoir, pourquoi tant de perſonnes eſtiment plus une vie caſaniere, & d'un perpetuel repos, que celle, dont nous parlons? c'eſt qu'ils y ſont accoûtumés, & qu'ils ſuivent ſans diſcernement ce qu'ils voient faire aux autres; *dum unusquisque mavult credere quam judicare, nunquam de vita judicatur,*

<small>Sen. de vit. beat.</small>

semper creditur. Je me réjouïs sur tout des belles observations, que vous ferés par tout, où vous irés, dans un âge, qui souffre, qu'on use de beaucoup de reflexions, qui ne sont guères de la portée des jeunes gens. Certes le peu de fruit, qu'ils retirent ordinairement de leurs voiages, me fait estimer l'ordonnan- ce de Platon, qui ne les permet qu'à ceux, qui ont atteint l'âge de quarante ans. N'ou- bliés pas de cultiver cette belle partie de la Sceptique, qui fait remarquer les differentes coûtumes des peuples. Vous y trouverés de l'utilité, jointe à un plaisir extréme, & je m'assure, que vous en recueillerés une indif- ference en beaucoup de choses, qui vous rendra parmi les hommes ce qu'étoient les Eliens aux combats Olympiques, où ils n'en- troient point en lice, s'abstenant de combat- tre pour être bons Juges du reste des Grecs. La suspension d'esprit que vous acquerrés sur tant de façons de faire & d'opinions di- verses, dont chaque Nation tient la sienne pour la meilleure, vous placera dans cette heureuse & glorieuse assiette entre les Philo- sophes. Afin que vous reconnoissiés mieux ce que je veux dire, je mettrai ici deux ou trois petites observations de personnes, qui ont plus couru le Monde que moi, selon que

Lib. 12. de leg.

je m'en pourrai souvenir. L'on y voit par tout où l'Alcoran s'observe les femmes à cheval comme les hommes, leur étant defendu d'y être en la posture de nos Dames. Les Juives, allant par païs, ôtent leur masque, étant obligées d'avoir le visage découvert, à cause de l'action de Juda avec Thamar. Beaucoup de nos Réligieux s'abstiennent de manger de la chair par austerité: ceux d'Egypte, lors que le Christianisme y étoit, se privoient de l'usage du poisson par la même raison. On danse quelquefois devant le Saint Sacrement en Espagne; il y avoit un tems que le peuple Polonnois se souffletoit, quand on le montra à la Messe. Nos couturiers travaillent de la gauche à la droite; en Moscovie l'on cout tout au rebours. Pour ajoûter quelque chose du mien, je connois un homme de haute condition, qui ne trouve point de plus agréable harmonie que celle du Tonnerre, & un autre vient de sortir de chez moi, qui contemple comme une des choses les plus recréatives, la Neige, quand elle tombe du Ciel par flocons. Je vous conjure donc de me faire part d'une infinité de remarques semblables, dont je ne doute point, que vous n'enrichissiés nôtre Epoque. Je correspondrai de ma part en ce que je pourrai,

& de cette façon nous ne serons pas absolument separés, *erimus una qua parte optimi sumus, dabimus invicem consilia.* Mais ne me laissés pas languir par paresse après vos nouvelles, je prendrois cela pour une indifference, qui m'offenseroit: Vous savez, que les pauses, qui rendent la Musique plus douce & plus charmante, peinent l'oreille, quand elles sont trop longues ou trop frequentes.

Il n'y a rien cependant que je ne fasse pour rendre promt & heureux vôtre retour.

Pascitur in vestrum reditum votiva juvenca.   Hor. l. 1. ep. 3.

DE LA CREDULITE.

LETTRE LXXVIII.

MONSIEUR,

L'homme est un animal si crédule, qu'il ne faut pour établir les plus grandes faussetés qu'avoir la hardiesse de les dire, ou de les écrire. Le mensonge ne manque jamais de Sectateurs; parce qu'outre l'adresse de beaucoup de personnes à le debiter, il semble, que nous nous trahissions nous mêmes pour le recevoir, & que nous ne soions jamais plus spirituels, ni plus ingenieux qu'en sa faveur, où il est question de nous tromper. Gardés-vous sur tout de déferer à l'autorité de ceux, qui vous ont recité ce merveilleux prodige, dont vous parlés, & vous souvenés, que les plus grands personnages peuvent être surpris, *nemo mortalium omnibus horis sapit:* outre qu'il faudroit par la même considération admettre pour vraies cent impostures semblables, dont tant de célebres Historiens Grecs & Latins ont rempli leurs ouvrages. Croirés-vous tous les miracles rapportés par Hérodote & par Tite Live, que ce dernier est lui même contraint de nommer *ludibria oculorum, auriumque, credita pro veris?* Cependant ce sont deux Auteurs classiques de telle réputation, qu'il n'y en a point qui les précedent. Une Vestale prouve sa chasteté dans Valere Maxime, en portant de l'eau dans un crible, sans effusion, depuis le Tibre jusqu'au Temple de la Mere des Dieux. Un homme plus grand que l'ordinaire sauve l'Empereur Trajan d'un tremblement de terre, ressenti dans Antioche, au rapport de Dion Cassius. Le Dieu Belis, qui est le même

Dec 5. Lib. 4.

Lib. 8. c. 1.

DE LA CREDULITÉ. 241

même qu'Apollon, fut vû par les soldats de Maximin, combattre pour la ville d'Aquilée, comme l'assure Hérodien. Solin veut, que *Lib. 8. c. 1.* ni les Chiens, ni les Mouches n'entrassent jamais dans le Temple d'Hercule, quoiqu'il fût dans le marché aux Bœufs de Rome. Et si nous nous en rapportions au texte d'Ammien Marcellin, les Crocodiles du Nil deve- *Lib. 22.* noient plus traitables, que des Moutons, durant les sept jours, que les Prêtres d'Epypte célébroient la naissance de leur Dieu Apis. Pour moi je sai fort bon gré à Xenophon, *Lib. 6. hist.* tout plein qu'il est d'ailleurs de narrations superstitieuses, d'avoir touché l'imposture des Thebains au sujet de la bataille de Leuctres. Il conte, comme sur la résolution de la donner on fit courir le bruit, que tous les Temples de la ville de Thebes s'étoient ouverts d'eux mêmes ; que les armes suspenduës dans celui d'Hercule avoient disparu, & que ce Dieu étoit manifestement sorti pour aller combattre en leur faveur. Mais, ajoûte-t-il, les plus avisés tenoient pour certain, que c'étoient des choses inventées adroitement par ceux, qui gouvernoient l'Etat de cette République.

Pour ce qui regarde l'application du Prodige à la naissance de ce petit Héros, tenés la plus ridicule encore que le reste ne vous doive pas être suspect. Il n'y a guères eu de Grands Hommes, dont l'on n'ait rendu miraculeuse l'entrée & la sortie de ce monde. La conception & la mort de Romulus sont accompagnées d'Eclipse de Soleil dans Denys d'Halicarnasse. Le Temple d'Ephese ne fût brûlé que par l'absence de Diane, qui étoit allée présider aux couches de la mere d'Alexandre. Et l'on en a presque dit autant depuis peu d'un embrasement arrivé à Saint Bonet le jour que nâquit le Connétable de Lesdiguieres. L'an de la nativité de Mithridate, & celui auquel il commença à regner, sont remarquables dans Justin par cette étonnante Comete qu'il décrit. Le même Auteur nous représente l'enfance du Roi Habis si merveilleuse, que le moindre miracle fut, d'avoir été nourri par une Biche; comme Cyrus par une Chienne; les deux Fondateurs de Rome par une Louve; Midas par des Fourmis; Hieron, Platon, avec Saint Isidore par des Abeilles; & Pythagore par le suc distilant d'un Peuplier. Je laisse à part l'extraction des Dieux, attribuée à tous les Héros; & celle de Mérovée, que nôtre Histoire n'est pas honteuse de rapporter à un Monstre marin. Celle des Incas veut, que leur premier Mo-

marginalia: Lib. 2. En sa vie l. 1. c. 2. & l.1 2. c. 12. Lib. 37. Lib. 44.

narque Mancocapac fut fils du Soleil. Et les Tartares difent la même chofe de leur Grand Cam Cinguis. Hercule combat les Serpens au berceau; Rofcius, cet illuftre Acteur, en eût d'autres, qui l'entortillèrent, étant auffi petit: Et la grandeur de Guillaume le Conquérant fut prognoftiquée, quand, mis au même âge fur la paille, il la brifoit par morceaux de fes petites mains. Herrera nous *Hift. c. 25.* fait voir de femblables opinions des Chinois pour les plus renommés d'entre eux; témoin leur grand Philofophe Lanzu, qu'ils affurent avoir été quatre-vint ans dans le ventre de fa mere, à méditer, avant que de venir au monde, fur la loi, qu'il leur devoit donner. Quand Carneade s'empoifonna, âgé de quatre-vint cinq ans, la Lune s'eclipfa de compaffion, fi nous en croyons Diogene Laërce. Un Oifeau, dont Tacite ignore l'efpece, fut *Lib. 2,* le denonciateur de la mort d'Othon. Et pour *hift.* ne faire pas un plus long dénombrement des prodiges, qu'on veut être arrivés à la mort d'une infinité de grands perfonnages, l'on peut dire en général, que comme les autres hommes fe contentent d'être conduits au tombeau avec des torches & des bougies, il faut des flambeaux du Ciel & des Comètes à ceux-ci, pour éclairer de nuit leurs funerailles, ou quelque Eclypfe notable pour les rendre plus confidérables, fi elles fe font de jour.

Je veux vous faire voir par deux exemples, dont je me fouviens, l'état qu'on doit faire de tout ce qui fe dit des miracles, dont on accompagne la plûpart des grandes actions. La victoire de l'Empereur Charles Quint fur le Duc de Saxe au paffage de l'Elbe fut publiée par toute l'Europe, comme fi le Soleil avoit vifiblement retardé fort long-tems fon cours en faveur des Imperiaux. Cela paffa pour fi conftant que Henry II. s'en voulut informer du Duc d'Albe, lors qu'il vint le trouver pour le mariage d'Elifabet de France avec Philippe II. La réponfe du Duc fut digne de lui, & de celui, qui l'interrogeoit; Qu'à la vérité tout le monde contoit cette merveille, mais qu'il avoüoit à fa Majefté, que le foin des chofes, qui fe paffoient alors fur terre, l'avoit empêché d'obferver ce qui fe faifoit au Ciel, accompagnant fon dire d'un fouris, qui témoignoit ce qu'on devoit croire touchant cela. Je prendrai le fecond exemple de ce qu'a écrit Baptifte le Grain, que j'eftime beaucoup d'ailleurs, dans fa Decade de Loüis le Jufte. Il dit au 6. livre, qu'il obferva lui même dans Paris l'an 1615. fur les huit heures au foir du 26. jour d'Octobre, des hommes de feu au Ciel, qui combattoient avec des lances, & qui par ce spectacle effroiant prognostiquoient la fureur des guerres, qui suivirent. Cependant j'étois aussi bien que lui dans la même ville, & je proteste, pour avoir contemplé assidûment jusques sur les onze heures de nuit le Phenomene, dont il parle, que je ne vis rien de tel, qu'il le rapporte, mais seulement une impression céleste assez ordinaire en forme de pavillons, qui paroissoient & s'enflammoient de fois à autre, selon qu'il arrive souvent en de tels Météores. Infinies personnes, qui sont encore vivantes, peuvent témoigner ce que je dis, & néanmoins dans un siécle l'on citera le prodige de la Décade comme indubitable, & il passera de même que tous les autres de cette nature pour un des plus constans, qui soient dans nôtre Histoire.

Or ce n'est pas seulement en matiere de semblables rélations, qu'on nous impose: nos meilleurs livres sont pleins souvent de tant d'extravagances, qu'on peut croire toutes les rêveries d'un Febricitant, si l'on defere à l'autorité de ceux, qui les ont composés. Xenophane rapportoit des Eclipses du Soleil, qui avoient été d'un mois entier. Empedocle soûtenoit, qu'au commencement du

Monde, le Soleil alloit si lentement, qu'un jour duroit bien autant, que dix mois du tems, qu'il écrivoit; ce qui se rapporte à l'opinion des Prêtres de Jupiter Ammon, qui concluoient par une lampe toûjours allumée, & qui d'année en année consumoit toûjours moins d'huile, que les dernieres de ces mêmes années étoient infailliblement plus courtes, que les précedentes. La Lune, selon quelques Pythagoriciens, est habitée d'animaux quinze fois plus grands que ceux d'ici bas. Leur Systeme, qui suppose le mouvement de la Terre, & qui fit dire à un Ancien, qu'on devoit accuser Cleanthe d'impieté, pour avoir fait injure à la Déesse Vesta, en remuant le foier du Monde, est néanmoins aujourd'hui tenu le plus vraisemblable. Et je m'imagine, qu'on nous produira bien-tôt des personnes venuës de la Lune, ou de quelque autre païs semblable comme il en tomba autrefois un Lion dans le Peloponese, au rapport de Plutarque; un Homme ailleurs, si l'on en croit Héraclide dans Diogene Laërce; & un Bœuf encore, au cas que l'autorité d'Avicenne suffise pour cela. En vérité l'Ecclesiastique a fort bien prononcé, *qui credit cito levis est corde; & minorabitur.* C'est une grande honte, si nous ressemblons à ces vases, qui se laissent

Plutar. opinion des Phil.

Des Ora. qui ont cessé.

De la face de la Lune.

Cap. 19.

prendre à toutes mains par les oreilles, pour user de la comparaison, dont se sert Clement Alexandrin contre ceux, qui sont trop crédules. Car puisque l'homme est naturellement porté au mensonge, ne devons-nous pas éviter sur toutes choses le reproche de croire trop légerement? Le Ciel est la vraie patrie de la Vérité, qui ne paroit en ce monde que comme en un païs étranger. Aussi n'y est-elle que fort peu connuë; encore est-ce presque toûjours en souffrant la disgrace de tous les Etrangers, qui n'évitent guères l'oppression de leurs adversaires. Les siens sont l'imposture & la fausseté. Gardons-nous bien d'être de leurs suppôts, en autorisant, comme beaucoup font, par une trop facile créance, des contes, d'autant plus agréables, qu'ils sont fabuleux. Ma resolution est d'en user tout au contraire, de même que j'ai toûjours fait jusqu'ici, & de ne donner jamais rien en semblables matieres à l'autorité, si elle n'est du Ciel & vraiement Divine.

Hæc mihi si Delphos, Dodonaque diceret Ovid. *&*
 ipsa;   Trist.
Esse videretur vanus uterque locus.   eleg. 8.

DU SOMMEIL ET DES PROCES.

LETTRE LXXIX.

MONSIEUR,

Vous me faites rire, quand vous proteſtés de ne vouloir plus aimer des cœurs de diamant, en parlant de celle, qui a eu l'adreſſe de vous en tirer un ſi adroitement du doigt. Car je ſuis aſſuré, que quand vous y aurés bien penſé, vous l'eſtimerés plûtôt qu'autrement, de ſavoir mêler l'utile avec le plaiſant, en cherchant ſon avantage dans ce qui la rend recommandable.

Omne tulit punctum quæ miſcuit utile dulci.
Hé quoi, ne faut-il pas que chacun vive de ce qu'il ſait faire? Mais je vous trouve encore plus plaiſant, quand vous ajoûtés, que celle, qui vous avoit donné tant d'amour étant éveillée, vous l'a tout fait perdre pour l'avoir ſurpriſe en dormant. Avoués la vérité, vôtre paſſion n'étoit pas grande, puiſque vous l'avés ſi bien perduë en un clin d'œil.

DU SOMMEIL ET DES PROCE'S. 249

Je fai bien qu'elle fe gliffe ordinairement dans le cœur par cette partie, & que Tibulle fe plaint du premier trait, dont l'œil de fa Cynthie lui perça le fein; mais je n'avois jamais ouï dire, que l'abaiffement d'une paupiere fût un remede fi puiffant contre l'amour. Cela me fait fouvenir de ce qu'on a écrit de ceux, qui font recherche dans la Perfe des plus belles femmes, qui s'y trouvent, pour les renfermer dans le Serail du Roi. L'on affure, qu'ils les veulent toûjours voir dormir avant que de les y conduire, afin d'obferver, fi pendant leur fommeil elles ne ronflent point avec importunité, ou fi elles ne s'agitent point alors demefurément. On veut, *Plutar. in Cat.* que Caton ne pût fouffrir non plus un Soldat, qui ronfloit plus haut en dormant, qu'il ne crioit dans le combat. Ce ne font pas pourtant à mon avis ces petits inconveniens, qui vous ont degouté au point, que vous dites l'être, vû fur tout ce que vous ajoûtés que vous prites le frere pour la fœur, & que vous crûtes voir une perfonne morte au lieu d'une endormie.

Tant y a que vous ferés toûjours contraint d'avouër, que le Sommeil n'a rien en foi, qui nous doive donner une fi forte averfion. Il eft fi naturel, que nôtre Théologie tient,

Q v

qu'Adam dans l'état même d'innocence eût été sujet à celui, que les vapeurs de la digestion excitent naturellement. Et Tertullien remarque de ce premier Pere, qu'il commença toutes ses fonctions par celle du dormir, avant que d'avoir besoin de repos, avant que de travailler, que de manger, & même que de parler: *Ille fons generis Adam, ante ebibit soporem, quam sitiit quietem; ante dormiit, quam laboravit; imo quam edit; imo quam profatus est;* quoiqu'à l'égard de ce dernier article, il paroisse par le second chapitre de la Génese, qu'il avoit donné les noms à tous les animaux avant que l'assoupissement le prit. Aussi ne sauroit-on nier, que les meilleurs esprits n'aient le plus de besoin de ce doux repos, d'où vient qu'Ulysse, le plus prudent, & le plus ingenieux de tous les Anciens, étoit si adonné au sommeil, que les Phéaciens l'exposérent à terre, l'aiant tiré de leur vaisseau sans qu'il s'éveillât, selon l'interprétation de Plutarque au Traité de la façon, dont il faut lire les Poëtes. Que s'il se trouve des personnes, qui dorment plus agréablement les unes que les autres, comme il y en a que les songes exemts de toute fâcherie rendent bien plus tranquilles; quelques-uns même, tels, qu'un Cleon & un Thrasimede, ne rêvant

Lib. de anima.

Plutar. de orat. def.

jamais; quelle apparance y auroit-il de leur rien imputer pour cela, puisqu'on n'y peut reconnoitre ni mérite ni démérite felon le Ciel; *non magis ob stupri visionem damnabimur, quam ob martyrii coronabimur*, dit encore Tertullien. J'ose même avancer cette propofition, que l'affiette la plus repofée, & la pofture au lit la plus tranquille & la plus égale, ne font pas toûjours préférables au changement qui s'y prend avec agitation. Quand Dieu voulut donner une marque de la peine dont fon peuple étoit menacé, n'obligea-t-il pas le Prophete Ezechiel à ce dur fupplice de fe tenir couché jour & nuit fur le côté gauche l'efpace d'un an & vint cinq jours ? fans parler des quarante, qu'il arrêta depuis fur le côté droit. Mais c'eft affez de cela, ce me femble, en faveur de cette difgraciée dormeufe.

Pour paffer à quelque chofe de plus ferieux, j'approuve fort l'averfion que vous avés de ces lieux, où l'on peut dire, *tantumdem iftic vitiorum, quantum hominum*, quelque grande qu'y foit la preffe. Cette vie de Gladiateurs, qui vivent enfemble & combattent tous les jours l'un contre l'autre, ne me revient pas plus qu'à vous; & je ferois auffitôt le métier de pleurer aux enterremens pour de

Sen. 2. de Ira c. 7. & 8.

l'argent, comme il se pratique encore aujourd'hui en quelques lieux, que de me louër mercenairement pour épouser toutes les passions d'autant de Cliens qu'il s'en présente.

Sen. in Herc. fur.
Hic clamosi rabiosa fori
Iurgia vendens improbus, iras
Et verba locat.

Mais prenés garde que le mauvais succès de vôtre affaire ne vous donne un peu plus d'émotion & de ressentiment, que la raison ne le veut. Pourquoi savés-vous mauvais gré à celui, qui plaidant contre vous, a dû dire tout ce qu'il pouvoit en faveur de vôtre partie adverse? Car de lui reprocher comme vous faites, qu'il a parlé dans d'autres causes avec des sentimens tout contraires, c'est ne se pas souvenir de la profession dont il est. Aiés mémoire de ce que répondit Ciceron, lors qu'on voulut le battre de ses propres armes, & se servir contre lui de ce qu'il avoit autrefois soûtenu dans quelque plaidoié dont le public étoit en possession. Il se moqua, comme avoit déja fait Lucius Crassus, de cette instance, & repartit, defendant Cluentius, que ce n'étoit pas là, où il faloit chercher les véritables opinions de ceux de son métier, qui étoient obligés de s'accommoder, autant qu'il leur étoit possible aux affaires, dont ils se trouvoient chargés. Vous n'avés pas sujet de vous plaindre non plus de celui, que vous aviés judicieusement choisi sur son mérite, pour être le defenseur de vôtre droit,

- - - *si Pergama dextra*   *Virg. 2.*
Defendi possent, etiam hac defensa fuissent.   *Æn.*

Certes tout le monde ne peut pas se dire aussi heureux que l'ancien Caton, qui de quarante *Plin. l. 7.* quatre procés qu'il eût, n'en perdit jamais *cap. 27.* aucun.

Il faut que je vous fasse part sur cela de ce que j'ai observé dans quelques Rélations de la Guinée, où les Rois rendent eux-mêmes, comme ont fait quelquefois ceux de France, la justice à leurs sujets. Les Avocats de cette *Iarric. l.* contrée, nommés Troëns, plaident les cau- *5. c. 44.* ses de leurs parties le visage couvert, afin que sans peur ils osent dire librement, en présence du Prince, tout ce qu'ils jugent devoir être prononcé, pour appuier le droit de ceux, qui les emploient. Cela fait voir l'aversion, qu'ils ont d'un crime, que le Poëte Latin a fait aller du pair avec le parricide.

Pulsatusve parens, & fraus innexa *Virg. 6.*
clienti,   *Æn.*

Car n'est-ce pas une grande fraude que celle de la prévarication, & peut-on mieux employer ce terme tiré du labourage mal fait, qu'où des respects humains nous lient la langue contre nôtre devoir? *Prævaricatio est*, dit Pline, *transire dicenda, prævaricatio est etiam cursim & breviter attingere quæ sunt inculcanda, infigenda, repetenda*. J'ajoûterai pour vous faire rire ce que j'ai lû dans un autre voiage du Roiaume de Maroc. Il y a une de ses Provinces, qui se nomme Hea, où les Avocats sont communément nommés Hagazzares, c'est à dire Bouchers. Or parce qu'il n'y a point d'apparence, qu'on leur ait donné ce nom comme injurieux, puisque c'est celui de leur profession, dont ils ne s'offensent point, l'on a trouvé dessus cette moralité entre plusieurs qui se pourroient faire; Que, comme c'est le propre d'un Boucher habile, de trouver bien les jointures, & de couper la bête où il faut; un excellent Avocat doit de même aller droit aux difficultés decisives d'un fait, pour les resoudre à son avantage. Vous vous souviendrés là dessus du mot de l'Orateur Regulus, qui se vantoit de trouver aussitôt, & mieux que personne, le nœud d'une cause, *ego jugulum statim video, hunc premo*. En vérité la repartie de son Antagoniste fut gentille; qu'il n'en tenoit peutêtre que le talon, ou le genoüil, lors qu'il pensoit l'avoir prise au collet, *posse fieri ut ge-*

Lib. 2.
ep. 20.

Rasilly.

Plin. ibid.

nu effet, aut tibia, aut talus, ubi ille jugulum putaret. Voilà comme toutes chofes font regardées diverfement. C'eft lors qu'elles nous touchent, que nous devons nous défier le plus de nos fentimens, & qu'entre toutes les Philofophies, la Sceptique nous peut être la plus utile, par le moien de fa retenüe & de fa fufpenfion. Elle fait comme un certain milieu agréable, entre les extrèmités fâcheufes, où fe portent toutes les autres. Et c'eft pourquoi l'on ne s'ennuie jamais de fon entretien, d'autant que la médiocrité a cela de propre en toutes chofes, qu'elles ne donne point de dégoût. On ne fe laffe guéres du pain fait comme il faut, à caufe qu'il n'eft ni doux, ni aigre, ni falé, n'aiant aucune des qualités extrémes, mais je ne fai quoi parmi tout cela qui fatisfait nôtre appetit, & qui le rebute moins que tout autre aliment. J'ai envie de corriger, en faveur de cette comparaifon, le proverbe qui rend la repletion, caufée par le pain, la pire de toutes, *omnis repletio mala, panis vero peffima*. Cet Aphorifme commun ne fe trouve ni dans Hippocrate, ni dans Galien; il fe tire d'un texte d'Avicenne mal traduit de l'Arabe, qui porte, que toute inappetence, & principalement celle du pain eft très dangereufe, *omnis inap-*

petitio mala, panis vero peſſima, ce qui eſt bien plus vrai que la premiere énonciation. Mais parce qu'il ne laiſſe pas d'être certain, que l'excès, & la repletion en toutes choſes ſe doivent éviter, je ne vous ſurchargerai pas d'un ſeul mot.

DES
RECREATIONS HONNÊTES.

LETTRE LXXX.

MONSIEUR,

J'ai toûjours crû, que les dégoûts de l'ame, auſſi bien que ceux du corps, étoient des marques certaines d'indiſpoſition en l'une & en l'autre partie. Celui que vous dites, qui ne trouve jamais rien de bien ni dans les divertiſſemens ni dans les travaux d'autrui, *dando del naſo in ogni coſa*, comme parle l'Italien, n'eſt pas ſeul de ſon humeur; mais prenés y garde, vous trouverés que lui & ſes ſemblables ſont les plus fainéans des hommes. C'eſt
en

en partie ce qui les rend si hardis, & si injustes tout ensemble envers les autres, parce que leur esprit sterile ne produisant rien, ils se tiennent pour assurés, qu'on ne leur rendra jamais la pareille. Rien pourtant ne les fait plus temeraires ni plus insolens, que l'opinion, qu'ils ont de passer pour grands personnages, en méprisant ceux, qui ont la réputation de l'être. Ils croient acquerir de la superiorité en parlant d'eux bassement. Et leur vanité va souvent jusqu'à médire des œuvres de Dieu & de la Nature; comme, si attaquant le Ciel, ils devoient se faire beaucoup plus estimer en terre.

Ainsi Erasistrate, au rapport de Galien, trouvoit, que la Rate étoit toutàfait superfluë. Il nous fait voir ailleurs un effeminé, qui eût voulu vuider ses excremens par le bout du pied, afin de n'avoir pas la peine de se lever du lit. Et Clement Alexandrin représente au troisiéme livre de ses Tapisseries des personnes assez folles, pour soûtenir, que Dieu n'avoit fait que jusqu'au nombril de l'homme, le dessous étant d'une autre puissance beaucoup moindre. En vérité ce ne fut pas sans raison qu'on mit au bas des pieces du Peintre Apollodore μωμήσεται τις μᾶλλον ἢ μιμήσεται, d'où il semble que l'Italien

Lib. 4. de usu part. c. 15. & l. 3 c. 10.

ait tiré son proverbe, *è piu facile far' il Momo, che il Mimo.* Il est fort aisé de s'en faire accroire en prononçant un ouvrage avec autant de malignité que de dédain, pour témoigner qu'on ne l'approuve pas; l'importance seroit d'appuier de bonnes raisons son sentiment, & sur tout de faire mieux que ce qu'on prétend; ce qui n'arrive jamais à ceux, dont nous parlons. On peut leur dire la même chose à peu près qu'un Spartiate reprochoit autrefois au Roi Philippe, qu'il étoit bien plus facile de ruiner la ville d'Olynthe, que d'en bâtir une autre qui la valût. Mais quoi, l'insolent procedé de ces gens-là pourroit-il bien apporter le moindre retardement aux excellentes productions, qui font les jeux de vôtre esprit? Certes je ne le puis croire, ce seroit trop leur déferer, si vous faisiés la moindre reflexion sur ce qui vient d'eux. Et vous avés d'ailleurs trop de connoissance, qu'on ne sauroit éviter d'être heurté quelquefois à la rencontre dans cette grande ville du monde, pour retarder tant soit peu làdessus le beau chemin que vous y avés commencé.

Pour ce qui touche les passetems, où vous dites, que vous vous trouvés souvent, souvenés-vous de nôtre proverbe, qui appelle Jeux de Prince ceux, qui ne plaisent que d'un côté. Les enfans, difoit le Philofophe Bion, jettent des pierres en joüant aux grenoüilles, mais elles en meurent tout de bon. Et il fe voit quelquefois, que les Grands font des autres hommes dans leurs divertiffemens, comme les petits enfans des chiens & des chats, qui ont beaucoup à fouffrir entre leurs mains. Je vous avouë l'averfion, que vous préfuppofés que j'aie des Jeux de hazard, & qui ne fervant nullement au corps, peuvent beaucoup nuire à l'efprit. Sans approuver en rien l'Alcoran, je trouve qu'il defend le Vin, & ces Jeux-là, par une raifon fort probable, que le mal qu'ils caufent eft plus grand, que l'utilité qu'ils apportent. Et ce que j'ai vû pratiquer prefque à toutes perfonnes dans cette forte de Jeux, me fait être pour le mot de Laberius,

Aleator quantum in arte eft, tanto eft nequior.

Ce n'eft pas pourtant que je fois ennemi des recréations. Socrate & les plus grands Philofophes en ont pris comme les autres hommes. On peut foûtenir, qu'elles font abfolument néceffaires pour l'une & pour l'autre partie qui font nôtre être. Et je donne les mains à Ciceron, quand il dit, qu'il ne tient point pour homme libre, celui, qui agit fans

2. *de Orat.*

relâche, & qui ne se trouve jamais sans rien faire; *Mihi*, dit-il, *liber esse non videtur, qui non aliquando nihil agit*. Mais si faut-il mettre quelque distinction entre les délàssemens d'esprit, qu'on peut prendre: Il y en a qui en le recréant, le diminuent, ou le corrompent. Et souvent selon la rencontre de Musonius dans sa langue, *remittere animum quasi amittere est*. Cependant la principale fin, qu'on doit se proposer en toute sorte de jeux est du tout opposée à cela. Nôtre ame y doit trouver son avantage en donnant quelque satisfaction au corps. Et si l'opinion d'Eusebe, ou plûtôt de Clement Alexandrin est véritable, tous ces jeux des Anciens, Isthmiques, Olympiques, Neméens, Pythiques, & autres, étoient jeux funebres, inventés pour nous rendre la vigueur & la gaieté perduës par quelque notable déplaisir ou infortune. Les lieux gymnastiques des villes de Grece avoient un même but, quoique condannés par Anacharsis, parce qu'à son avis les hommes y devenoient foux aussitôt qu'ils y étoient entrés. Ils n'y ont pas plûtôt mis le pied, dit-il dans Dion Chrysostome, qu'ils ne se dépoüillent pour se frotter d'un onguent, qui acheve de leur ôter ce qui leur reste de raison. Car subitement les uns courent sans besoin qu'il

1. Saturn.
c. 5.

Euseb. 2.
Præpar.
c. 16.

Orat. 32.

en soit, les autres s'entrebatent sans se vouloir de mal, & quelques uns se contentent de se colleter, & de lutter, pour se porter par terre, le tout avec si peu de fondement, qu'en s'essuiant un peu après, ils perdent toute leur animosité, reprennent leur bon sens, & deviennent aussi moderés qu'auparavant. C'est pourtant une raillerie plûtôt qu'une condannation absoluë de ce Philosophe Scythe, qui se trouva surpris, de voir les exercices des Grecs si différens de ceux, qui se pratiquoient dans son païs.

Mais pourquoi me voulés-vous faire passer pour un ennemi declaré du Théatre & de ses représentations, moi, qui n'en ai jamais condanné que les abus, dont les meilleures choses, & même les plus saintes ne sont pas toûjours exemtes. Les Grecs, entre tous les Anciens, ont excellé aux Comédies, & parmi eux les Atheniens s'y plaisoient de telle sorte, que si nous en croions Plutarque, ils y ont plus dépensé qu'en toutes leurs guerres, qui ont été grandes & presque continuelles. Si est-ce qu'enfin les Areopagites furent contraints d'en defendre la composition. Les Romains veritablement n'ont jamais deferé tant d'honneurs ni tant de priviléges à leurs Acteurs que les Grecs, quoiqu'on ait vû *De glor. Athen.*

de leurs Empereurs reciter fur le Théatre, & que le feul Rofcius touchât trente fix mille écus par an de l'Epargne ou Tréfor public, pour jouër durant ce tems là une douzaine de fois devant le peuple: Et néanmoins ils firent quelquefois rompre tous les fieges de leurs Amphithéatres, afin qu'on y donnât moins de tems par l'incommodité d'être debout; leurs loix attachèrent l'infamie à la profeſſion des Comediens, après les avoir chaſſés pour un tems de toute l'Italie: & vous favés com-
Epiſt. 5. me Seneque a traité les fpectateurs, quand il a prononcé, qu'il n'y avoit rien de plus contraire à la Morale que leur divertiſſement; *nihil tam moribus alienum eſſe, quam in ſpectaculo deſidere.* En effet l'amitié que Ciceron portoit à Rofcius, & l'obligation qu'il confeſſoit lui avoir, tirèrent bien de fa bouche
Lib. 4. ce bel éloge, *eum ita digniſſimum eſſe ſcena propter artificium, ut digniſſimus eſſet Curia propter abſtinentiam.* Mais cela ne l'empê-
3 de Orat. cha pas d'avouër ingenuement dans fes Tuſculanes, que fi nous haïſſions les méchantes actions autant que la raifon le voudroit, jamais la Comédie ne feroit foufferte en quelque part que ce fût: *Comœdia, ſi flagitia non probaremus, nulla eſſet omnino ;* & de dire ailleurs, que les plus confidérables de Rome,

qui faisoient cas de ce même Roscius en converſation particuliere, ne le pouvoient eſtimer quand il joüoit ſon perſonnage, *noſtri ſenes perſonatum ne Roſcium quidem magnopere laudabant.*

Or déja je crois, qu'il faut faire diſtinction entre le Comédien & le Farceur. La Sicile, ſi nous en croions Solin, a donné les premiers Comédiens, & les Toſcans ſe vantent, qu'un de leur païs a fait appeller Hiſtrions de ſon nom, ceux, qui s'expliquoient par des geſtes, & qui ont un rapport quoiqu'imparfait à nos Farceurs. A conſidérer donc nos Comédies ſeules, dans l'honnêteté, où elles ont été miſes depuis peu, & ſeparées aujourd'hui des licences honteuſes de la Farce, comme autrefois à Marſeille, *ne talia ſpectandi conſuetudo, etiam imitandi licentiam ſumeret,* il me ſemble qu'on en doit faire cas, & que les plus auſteres ne les ſauroient condanner ſans injuſtice. La comédie (ce mot comprend parmi nous toutes les pieces de Théatre) eſt dans ſa repréſentation de la vie civile, fort inſtructive, & je la trouve d'autant plus digne de nôtre attention, qu'Ariſtote nomme en quelque endroit l'homme μιμητικώτατον, le plus naïf à imiter & à repréſenter de tous les animaux, mettant par là entre eux & lui

Plutar. in qu. Rom.

Valer. Max. l. 2. c. 6.

Lib. de Poët. c. 4. & Probl. ſect. 30. qu. 6.

une différence ſpecifique. Elle a cela de bon entre autres choſes, dit un vieux Poëte Grec, qu'elle vous fait toûjours voir des per- *Timocles.* ſonnes plus malheureuſes & plus affligées que vous ne ſauriés être. Elle adoucit les natures les plus farouches, témoin cet Ale- *Plutarq.* xandre Tyran de Pheres, qui ſe fâcha contre *de fort.* un Comédien, & fut ſur le point de le punir, *Alex.* parce qu'il avoit amolli la dureté de ſon ame. Soit que nos cinq ſens aient donné lieu à ſa diviſion en cinq actes, comme ſi elle devoit les purifier; ou que les trois puiſſances de nôtre ame, dont elle doit être la médécine, la reduiſent quelquefois à trois Actes ſeule- ment; elle a toûjours la gloire d'un très no- ble objet. Et le nom de ſon Théatre fait pour contempler, montre dans ſon origine Grecque, qu'elle a quelque choſe de divin. Auſſi ſervoit-il autrefois à faire voir les Dieux du Paganiſme avec la même majeſté, qu'il leur attribuoit dans le Ciel. Et la Théologie de ce tems-là ne croioit pas qu'on pût mieux les appaiſer, qu'avec des pieces de Théatre ou des Jeux Sceniques, lors qu'ils avoient fait paroitre leur courroux par quelque peſti- *Lib.2.c.10.* lence ou par quelque étonnant prodige. C'eſt ſur cela, dit Saint Auguſtin dans ſa Cité de Dieu, qu'étoit fondé l'honneur, que tous les

Grecs portoient aux Comédiens. Les Atheniens envoièrent plusieurs fois un Aristodeme, excellent Acteur, en Ambassade vers le Roi Philippe. Et leur Eschine, qu'ils n'estimoient pas moins homme d'Etat que puissant Orateur, avoit été un autre Acteur de grande réputation. Or ils en usoient ainsi, parce qu'ils ne pouvoient comprendre, que la Scene dût plaire au Ciel, comme leur Réligion le portoit, si ses principaux Personnages, & ses meilleurs Représentateurs, devenoient infames pour monter sur le Théatre. Il est certain, qu'Euripide, qui l'a le premier rendu majestueux, & qui lui a fourni ses plus belles pieces, étoit le principal Conseiller d'Etat du Roi Archelaüs, qu'on vit se faire couper les cheveux à la mort de ce grand Homme, pour témoigner, combien il en étoit touché. Je sai bien qu'on lui reprocha, qu'il avoit fait vomir beaucoup d'impietés à Ixion. Mais sa répartie, qu'aussi l'avoit-il fait ensuite attacher sur une roüe, peut servir de réponse à tout ce qu'on impute ordinairement au Théatre, qui bien ordonné ne représente jamais de mauvaises actions; dont il ne fasse voir un peu après la punition avec le mauvais succès.

Sol. c. 1.

Plutar. de aud. Poët.

 Que si l'humeur austere de quelques Romains, mit autrefois la Comédie dans une diffamation, qui a pénétré de l'Italie jusques dans nos Gaules, & qui s'est perpetuée depuis leur siecle jusqu'au nôtre; il est aisé de leur opposer les sentimens de plus signalés hommes de leur païs, qui ont été bien différens.

Quint. 50.
Inst. c. 1.
L'on sait que le premier homme de leur République, Scipion l'Afriquain, est le vrai auteur des Comédies de Terence, ce qui fait paroitre son amour pour le Théatre. Et un plus ancien du même nom & surnom, fit

Solin. c. 1. mettre sur son Sepulcre la Statuë du Poëte Comique Ennius, pour témoigner l'estime, qu'il faisoit de ses travaux. Celui qui a fait

In Oct.
c. 55.
appeller Augustes tous les Empereurs, nous est représenté par Suetone pour le plus adonné aux spectacles, où il mit la magnificence, & pour le plus assidu au Théatre de tous les Romains. Et afin de ne rien répéter d'un infame Neron, le brave Germanicus ne com-

Suet. in
Calig. c. 3.
posa-t-il pas des Comédies Grecques? qui faisoient bien voir, qu'il prisoit le divertissement de la Scene, & n'en condannoit pas les représentations: En vérité l'on ne sauroit considérer le nombre & la qualité de ceux, qui sont spectateurs assidus de la nôtre (sans y

Plutar. de
ucu. san.
être attirés comme autrefois dans Athenes par des distributions pecuniaires) qu'on ne

s'éloigne beaucoup de la rigueur de certains esprits, qui ont si absolument censuré toute sorte de Comédies. Et qu'auroient-ils fait, s'ils eussent eu connoissance de celles de la Chine, dont la représentation dure quelquefois dix & douze jours, sans manquer ni d' Acteurs ni d'Auditeurs, parce que durant qu'une partie d'entre eux jouë & écoute, l'autre dort & dine selon son besoin? Cependant les Chinois sont sans difficulté les Peuples de la terre, qui observent le plus exactement la Morale, dont ils font presque toute leur étude. Mais je vous avouë, qu'ils ne sont pas apparemment en ceci dans l'observation rigoureuse des vint-quatre heures.

A. Ostal. 6. c. 6. & Herrera.

DES CONTESTATIONS.

LETTRE LXXXI.

MONSIEUR,

Je vous avouë, que toutes nos difputes, fi nous en ufions bien, devroient être comme des confultations, où l'on cherchât foigneufement la vérité, fans fe foucier beaucoup de la victoire. Mais quoi ! peu de perfonnes font affez équitables, pour fe dépoüiller de cet amour propre, qui nous rend opiniâtres en tout ce que nous avons une fois propofé, & qui nous fait mettre le point d'honneur à ne nous départir jamais, foit de l'affirmative, foit de la negative, depuis que nous nous fommes declarés pour l'une ou pour l'autre. Comme fi les plus grands hommes, Hippocrate, Ciceron, Galien, S. Auguftin, & tant d'autres, n'avoient pas fait gloire de fe retracter, & comme fi les Papes mêmes pretendoient d'autre infaillibilité qu'en ce qui touche la Foi.

Tant y a que pour ce qui concerne la contestation, où vous voulés, que j'aye eu quelque sorte d'avantage, je n'y en prétens nul autre, que d'avoir resisté à un homme, qui fait profession de terrasser tous ceux, qui osent entrer en lice contre lui. Car au fond je suis éloigné de croire, que mes raisons soient invincibles, qu'en vérité je ne me tiens pas bien assuré, si elles me paroitront demain aussi vraisemblables, qu'elles ont fait jusqu'ici. Je philosophe au jour la journée; & si je suis présentement d'un avis, c'est avec protestation, que j'en changerai dans une heure, & toutes les fois, qu'on me fera paroitre plus de vraisemblance dans l'opinion contraire. Pour ce qui est des vérités, qu'on prétend irrefragables, il y en a peu, qu'on soit obligé de reconnoitre avec ce privilège, si elles ne nous sont venuës du Ciel.

Quand je considére Caton, qui n'opine jamais sans ajoûter à son avis, qu'on devoit détruire Carthage, *hoc censeo, & Carthaginem delendam*; & Scipion Nasica, qui d'un sentiment contraire, soûtient, qu'il faloit laisser subsister la même Ville, avec des raisons de part & d'autre, qui partageoient tout le Senat de Rome, je me fais une leçon

Sceptique, qui me dispose à tenir toutes choses problematiques.

Ces deux grands personnages, qui avoient chacun leurs sectateurs, me font encore souvenir des jeunes Senateurs, *qui pedibus in sententiam aliorum ibant,* ce que nous appellons aujourd'hui opiner du bonnet. Il y en eut beaucoup de la compagnie, où se passa nôtre petite dispute, qui me firent réconnoitre, que nous suivons souvent plus des pieds que de la tête l'opinion des autres; la complaisance, & une infinité de respects différens attirant les suffrages de ceux, qui n'entendent pas même la question proposée, tant s'en faut, qu'ils y prennent parti avec quelque raison. Ils inclinent souvent comme la languette d'une balance, *quæ pondus non facit, sed sequitur.* Et plût à Dieu, qu'ils n'inclinassent comme elle que du côté, qui a le plus de solidité. Souvenons-nous toûjours qu'Eschine fut préferé à Demosthene par les Macedoniens; que ceux de Samos donnèrent l'avantage je ne sai à quel fils de Telamon sur Parrhasius, & que Corinna surmonta cinq fois dans Thebes l'incomparable Pindare, qui se contenta d'en appeller à elle même. La prévention d'esprit a un si grand pouvoir aussi sur la plûpart des hommes, qu'ils disent *nihil ad Parmenionis suem,* même du véritable gronder d'un Pourceau. Et d'ailleurs les évenemens contraires sont si puissans, qu'il nous font condanner l'entreprise de Crassus, quoique nous applaudissions à celle d'Alexandre, qui n'étoit pas mieux fondée si nous en croions Plutarque.

Pour revenir à nôtre controverse, il est vrai, que mon Antagoniste prit de grands avantages par le ton de la voix, comme on vous l'a rapporté. Mais vous n'ignorés pas, que ceux, qui vont de nuit ne chantent jamais plus haut, que quand ils ont le plus de peur. Et que les meules des moulins font davantage de bruit, étant mêmes sujettes à s'enflammer, lors qu'elles n'ont plus de grain. Ceux qui s'élevent dans la dispute, & qui s'allument de colere jusqu'à tenir de mauvais termes, sont sans doute reduits à de grandes extrémités, & témoignent bien, qu'ils ne peuvent plus paier de raisons qui vaillent. Sans mentir, il faudroit être de bonne humeur pour demeurer satisfait de celles qu'il tachoit de faire passer pour excellentes; je le trouve bienheureux, si tous ses créanciers sont aussi aisés à contenter, qu'il vouloit que nous le fussions.

A la fin pourtant il se vit contraint de recourir à la faveur & à l'autorité du peuple, comme l'on faisoit autrefois dans ces fameuses Républiques Grecques & Romaines, soutenant, que la voix de ce même peuple étoit fort bien nommée la propre voix de Dieu. Et sur ce que je lui fis sentir le tort qu'il faisoit à la Philosophie, de prendre un si mauvais garand, outre la fausseté d'un proverbe, que le seul *Crucifige* des Juifs rend toute évidente; il se jetta dans un embarras confus de sens caballistiques, & de termes inconnus, qui me reduisirent au silence. En effet, comme les Augures disoient autrefois, que l'éloignement des oiseaux, qui disparoissoient dans les nuës, faisoit, que leur divination devenoit imparfaite: Aussi ne le pouvant entendre, parce qu'il se cachoit dans l'obscurité d'un discours non intelligible, il m'eût été impossible de passer plus avant, quand j'aurois eu autant d'envie de poursuivre, que je souhaitois de terminer cette conference.

Voilà de quelle façon le champ lui demeura, & comme quoi par consequent il peut se vanter d'avoir obtenu la victoire. Je vous avouë que j'y prens part néanmoins, & que je pense en avoir acquis une de mon côté de l'avoir aucunement disputée à un si grand personnage, & à un homme si accoutumé à vaincre. Je me fais accroire, que c'est avoir

gagné

gagné, de n'avoir pas abfolument perdu contre lui. Et j'imite en ce rencontre les Corinthiens, qui dreſſerent des trophées après un combat naval contre les Atheniens, parce qu'ils ne l'avoient pas perdu; diſant que c'étoit à leur égard avoir eu la victoire, que de l'avoir empêchée à ceux, qui étoient en poſſeſſion de l'Empire de la Mer, & d'y être toûjours les Superieurs.

Peutêtre que je pourrois encore m'attribuer quelque choſe, ſi j'étois de l'humeur, qui fait dire à Cécilius dans Minutius Felix, *uſurpabo victoriam, nam ut ille mei victor eſt, ita ego triumphator erroris.* Mais certes je n'y cherche nul avantage, & ſans me charger de l'envie, qui le ſuit, je me contenterai toûjours en de ſemblables rencontres de profiter ſi faire ſe peut dans la recherche de la vérité. L'on n'y avance guères néanmoins où l'on apporte autant d'animoſité qu'on m'en fit paroitre, & où l'on ne viſe qu'à ſurprendre par quelque ſubtilité Sophiſtique. Que Socrate avoit bonne grace de dire à ceux, qui traitoient avec lui de la ſorte, qu'il aimoit bien mieux ſuccomber que d'avoir le deſſus par de tels moiens; *ſe eſſe ex iis qui malint ſic refelli, quam refellere.* Et qu'Ariſtippe me plait, quand il enſeignoit à ſes diſciples, que s'ils se trouvoient maltraités par quelques argumens captieux, ils se retirassent en riant, & en avoüant qu'ils se reconnoissoient pour vaincus; parce qu'il les assuroit, que leurs vainqueurs ne souperoient pas si gaiement qu'eux, & n'auroient jamais le repos de la nuit si tranquille, qu'ils pouvoient se le promettre, en philosophant selon ses préceptes nettement & sans supercherie.

DE
LA BONNE REPUTATION.
LETTRE LXXXII.

MONSIEUR,

Il y a des hommes de toute sorte d'humeurs & de temperamens. Vous avés raison de priser comme vous faites ceux, qui se plaisent dans un âge avancé, & dans une fortune établie, à favoriser les autres qui la recherchent, à leur prêter la main, & à seconder autant qu'ils peuvent leur avancement. Mais tout le monde n'est pas d'une si loüable nature.

Il se trouve de certaines personnes malignes & envieuses, qui ne peuvent souffrir l'accroissement de qui que ce soit, semblables au Calamsour qui produit nos clous de girofle, & qui ne laisse venir ou croître aucune plante autour de soi. Celui dont vous me décrivés si bien le genie, a quelque chose encore de plus particulier, puisqu'il paroit d'assez bonne compagnie, fort civil, & fort traitable dans toutes ses conversations, hormis dans le domestique avec ses plus proches parens, où il se fait reconnoitre tout-à-fait insociable, pour ne pas dire dénaturé, ou sans raison. Je pense qu'on le peut comparer à ce Monoceros de l'Inde, qu'on y nomme Cartazonon. Elien assure, qu'il vit paisiblement avec tous les animaux qu'il rencontre, à la reserve de ceux de son espece, avec lesquels il est perpetuellement en guerre. *De anim. l. 16. c. 20.* Sans m'arrêter à cet homme, je vous dirai généralement au sujet des compagnies, dont vous pouvés faire choix dans cette grande ville où vous venés d'arriver, que vous évitiés soigneusement la familiarité de ceux, que vous reconnoitrés d'un esprit peu sortable au vôtre, & d'un procedé rude à vouloir toûjours dominer.

Sit comis quisquis vult tuus esse comes.

Mais gardés-vous d'ailleurs de ceux, qui usent de trop de complaisance, dans le dessein qu'ils peuvent avoir d'en tirer de l'avantage. Venant de la campagne, vous ne pouvés pas être fait à tous les tours de souplesse, dont on surprend les nouveaux venus au lieu où vous étes, & souvenés-vous, qu'avec la civilité & l'urbanité, qui ont leur origine des cités Latines, il y a une finesse, qu'on nommoit autrefois *astuce* parmi nous, qui se pratique par toutes les villes du monde selon son étymologie Grecque. La fréquentation des hommes vertueux, & véritablement savans, où vous aspirés, est un grand préservatif contre de semblables disgraces: Et si Pausanias a dit vrai, que ni les herbes ni les racines de l'Helicon ne sont jamais mortelles, il est encore plus assuré, que l'entretien des gens studieux ne vous causera point de déplaisir, si l'amour des belles lettres ne les empêche pas de cultiver une bonne Morale, ce que vous pourrés facilement remarquer. Approchés-vous d'eux le plûtôt & le plus souvent, qu'il vous sera possible, vous souvenant, qu'une petite demeure de la lyre d'Apollon sur une pierre, la rendit mélodieuse,

—— *saxo sonus ejus inhæsit;*

& que le voisinage du sepulcre d'Orphée donnoit aux Rossignols un chant plus éloquent que le leur naturel. Ce ne sont que des fables à la vérité, mais le sens que vous en saurés mieux tirer que moi, mérite bien d'être consideré.

L'accès auprès des personnes, dont je vous parle, vous sera fort aisé; car il n'y en a point, qui soient de plus facile abord; & leur réputation étant comme l'enseigne du lieu où loge la Vertu, vous ne pouvés faillir à le reconnoitre bientôt. C'est un temple où il faut passer, comme il se pratiquoit autrefois dans Rome, pour arriver à celui de l'Honneur; de sorte, qu'une belle ame touchée comme la vôtre du noble desir d'acquerir de la gloire, ne sauroit mieux faire, que d'y rendre ses plus ordinaires visites. Moqués vous de ces Sophistes, qui vous voudroient persuader, que pour vivre heureux, vous devés méprifer ce même honneur, & cette *Eudoxie*, qui en tout cas se plait à suivre ceux, qui la dédaignent, *gloriam qui spreverit, veram habebit*. C'est mal interpréter la sentence de Fabius dans Tite-Live, puisqu'à ce compte les plus scelerats des hommes seroient encore les plus heureux du monde, n'y en aiant point, qui se soucient moins qu'eux de la gloire, selon la repartie d'Anaxandride Spar- *Lib. 2. dec. 3.*

Plut. ap. aced.

tiate. L'honnête réputation doit être préférée aux plus précieux onguens, pour user des termes de l'Ecclesiaste, & elle n'est pas seulement une des plus importantes acquisitions que nous puissions faire,

Cap. 7.

Laberius. *Honestus rumor alterum est patrimonium;* c'est la seule voie, par laquelle, comme par des degrés, dit l'Orateur Romain, les hommes semblent monter jusqu'au Ciel, *cujus gradibus statim homines in cœlum videantur ascendere.* C'est pourquoi il ne peut comprendre ailleurs, qu'un homme mortel, comme il se doit reconnoitre, puisse mépriser l'immortalité, que donne la grande rénommée. En effet c'est elle, qui nous fait être en même tems en plusieurs lieux, par une étenduë, qui n'a rien d'humain, & qui passe de beaucoup la portée des choses sujettes à la caducité. Non contente de nous accompagner jusqu'au cercueil, il est le seul de tous les biens, qui nous suit après la mort. Et l'on peut ajoûter, qu'elle nous approche si près de la Divinité, que par son moien nous jouïssons comme elle de l'Eternité.

Orat. pro Mil. & Phil. 2.

Mais pour acquerir cette glorieuse estime, la seule fréquentation des honnêtes hommes ne suffira pas, si à leur exemple vous ne vous portés aux belles actions. Vous savés bien, que ce sont elles, qui nous distinguent les uns des autres plus que toute autre chose, parce que chacun agit selon sa vertu naturelle, *ut se habet unumquodque ad esse, ita & ad operandum;* ce que Tertullien a dit en ces mots, *opera distinguunt substantias.* Il faut donc, que vous évitiés soigneusement les charmes d'une vie oisive, & trop plongée dans le repos, *Lib. de anim.*

——— *vitanda est improba Siren Desidia,* *Hor. l. 2. Sat. 3.*

vôtre profession, vôtre âge, & si je ne me trompe vôtre complexion, ne vous donnant que trop de pente vers ce côté là. Souvenés-vous à l'égard de la premiere, que Saint Paul voulut bien s'occuper à faire des tapisseries, sans renoncer à sa vocation, ni à ce qui concernoit l'Evangile : Et que Saint Pierre quoiqu'Apôtre ne laissa pas d'exercer la pécherie, depuis même la resurrection & les diverses apparitions de nôtre Seigneur. Ce n'est pas que je prétende vous exhorter à des travaux de la nature de ceux-là; chacun dans sa condition se peut loüablement occuper, & les operations de l'ame sont souvent plus méritoires que celles où le corps a tant de part. Mais enfin il est raisonnable d'agir en quelque façon que ce soit; la Vertu même, qui ne se *Act. c. 18. & Ioan. c. 21.*

S iiij

manifeſte point eſt comme un aſtre inconnu; & il ne faut pas qu'une molle delicateſſe nous faſſe pratiquer ce que les Caffres imputent aux Singes d'Afrique, s'imaginant qu'ils ne veulent pas parler de peur d'être obligés à travailler. Quand on s'accoutume à une fainéantiſe honteuſe, où l'eſprit a ſouvent le plus de part; il s'énerve de telle ſorte, qu'il n'eſt plus bon qu'à la ſolitude, dont il n'eſt pas toûjours capable de faire ſon profit. *Sic fit ubi homines majorem partem vitæ in tenebris ita agunt, ut noviſſime Solem quaſi ſupervacaneum faſtidiant.* Le pli que vous prendrés à cette heure vous importe pour le ſurplus de vôtre vie, non ſeulement à cauſe de ce que peuvent ſur nous les bonnes ou mauvaiſes habitudes, mais encore pour le préjugé qu'on forme ordinairement de l'avenir, ſur ce qui ſe paſſe dans nos premieres années. Comme elles peuvent nous donner beaucoup de bonne réputation, ſouvent elles nous l'ôtent, & nous jettent dans une diffamation pour le reſte de nos jours. L'on a écrit d'un Ophioneus qui ſe mêloit de prédire les choſes futures aux Meſſéniens, qu'encore qu'il fût aveugle de naiſſance, il ne laiſſoit pas de leur prononcer beaucoup d'oracles véritables, fondés ſur quelques demandes précédentes, qu'il

Sen. cont.

Pauſan.
l. 4.

faifoit à ceux qui le confultoient. Après les avoir interrogés fur le train de leur vie paffée, & tiré d'eux les principales actions, qu'ils avoient faites tant en public, que dans leur domeftique; il dreffoit fes conjectures pour l'avenir, & ne manquoit guéres à deviner par ce qui s'étoit déja écoulé d'évenemens, les chofes, qui leur devoient enfuite arriver. Ce genre de divination fe pratique fouvent dans la vie civile, où l'on prend de tels préjugés, foit en bien, foit en mal, de nos premieres habitudes, qu'on ne fauroit apporter trop de foin à les rectifier, fi l'on eft ami de fa réputation.

Je vous veux bien avertir ici, qu'en fuiant l'oifiveté, vous ne vous portiés pas, comme beaucoup de perfonnes font, à des actions fi frivoles, ou fi ridicules, qu'il vaudroit autant n'avoir point d'occupation: *Nihil eft inama-* *Sen. contr.* *bilius quam diligens ftultitia;* & fi la fin de ce que nous devons faire, qui doit être toûjours la premiere dans nôtre intention, n'eft d'abord examinée comme bonne & loüable, nous ne devons jamais entreprendre quoi que ce foit. Ce voifin que vous avés fi bien nommé *magnum Ardelionem*, vous fera mieux comprendre par fon exemple l'importance de ce précepte, que tout ce que je pourrois vous écrire. Il me suffira de vous exhorter aux honnêtes emplois par la considération du plus solide à mon gout de tous les plaisirs de la vie, qui est celui que nous fournit la mémoire des choses passées. Considérés combien ceux, qui n'ont rien fait que badiner, sont misérables, quand un peu avancés dans l'âge ils n'oseroient entrer dans cette reminiscence, qu'avec confusion & douleur d'avoir si misérablement perdu le tems. C'est tout le contraire des autres, qui l'ont bien & vertueusement emploié. Ils ne regardent jamais derriere eux, & ne se replient sur leurs actions précédentes pour les considérer, qu'ils ne retirent de cet entretien interieur des satisfactions d'esprit inconcevables. Les choses présentes passent trop vite pour donner grand contentement; l'esperance des futures est aussi trop incertaine pour cela; il n'y a que le souvenir des passées, si elles sont bonnes, qui est d'autant plus doux, que la Fortune n'a plus de pouvoir sur elles, & qu'autant de fois que nous le voulons, nous pouvons renouveller le contentement, qu'elles nous ont donné, par le seul bienfait de nôtre mémoire.

D'UN MAUVAIS DECLAMATEUR.

LETTRE LXXXIII.

MONSIEUR,

Voulés-vous que je vous parle franchement du Declamateur, que vous m'avés fait entendre? *Male*, καὶ κακῶς, c'est à dire, selon ce terme d'un Ancien, qu'il a fait très mal en toutes façons. Ce n'est pas qu'il soit demeuré court, ni qu'il ait failli, pour n'avoir pas cette hardiesse, qui manquoit à Thaltybius, & à Eurybate, quand ils perdirent la parole devant Agamemnon. Vous en savés assez d'autres, qui n'ont pas perdu leur reputation pour une semblable disgrace. Ciceron même y est tombé deux fois par la terreur que lui donna Pompée, l'une, accusant son ami Plancus, & l'autre, defendant Milon. Car Dion Cassius nous assure, que l'Oraison qu'on voit pour ce dernier fut si peu prononcée telle qu'elle est, que quand

Cassii Severi.

Milon la lût dans son exil, il récrivit avec une amere raillerie à Ciceron, qu'il remercioit les Dieux de ce que son véritable plaidoier avoit été tout autre, parce que s'il eût été defendu de la sorte, il n'eût pas eu le plaisir de manger les excellens Barbeaux que Marseille luit fournissoit. Je suppose que le Barbeau soit le *Mullus* des Anciens. Tant y a qu'à l'égard de vôtre Rhéteur, son front d'airain, & sa courte vuë, avec la bonne opinion qu'il a de lui-même, lui font prononcer sans crainte tout ce qui lui vient dans la bouche: Il a plus besoin de mords que d'éperon: Et il ressemble justement à celui, dont Auguste dit si bien, qu'il faloit l'enraier comme ces chariots, qui roulent trop vite. *Haterius noster sufflaminandus est.* Mais il y a bien de la différence entre un flux de bouche, & la veritable éloquence; *aliud loquentia, aliud eloquentia* & autre chose est le λαλεῖν des Grecs, & leur λέγειν, qui est le propre de l'art oratoire. Car comme la chicane destituée de Jurisprudence est beaucoup plus contentieuse, & fait plus de procès que la parfaite connoissance des Loix, & la véritable science du Droit; la fausse Eloquence a toûjours plus de discours que celle qui mérite de porter ce nom, & un Charlatan a bien plus de peine à se taire qu'un grand Orateur. Si le parler promt & continu nous rendoit éloquens, les Hirondelles, disoit autrefois le Poëte Nicostrate, auroient un grand avantage sur les mieux disans des hommes.

Que l'applaudissement que reçût celui-ci d'un grand nombre de personnes, dont vous dites, qu'on vous a entretenu, ne vous étonne pas. Vous savés quels sont les suffrages d'une multitude ignorante, & j'ose vous dire au sujet de son auditoire, qu'il se peut vanter d'avoir été un autre Orphée, & de s'être fait entendre de toutes sortes d'animaux. Souvenés-vous, je vous suplie, de ce que Seneque nous aprend dans une de ses Con- *Præf. l. 1.* troverses, d'un Cestius de son tems, que de jeunes garçons eussent eu l'impudence de préferer à Ciceron, s'ils n'eussent eu peur qu'on leur eût rué des pierres, *Ciceroni Cestium suum præferrent, nisi lapides timerent.* Tant il est vrai, qu'on ne doit jamais deferer au jugement de gens venus pour applaudir, & qui, quand ils le voudroient, ne peuvent prononcer sainement de la beauté ni de la bonté d'un discours, n'aiant pas les connoissances nécessaires ni le discernement requis pour cela. L'Eloquence solide ne met pas seulement les amis & les indifférens de son côté, elle y range jusqu'à ceux qui lui sont contraires, *etiam invitis placet*, dit ailleurs ce même Orateur Philosophe, & semblable à un torrent impetueux, elle entraine tout indifféremment sans que personne lui puisse resister. *Quantam vim esse oportet, quæ inter obstantia erumpat?* En vérité il faut qu'un discours soit bien puissant, pour nous persuader en dépit que nous en aions.

L'on vous a recommandé le sien comme fort pur & fort net; mais je vous puis assurer qu'il l'a été d'une pureté forcée, parce qu'elle manquoit de fonds. Un bouillon d'eau claire n'est pas préferable à un consommé, pour être plus transparent. Et comme il se trouve des femmes chastes par nécessité, & sans mérite, *quibus non animus deest, sed corruptor*, parce que leur laideur les empêche d'être recherchées; si cet homme aussi a paru intelligible, c'est que ses paroles, dont il abonde, n'emploïent jamais le moindre trait d'étude, l'Art ne troublant point en lui ce peu qu'il a reçu gratuitement de la Nature, & jamais la Science, dont il ne connoit que le nom, ne le sollicitant de faire paroitre quelque erudition. J'estime autant que personne la clarté d'une oraison, & la proximité de σαφῶς à σοφῶς, me la recommande sur toute chose. Je préfererois presque un Solecisme propre à se faire entendre, à un Enigme correct, pour le sens duquel il faudroit aller au Devin. Mais cela n'empêche pas, qu'on ne doive mêler les belles choses & les curieuses recherches à la pureté du langage. Themistius proteste dans une de ses oraisons, qu'il veut toûjours conjoindre les Muses avec Venus, comme étant naturellement amies. Et vous savés la loüange qu'on donnoit à un Ancien Rhéteur, de rendre toûjours son Eloquence recommandable par quelque trait qui n'en dépendoit pas, & par de certaines choses, qui se faisoient considérer sans elle, *semper eloquentiam ejus commendabat aliqua res extra eloquentiam.* En effet nos veilles studieuses sont bien miserables, si elles ne trouvent place & ne se font paroitre en de semblables occasions. Aussi est-il certain que ceux, qui en ont fait quelques-unes, auroient de la peine à les supprimer, les belles paroles allant au devant de ces riches pensées pour les produire. *Ipsæ res verba ambiunt*, dit Ciceron, *unde fit cùm gravior, tum etiam splendidior oratio:* ce que Seneque a depuis diversifié en ces termes, *cum rem animus occupavit, verba ambiunt*, les mots propres à mettre en beau jour ce qu'on a heureusement

Orat. 7.

De Alphio Flavo Sen. cont. 1.

Lib. 3. de fin.

Præf. l. 3.

conçu, se présentent alors comme en foule pour lui rendre ce service. Cependant faites vôtre compte, que jamais homme ne parut plus dépourvû d'étude, ni plus sterile en toute sorte de literature, que celui, dont l'on vous a si fort prisé l'éloquence.

Le long tems qu'il a parlé ne vous doit pas non plus faire avoir meilleure opinion de son action. Sa longueur ne venoit pas de la multitude des bonnes choses qu'il disoit, mais de la repétition des superfluës. Je pensois entendre un begue reïterant toûjours les mêmes syllabes, & sa bouche m'eût paru un Echo heptaphone, s'il n'eût repété souvent plus de sept fois les mêmes conceptions. Encore vous puis-je assurer qu'elles n'étoient pas de lui, & qu'il ignore à tel point l'art de les bien emploier, que ceux, qui remarquoient d'où il les prenoit, avoient pitié de les lui voir si mal débiter. Comme il y a des lettres, que les Grammairiens nomment semivocales, parce qu'elles sont moiennes entre les voielles, qui ont un son d'elles-mêmes, & les muettes ou consones, qui n'en ont point: Il se trouve de même de certaines personnes, qui ne parlent jamais de leur chef, mais toûjours par l'organe d'autrui; & cet homme a cela de propre, que les choses empruntées, qu'il profere,

D'UN MAUVAIS DECLAMAT. 289

profere, perdent ce qu'elles avoient de grace au lieu, où il les a prises, soit par la mauvaise application, soit parce qu'il ne sait pas, que dans l'art oratoire, aussi bien que dans la Poësie, les vertus d'un siecle deviennent quelquefois les vices d'un autre. Quoiqu'il en soit, la repétition, bien que diversifiée, des meilleures choses, est souvent vicieuse, & presque toûjours importune. C'étoit le défaut du Rhéteur Montanus, qui valoit bien mieux que celui, dont nous parlons, puisqu'on nous dépeint le premier pour avoir été *rarissimi etiamsi non emendatissimi ingenii*. Il gâtoit ses plus belles pensées en les repetant, & ses secondes productions ruinoient les premieres, par une espece de satieté & de dégoût, qui accompagne ce vice. *Habet hoc Montanus viti-* Sen. cont. *um, sententias suas repetendo corrumpit. Dum* 28. l. 4. *non est contentus unam rem semel bene dicere, efficit ne bene dixerit.* Et ce fut ce qui fit dire de lui à un autre de son métier, qu'il étoit l'Ovide des Orateurs, parce qu'Ovide est sujet aussi à déguiser un sens, qui lui a plû, dans plusieurs expressions, qui ne disent toutes qu'une seule chose, *nam & Ovidius nescit quod bene cessit relinquere*. Il n'y a point de corps, tant accompli qu'il soit, où l'on ne puisse toûjours observer quelque tache.

Tome VI. Part. II. T

Mais afin de reprendre nôtre sujet, jamais conte plaisant ne me donna tant d'impatience d'ouïr sa fin, que j'en eu par un motif bien différent d'entendre celle d'une si ennuieuse declamation. J'étois dans une assiette d'esprit bien contraire à celle des auditeurs de Severus Cassius, qui n'apprehendoient rien tant que de le voir achever, *nemo non illo dicente timebat ne desineret.* Et néanmoins le mot de Scaurus est remarqué par Seneque non seulement comme beau, mais encore comme véritable, qu'il n'y a pas moins de vertu à savoir quand il faut finir un discours qu'à savoir comme il le faut faire, *non minus magnam virtutem esse, scire desinere, quam scire dicere.* Surquoi je vous avoüe, qu'outre ce que nous venons de toucher des repetitions ennuieuses, les choses prononcées hors de propos & tout à fait inutilement par ce mauvais Declamateur, me font préférer une sentence de Pline le Jeune à celle de Scaurus, lors que celui-là nous assure, qu'il y a un silence d'Orateur, qui vaut bien ses plus éloquens discours, *non minus interdum oratorium esse tacere, quam dicere.* En effet, l'on se peut taire éloquemment, s'il faut ainsi parler, & les Poissons consacrés à Mercure dans cette fontaine de Phares, qui lui étoit dediée, vouloient signifier, ce me semble, que pour bien pratiquer

Sen. præf. lib. 3.

l'art de ce Dieu de l'Eloquence, il étoit besoin souvent d'user du silence, dont ces Poissons ont toûjours été la figure hieroglyphique. Pourquoi dans une cause, qui paroissoit assez importante, traiter à plein fond des questions superfluës? Vous eussiés eu compassion de voir ce pauvre homme emploier à cela tout le tems, qu'il devoit parler, abusant de la trop grande facilité des Juges, de la patience de ceux pour qui il étoit, & de la souffrance du reste de ses auditeurs. Il me fit souvenir de ce que Ciceron plaidant pour Plancius dit si plaisamment à sa partie adverse, qu'il étoit prêt de souscrire à tout ce qu'il avoit avancé dans son plaidoier, le pouvant faire de courtoisie sans blesser le droit de celui dont il avoit entrepris la défense; *facile patior id te agere multis verbis, quod ad judicium non pertineat: & id te accusantem tantum dicere, quod ego defensor sine periculo possim confiteri.* Mais de passer jusques dans le ridicule, comme il fit, pour ne pas perdre un mot impudent mais qui lui plaisoit, c'est être prévaricateur dans une cause serieuse & de la nature de celle-là, où tous les préceptes de Rhétorique enseignent, qu'on doit éviter la raillerie, comme celle qui amolit l'esprit des Juges, qu'on a dessein de porter à l'animosité & d'exciter à une rigoureuse justice. Les plus grands Avocats ont quelquefois mieux aimé perdre quelque chose, qui pouvoit servir à leur cause, que de renoncer à la pudeur, *quædam satius est causæ detrimento tacere, quam verecundiæ dicere.* Et à moins qu'il soit question de quelque point essentiel dans une affaire, il le faut laisser, s'il blesse l'honnêteté, & s'il choque les bonnes mœurs. C'est ce que montrent clairement ces autres paroles du Pere de l'Eloquence Latine haranguant pour Quinctius, *tametsi causa postulat, tamen quia postulat, non flagitat, præteribo.* Qu'eût-il dit d'un homme, qui de gaieté de cœur & sans besoin eût prononcé, comme celui, dont nous parlons, des termes peu honnêtes, & propres seulement à faire rire des personnes, qu'on ne peut trop jetter dans l'humeur austere, ni trop retenir dans le serieux. L'on peut excuser quelques défauts de ceux, qui parlent en public, mais il est impossible de pardonner des fautes si importantes, & qui vont en même tems contre la probité, contre la pudeur, & contre le sens commun. *Multa donanda ingeniis puto, sed donanda vitia, non portenta sunt.*

{Sen. decl. 2. lib. 1.}

Ne pensés pas d'ailleurs, que tant d'imperfections fussent comme couvertes, ou aucunement recompenſées par quelques vertus oratoires. Jamais homme n'en fut plus dépourvû, ou n'en fit moins paroitre parlant en public, que celui, qu'on vous a ſi bien paranymphé. Il ne ſait ce que c'eſt que la belle Elocution, & n'a pas ſeulement le langage du tems, auquel les Philoſophes, les Aſtrologues, & Phœbus même ſe voulurent bien accommoder, quand ils quittèrent les vers pour la proſe, parce qu'elle étoit en plus grande eſtime, ſelon l'obſervation de Plutarque dans ſon traité des Oracles de la Pythie. A peine pût-on remarquer parmi une ſi grande affluence de paroles, un lieu ou deux, où elles paruſſent accompagnées de quelque ornement. Les figures, qui doivent être autant de lumieres d'un diſcours, & y briller comme les étoiles dans leur Ciel, n'y étoient attachées qu'en forme de nœuds, obſcurs, & raboteux, plus capables d'écorcher une oreille tant ſoit peu delicate, que de lui donner la moindre ſatisfaction. Ses Alluſions furent toutes pueriles, ſes Antitheſes ridicules, & ſes Métaphores Levantines, je veux dire exorbitantes au dernier point, comme le ſont toutes celles des Langues Orientales. Il voulut employer l'Ironie, mais ce fut ſi froidement, que lui ſeul y ſoûrit. Et il uſa d'une ou deux Similitudes, capables de confirmer le proverbe, qui rend toutes comparaisons odieuses. Véritablement il triompha dans l'hyperbole de l'hyperbole, qui passe toutes les bornes de la vraisemblance. Ses Epithetes étoient si frequens, qu'ils occupoient plus de la moitié de son plaidoié, semblable en cela à une armée plus remplie de goujats que de soldats: Et le Cacozele, dont néanmoins il ne connoit que le nom, s'étendit opiniâtrement depuis l'Exorde jusqu'à la Peroraison. Pour le surplus figurés-vous une Prononciation sifflante, & destituée de tous les Gestes; avec une *monotonie* perpetuelle, accompagnée de ces cadences de périodes, que *l'homioteleute* rend si insupportables. Et pour dernier lineament de toute cette belle action, *in qua vocis nulla contentio, nulla corporis asseveratio, cum verba velut injussa fluerent,* soiés averti, que tout le Barreau sçût, qu'il avoit plaidé une cause en l'air & apostée, comme n'aiant point de véritables parties, ce qui fit prononcer tout haut à quelqu'un le mot du

l. 9. c. 15. Rhéteur Julien rapporté par Aulu-Gelle, *sine controversia disertus est.* Si est ce qu'il ne fut ni disert, ni éloquent, n'en déplaise à ses Enco-
Virg. Ep. miastes. Mais je suis excessif sans y penser,
ad Messa-
lam. *Hoc satis est, pingui nil mihi cum populo.*

DES JOURS REPUTÉS HEUREUX OU MALHEUREUX.

LETTRE LXXXIV.

MONSIEUR,

Je n'eusse jamais crû que vous eussiés encore été dans cette erreur populaire, qu'il y ait des jours plus heureux ou malheureux les uns que les autres. Ce n'est pas que je ne sache bien, qu'elle regne dans la Cour des plus Grands Monarques, aussi bien que parmi le bas peuple, & qu'une infinité de savans n'y déferent pas moins que les plus vils artisans, & les plus ignorans des hommes. Mais vous vous souviendrés de l'étenduë, que nous avons souvent donné à ce mot de peuple, le prenant un peu philosophiquement, & je m'assure, qu'examinant ensuite le fondement de cette créance vulgaire, vous l'ajoûterés bientôt au fameux chapitre *de falso creditis*; si vous ne voulés faire passer pour authentique la révélation de l'Ange au bon Joseph, qui s'imprime à la fin de tous nos Almanacs, pour designer les journées perilleuses ou fortunées de chaque mois.

Je vois bien ce que c'est; le consentement de tant de siecles, & l'approbation de tant de différentes nations, qui ont déferé à cette superstitieuse opinion, vous empêchent de la condanner. Quand vous considérés, que ces vieux Calendriers Romains se trouvent distingués en jours nommés *fasti & nefasti;* que les uns comme heureux avoient une marque blanche, de même que les autres étoient condannés par une tache noire, & que généralement tous les lendemains des Calendes, des Nones, & des Ides, passoient pour malheureux, aussi bien que le quatriéme jour qui les précedoit, selon l'observation d'Aulu-Gelle; vous avés de la peine à croire, qu'il n'y eût en tout cela que de la vanité. L'autorité des Egyptiens vous peut aussi toucher, qui ont fait nommer aux Latins *dies Ægyptiacos,* ceux, qu'ils appelloient autrement, *infaustos, nefandos, inactuosos, inauspicatos, & inominales.* Et quand vous lisés, que les Grecs ont aussi eu des jours *apophrades,* c'est à dire malencontreux, d'où vient, que Lucien a prononcé d'un homme déplaisant & de

L. 5. noct. Attic. c. 17.

mauvaife rencontre, qu'il étoit femblable à un **apophrade**, vous vous imaginés, que toutes ces chofes ne peuvent pas avoir été dites inconfidérément, ni établies fans fondement. La Réligion, qui diftingue de même les journées, en aiant de plus lugubres & de plus attachées à la devotion les unes que les autres; la Navigation, qui en a eu de redoutables, *dies nautis fufpectos*, où il n'étoit pas permis felon fes regles de s'embarquer, & la Médecine, qui fe fondant fur l'Aftronomie, a fi grand égard aux jours Critiques, qu'elle appelle *dies Decretorios*; contribuent peutêtre encore quelque chofe à vous faire embraffer un fi général fentiment.

Cependant il n'y a rien de plus frivole, ni de moins fondé en raifon, que de penfer, qu'il y ait des jours plus favorifés du Ciel que les autres, ou plus difgraciés. Les Mahometans croient dans cette fuperftition, qu'à caufe que Dieu créa la lumiere le Mecredi, les Fideles, ou Mufelmans comme ils les appellent, n'entreprennent rien cette journée-là inutilement, & fans qu'il leur reüffiffe. Il faut fe moquer de cela, comme fit Héraclite des bons & des mauvais jours d'Hefiode, foûtenant, qu'ils étoient tous de même nature. Et nous devons tenir pour conftant,

Semita *cap. cap. 6.* *p. 39.*

T v

qu'il n'y en a point, dont on ne puisse dire également, *hæc est dies quam fecit Dominus*, & que le pur hazard, & la rencontre de mille incidens imprévoiables, font seuls la différence, qui s'y trouve.

Pour ce qui touche les observations historiques, j'avouë, qu'il y en a un nombre infini, qui favorisent cette erreur, aussi bien que beaucoup de semblables. Vous savés tout ce que les anciens en ont écrit, & Plutarque entre autres dans la Vie de Camille. Josephe observe, que le Temple de Salomon aiant été brûlé par les Babyloniens le huitiéme de Septembre, le fut une seconde fois & au même jour & au même mois par Titus. Et vous avés pû voir dans Æmilius Probus, que ce grand Capitaine Timoleon Corinthien gagna toutes ses victoires le jour de sa naissance, qui devint par là une grande fête dans toute la Sicile. Mais pour ne me perdre pas dans cet ocean d'exemples, que nous pourroit fournir toute l'Antiquité, j'en ajoûterai seulement trois ou quatre de l'Histoire moderne, afin que vous ne pensiés pas, que je combatte une opinion, dont je ne sache pas toutes les circonstances. Comme le Sort voulut, que l'Empereur Charles-Quint eût toutes ses prosperités le jour de Saint Matthias en Fevrier, les Allemans ont pris, auſſi bien qu'autrefois les Atheniens, ce mois pour le plus heureux de l'année. Nôtre Roi Henry III. ſe fit accroire depuis, que le jour de la Pentecôte étoit celui de ſes bonnes fortunes. En effet il y fut élu Roi de Pologne, puis Roi de France, il y inſtitua ſes Chevaliers du Saint Eſprit, & c'étoit celui de ſa naiſſance. Les Turcs ſe vantent d'avoir pour eux le mois d'Août, depuis la priſe de Modon par Bajazet Second, & depuis encore que Selim eût défait au même mois Iſmael Sophi, & Campſon Calyphe du Caire. Solyman les y a confirmés par la défaite de Louïs Roi de Hongrie, & par les priſes de Belgrade, de Bude, de Strigonie, & de l'Isle de Rhodes, le propre jour de la decollation de Saint Iean Baptiſte s'étant fait ſignaler preſque en toutes ces rencontres. Cela me fait ſouvenir de ce que porte nôtre Hiſtoire, que les Ligueurs ſe vantoient autrefois d'avoir auſſi le mois d'Août favorable le prouvant par le meurtre de la Saint Barthelemy, par la mort du Roi Henry III, par la venuë du Duc de Parme, & par le bonheur de Duc de Guiſe, lors qu'il ſe ſauva du chateau de Tours.

Th. 201. l. ann.

Je vous ai déja parlé du Mecredi, dont les Muſulmans font tant d'état. Leunclavius assure qu'Usuncassan ne combatit contre Mahomet Second, que sur l'esperance de cette journée, dont l'avantage néanmoins fut pour le Turc, le Persan y demeurant vaincu. Le Pape Sixte Cinq aimoit le même jour, & avec quelque apparence de raison: Car outre que c'étoit le jour de sa naissance, il l'étoit de sa profession de Cordelier dans Ascoli, de sa nomination à la charge de Vicaire Général de cet Ordre, de sa promotion au Cardinalat, de son élection au Papat, & huit jours après de son couronnement. Les Espagnols sont partiaux pour le Vendredi, où ils se promettent toute sorte de bons évenemens. Le feu Roi Louïs XIII, si nous en croions Bernard son historien, le leur envioit, de sorte, qu'à son dire, tout lui reüssissoit principalement à ce jour-là. Bacon dit que Henry VII. Roi d'Angleterre tenoit, que le Samedi lui étoit le plus heureux de toute la semaine. Et autrefois les Pisans s'estimoient invincibles le jour de Saint Sixte, auquel ils attachoient toute leur bonne fortune. En vérité il n'y a pas moins de vanité en tout cela, qu'à croire l'année bissextile plus malheureuse que les autres, d'où vient peutêtre nôtre proverbe *porter bissestre, pour bissexte, à quelqu'un;* surquoi je vous supplie de vous souvenir de cet endroit d'Ammien Marcellin, où il dit que l'Empereur Valentinien s'empêcha de fortir, pour éviter le jour intercalaire du biffexte de Fevrier comme malheureux aux Romains *nec videri die fecundo, nec prodire in medium voluit, biffextum vitans Februarii menfis tunc illucefcens, quod aliquoties rei Romanæ fuiffe cognorat infauftum.* Ce n'est donc pas d'aujourdhui que cette erreur a pris créance parmi les hommes, & qu'ils ont fondé des augures fur de certains jours. Cicarella remarque dans la vie du Pape Gregoire XIII, que ce qui empêcha Vluzalius de combatre les Chrétiens comme il le pouvoit, ce fut la confideration du jour, qui étoit l'anniverfaire du combat de la Lepante. Il n'étoit pas vraifemblablement informé de la decifion de Varron rapportée par Macrobe au premier livre de fes Saturnales chapitre feiziéme, qui porte, que la diftinction des jours ne regardoit point la guerre, mais feulement les actions privées des particuliers, après avoir obfervé qu'en tout cas les Romains n'avoient égard à cela qu'aux actions d'attaque, & non pas de defenfe; tenant pour indubitable, qu'il étoit à propos, & de bonne fuite, de repouffer en tout tems l'injure qui fe préfente, ce qui eft conforme à la politique des Machabées.

Lib. 26.

Mais voulés-vous voir des exemples qui détruisent toute cette superstition, & qui prouvent l'indifférence des jours à la bonne ou mauvaise fortune. L'Histoire Sainte nous apprend qu'au même jour, que le temple de Dieu avoit été pollu, qui étoit le vint-cinquiéme du moi Chasseu, il y reçût depuis sa purification sous Judas Machabée. La profane nous fera voir, que la victoire de Lucullus contre Tigranes & les Armeniens fut du même jour auquel les Romains avoient auparavant été defaits par les Cimbres. Pompée est tué en Egypte le même jour, qu'il avoit autrefois triomphé de Mithridate & des Pirates, & l'on dit, que c'étoit encore celui de sa naissance; comme celle de Platon, du Roi Attalus, & de quelques autres, s'est rencontrée au même jour que leur mort. Guichardin fait voir, qu'à celui, auquel le Pape Leon X. fut sacré avec une pompe merveilleuse, un an auparavant il avoit été fait miserablement prisonnier. Le quatorziéme de May, célébré par la victoire de Louïs XII. à la Giradadda, est infame par la mort de Henry IV. & de son fils Louïs XIII. Et il y a des exemples sans fin, qui prouvent le mot d'un Ancien, qu'une même journée nous paroit quelquefois mere, & quelquefois marâtre.

l. 2. Mach. c. 10.

Plutar. in Cam.

Dion Cas-sius l. 42.

l. 11.

Alexandre le Grand bien inſtruit là deſſus par ſon Précepteur Ariſtote, ſe railla plaiſamment de quelques Capitaines, qui lui repréſentoient ſur le bord du Granique, que jamais les Rois de Macedoine ne mettoient leur armée en campagne au mois de Juin, & qu'il devoit éviter le mauvais préſage, qu'on prendroit, s'il paſſoit outre, negligeant cet ancien uſage. Il faut, dit-il en riant, remédier à cela, & j'ordonne qu'on appelle ce Juin, que vous craignés tant, le ſecond mois de Mai, marchant enſuite ſans s'arrêter contre les Perſes. Il uſa du même mépris de ſemblables ſuperſtitions au temple de Delphes, où la Sibylle réfuſoit de faire ſa charge par quelque jour reputé malheureux. Il la violenta de ſorte, qu'elle lui dit, qu'à ſon avis il vouloit faire paroitre juſqu'à elle, qu'il étoit invincible; à quoi Alexandre repartit gentiment, qu'il ne vouloit point d'autre oracle, n'en pouvant recevoir de ſa bouche un plus avantageux. C'eſt ainſi que les hommes de bon ſens en doivent uſer, & ne donner jamais au Deſtin ce qui eſt un pur effet de la Fortune. Auſſi a-t-on obſervé que ceux, qui ſe ſont moqués de ce choix ſuperſtitieux de certaines journées, ont preſque toûjours été heureux dans leurs entrepriſes, & que les autres au contraire, qui s'y sont assujettis, n'ont guéres eu les succès favorables. Le Sort se plait quelquefois à produire des évenemens, que les simples ou superstitieux prennent pour des decrets précis du Ciel, qui veut, que les choses aillent de la façon ; bien qu'il n'y intervienne que comme cause premiere & éloignée, pour des fins fort différentes de celles qu'ils s'imaginent. Ainsi Timée disoit, qu' Euripide étoit mort le jour que nâquit Denis l'ainé, Tyran de Sicile, afin que l'executeur des Tragedies succedât à celui, qui les avoit si bien représentées, & comme annoncées sur le Théatre. On écrit de même, que Pindare n'étoit venu au monde durant la fête des jeux Pythiques, qu'à cause des hymnes propres à cette solemnité, qu'il devoit composer. Les Athéniens imputèrent aussi le mauvais succès de leurs armes en Sicile, à l'embarquement de leurs troupes, durant la fête triste & mortuaire, qu'ils nommoient *Adonia*. Et le retour d'Alcibiade leur parut de mauvais augure, à cause qu'il échût au tems d'une autre fête de Minerve, estimée malheureuse. Ils étoient si foibles & si ridicules tout ensemble de ce côté-là, que long-tems depuis, pour témoigner au Sophiste Hérode le déplaisir qu'ils avoient de la perte de sa fille

Plutar. l. 8. Symp. qu. 1.

Pana-

Panathenais, ils ordonnèrent, que le jour infortuné de son trépas seroit raié de leur Calendrier, selon que Philostrate le rapporte dans la Vie de ce Déclamateur. Bon Dieu que l'esprit humain s'attache à des choses, qui ont peu de fondement, *quantum est in rebus inane!*

Pour mieux reconnoitre, que tous ces jours heureux ou malheureux n'ont rien de solide, disons un mot de l'incertitude des années, des mois, & des semaines, qu'ils composent, & où ils acquierent ces qualités de bonne ou mauvaise fortune; puisqu'autrement ils n'ont rien de différent en eux-mêmes, & que selon le dire d'un ancien Philosophe, *unus dies* par Heraclite *omni est.*

La distribution des sept jours de la semaine selon les sept Planetes est si arbitraire, qu'au raport de Dion Cassius les premiers Grecs l. 37. hist. l'ignoroient, ne l'aiant pas encore apprise des Egyptiens; qui vraisemblablement l'ont établie sur la création du Monde, décrite par Moyse en sept journées. Quoiqu'il en soit, l'on ne peut soûtenir raisonnablement, que cet ordre Planetaire leur influë aucune condition bonne ou mauvaise, ni qu'il soit absolument necessaire, puisque les Mexicains faisoient leurs semaines de treize jours. Combien de Acosta l. 6. c. 2.

fois la reformation des Calendriers, & les intercalations, ont-elles changé cet ordre mysterieux? Pour ne rien dire de la semaine des trois Ieudis, que fit le Pape Clement V. En vérité, la plûpart de nos créances à cet égard, ne sont pas plus recevables, que les fables des Egyptiens, dont nous venons de parler, & de qui les Rois ne dépêchoient aucune affaire le troisiéme jour, auquel de plus ils s'abstenoient de manger jusqu'à la nuit, à cause que c'étoit celui de la naissance de Typhon. Avec une pareille vanité ils tenoient le dix-septiéme pour très infortuné, parce que leur grand Osiris étoit trépassé ce jour-là. La naissance d'Apollon au septiéme, le rend au contraire fort heureux dans Hésiode. Peut-être que nous sommes encore plus ridicules qu'eux.

Quant aux mois, Joseph Scaliger soûtient avec raison, que la division de l'année en douze mois doit être rapportée plûtôt à l'institution des hommes, qu'à la Nature qui n'a rien établi de tel. Vous pouvés voir dans Solin, que les années des Arcadiens étoient seulement de trois mois, celles des Egyptiens de quatre, celles des Acarnaniens de six, & que les Laviniens d'Italie avoient composé les leurs de treize. Plutarque le dit un peu

Plutar. d'If. & Ofir.

ch. 1.

autrement dans la Vie de Numa, car il fait l'année des Arcadiens de quatre mois, & celle des Egyptiens d'un seul au commencement. Tant y a que cela fait voir, que la quantité des jours de chaque mois étoit encore moins determinée, que celle des semaines. L'on a trouvé les Americains de Mexico qui mettoient dans une année jusqu'à dix-huit mois, chacun de vint jours, avec l'usage de l'intercalation de cinq jours. Et les Chymistes encore aujourd'hui ont leur mois Philosophique de quarante jours. *Hornius 4. de orig. gen. Am. c. 14. Tiroc. Chym. Beguini.*

La certitude des années n'est pas plus grande, ni l'ordre plus précis. Il y en a eu de Lunaires, aussi bien que de Solaires : Et les uns les ont commencées par un mois, les autres par un autre. Ce n'est que depuis mil cinq cens de quatre-vint deux que nous en avons mis le premier jour en Ianvier, qui étoit auparavant à Pâques avec assez d'incommodité, à cause que c'est une fête mobile. Et néanmoins le Grand Seigneur fit pendre le Patriarche de Constantinople, pour avoir voulu recevoir le Calendrier Grégorien, auteur de cette réformation. Les Chinois donnent au mois de Mars l'honneur de commencer leur année : Ceux des Malabares au mois d'Avril : Les Abyssins à celui d'Août, où est *L. Cabrera l. 13. hist. c. 9.*

la fête de la decollation de Saint Iean ; les Moscovites au mois de Septembre : Et les Tartares à celui de Fevrier, auquel ils s'habillent de blanc, cherchant dans cette couleur un bon augure pour le reste de la même année, qui n'a point d'autre nom que celui de l'animal que le Grand Cam a ce jour-là le premier à la rencontre, & qui fait dire l'an du Rat, l'an du Chien, ou l'an du Chat. Mais je me veux taire des diverses Epoques, Indictions, Eres, Périodes, ou Hegires, qui ne sont pas moins différentes, ni par consequent moins propres à montrer l'incertitude, qui se trouve en toute cette matiere. Je vous conjure de n'y être plus si superstitieux, & d'excuser une lecture, qui vous fera peutêtre dire comme à moi.

Bergeron tr. des Tart.

Plaute.

Lumbi sedendo, oculi spectando dolent.

DES HAINES SECRETES.

LETTRE LXXXV.

MONSIEUR,

Comme les amitiés ne se devroient contracter, que sous les loix des anciens Haruspices, qui considéroient avant toute chose les entrailles; la raison voudroit, qu'on ne prit non plus jamais d'aversion pour personne, qui ne fût bien fondée, & qu'on n'eût fort examiné auparavant s'il y a sujet d'en user ainsi. Mais les hommes ne se gouvernent pas de la sorte, & soit par précipitation, soit par quelqu'une de ces causes occultes, dont l'ignorance nous a fait avoir recours aux sympathies & antipathies naturelles, nos affections & sur tout nos haines n'ont la plûpart du tems aucun fondement raisonnable. *Sunt* Quint. *quidam irrationales impetus animorum, quæ-* decl. 9. *dam gratuita (ut vulgo vocantur) odia.* C'est ce qui fait avouër naïvement à Martial, qu'il lui étoit impossible de dire ce qui lui donnoit la mauvaise volonté qu'il portoit à Sabidus.

Non amo, te Sabide, nec possum dicere quare,

Hoc tantum possum dicere, non amo te.

Il semble qu'il y ait des personnes, qui portent quelque charactère de déplaisance, à voir comme elles trouvent des ennemis par tout, pareilles en cela à cet animal amphibie, qui se sent poursuivi dans la mer par les poissons, & quand il s'éleve dans l'air, par les oiseaux. Ce sont de vrais Ismaëlites qui trouvent la main d'un chacun portée contre eux, & de qui la main est toûjours aux prises contre tout le monde. Horace nous dépeint ceux-là d'un fort beau pinçau.

Non uxor salvum te vult, non filius, omnes.

Vicini oderunt, noti, pueri atque puellæ.

Je ne plains pas ceux de qui les mauvaises conditions & les mœurs dépravées attirent contre eux ces alienations d'esprit universelles, parce qu'ils ne souffrent en cela que ce qu'ils ont en quelque façon mérité. Et néanmoins la Morale même Payenne nous apprend, qu'il faut imiter Dieu autant que nous pouvons, qui témoigne de l'amour par ses bienfaits jusqu'aux sacriléges & aux impies.

Outre qu'on feroit dans de perpetuelles alterations d'ame, fi l'on haïſſoit tous les vicieux, parce qu'il les faut neceſſairement admettre dans nos plus fréquentes converſations, ou ſe voir reduit preſqu'à la ſolitude d'un Timon. Mais certes ceux-là ſont fort à plaindre, qui remplis de mérite éprouvent les mauvaiſes volontés de gens, qui ne ſauroient dire pourquoi il les ont priſes. Cela néanmoins ſe reſſent tous les jours, & la plûpart des inimitiés ſecretes ne ſont appuiées que ſur de certains préjugés, où l'équité & le raiſonnement n'ont eu nulle part. A la vérité ſouvent elles ſont fomentées par le mauvais genie de quelques perſonnes, qui n'ont point de plus agréable divertiſſement, que de faire naitre, ou du moins d'attiſer cette ſorte de meſintelligence. Ce ſont des boutefeux qui mettent, s'ils peuvent, l'incendie par tout, & qui pleins de malignité excitent la diſcorde entre les plus moderés. J'aurois envie de les comparer au Trompette Miſene,

—— quo non præſtantior alter   *Virg.*
*Ære ciere viros, Martemque accendere
   cantu,*

n'étoit, qu'il ne fut jamais ſi propre à faire combatre des troupes ennemies, que ceux-ci font volontiers choquer les plus grands amis,

-mettant artificieusement la division parmi eux.

Il se trouve pourtant des naturels, qui sans être animés d'ailleurs, se portent d'eux mêmes à persecuter les hommes les plus pacifiques, quand ils ont de la vertu. Ils veulent généralement du mal à tous ceux, qu'ils envisagent dans une position au dessus de la leur. Et la jalousie, dont ils sont travaillés est si puissante, que pour se rendre de quelque considération, ils disent du mal de tous ceux, qu'ils desesperent de pouvoir égaler, & leur rendent de mauvais offices pour cette seule raison, qu'ils ont de l'avantage sur eux; *plerique quorum similitudinem desperant, eorum affectant simultatem.* Considérons je vous supplie là dessus l'étrange dépravation de nôtre humanité, qui nous porte à des excés de mauvaise volonté contre nos semblables, dont l'on ne remarque aucun vestige parmi le reste des animaux. Quand a-t-on vû des chevaux s'entrebatre, pour aller mieux l'amble, ou pour être plus vites à la course les uns que les autres? Les Chiens ne se querellent point, quoiqu'ils n'aient pas tous le nés également bon. Et jamais l'on n'a ouï dire que deux Paons se soient fait la guerre sur l'excellence de leur plumage, en quoi consiste leur perfection,

Apul. in Flor.

Sed jam serpentum major concordia, parcit Juven.
Cognatis maculis similis fera, quando Leoni Sat. 15.
Fortior eripuit vitam Leo?

Les hommes seuls persecutent avec animosité ceux de leur espece, & le mérite, qui devroit les leur faire estimer, est le sujet le plus ordinaire de leurs inimitiés mortelles. En vérité c'est en quelque façon être pires que les Diables, qui semblent s'accorder ensemble, & qu'on peut dire vivre en union, du moins lors qu'il est question de nous nuire.

Quand l'interêt s'y mêle, & qu'on tâche à déprimer la gloire d'un autre, parce qu'on la juge préjudiciable à la sienne, c'est bien une action d'envie, qu'il faut condanner, mais encore reçoit-elle quelque excuse, parce qu'on en voit l'exemple dans tous les ordres de la Nature. Les animaux n'ont guéres d'autres inimitiés que celles, qui leur viennent sur la contestation du vivre & de la nourriture; comme Aristote l'a fort bien remarqué au premier chapitre du neuviéme livre de leur histoire. L'aigle & le Dragon, qu'il donne pour un de ses exemples, ne sont en guerre mortelle qu'à cause des serpens leur pasture ordinaire. Et il conjecture même au chapitre onziéme du même livre, que la haine, qui est entre le Trochilus & l'Aigle, naît de ce que celui-ci ne peut souffrir qu'on nomme le premier Senateur & Roitelet, l'Empire de l'air ne souffrant non plus de partage, ni de compagnie, que ceux de la Terre. Quoiqu'il en soit, si les Bêtes se querellent, c'est qu'elles ont le travail, ou quelque autre chose à départir ensemble, *non arietant inter se nisi in eodem ambulantes.* Les sympathies, ou antipathies des Plantes doivent être considérées comme aiant le même fondement: Et si le Chêne & l'Olivier, aussi bien que la Vigne & le Chou, ne se peuvent souffrir, cela vient de ce qu'ils se portent préjudice l'un à l'autre, & se dérobent la nourriture que chacun désireroit retenir pour soi. C'est donc une chose assez naturelle, que les hommes se veuïllent du mal & se fassent tort par ce principe d'interêt, qui divise tout ce qui a quelque degré de vie dans le monde. Je ne m'étonne pas non plus de voir l'aversion qui se prend aisément de ceux, qui ont des inclinations contraires aux nôtres, parce que la différence d'humeurs, dont nous avons autrefois écrit un traité séparé, est la cause manifeste de cet effet.

Hor. l. 1. ep. 18.
Oderunt hilarem tristes, tristemque jocosi,
Sedatum celeres, agilem navumque remissi,

*Potores bibuli media de nocte Falerni
Oderunt porrecta negantem pocula.*

Mais que le seul caprice, pour ne pas dire la seule malignité de nôtre genie, nous fasse prendre en haine des personnes de vertu, qui ne nous ont jamais donné le moindre sujet de nous plaindre d'eux; & que cette haine croisse d'autant plus qu'elle est injuste, *odium quo injustius, eo acrius*; c'est ce qu'on peut soûtenir aussi difficile à comprendre, qu'il est ordinaire, & qu'on en voit des exemples à toute heure, & en tous lieux.

Ne nous amusons donc pas ici à en rechercher les causes; il vaut bien mieux songer aux remedes, & mêmes aux moiens, s'il y en a, de profiter d'une haine si déraisonnable quand nous en serons attaqués. Pourquoi non? si les préservatifs de la thériaque sont en partie composés de la chair des Viperes; & si la Morale est une Chymie spirituelle, qui tire le bien du mal, & ses plus rares préceptes des desordres de nôtre entendement, ou des vices de nôtre volonté. En effet tous ceux, qui nous veulent du mal ne sont pas capables de nous en faire, si nous voulons y penser, & tant soit peu nous aider. Il y a des ennemis semblables aux grenouïlles de Ferrare, qui ne peuvent mordre n'aiant

Pr. Arab. 69. cent. 2.

point de dents, *Ranocchi da Ferrara non mordono, perche non hanno denti.* Et ſi nous croions un autre proverbe des Arabes, il s'en trouve même d'utiles, puiſqu'il aſſure qu'un ſage ennemi eſt préferable à un ami impertinent, *inimicitia ſapientis præſtat amicitiæ ſtulti.* C'eſt ce qui a fait écrire à Plutarque un opuſcule des moiens de tirer avantage de nos plus grands adverſaires, ſelon la penſée de David, *ſalutem ex inimicis noſtris, & de manu omnium qui oderunt nos.* Le mépris de ceux-ci qu'on n'a point offenſés eſt un des plus ſalutaires expédiens, qui ſe pratiquent pour cela. La ſeule penſée de ſe venger d'eux nous feroit plus de mal qu'ils ne nous en veulent. Et il nous arriveroit dans ce deſſein comme à Praxitele, qui caſſant de colere un miroir à cauſe qu'il le repréſentoit furieux dans cet appetit de vengeance, trouva que toutes ſes pieces lui reprochoient par autant de nouvelles images la même alteration d'eſprit. Plus on s'engage dans cette miſerable paſſion, plus ont ſe rend hideux en effaçant ce caractére de raiſon, qui fait toute la beauté de nôtre ame. Conſolons-nous plûtôt, ces bizarres ne ſauroient nous tant haïr, que le Ciel les deteſte dans une ſi méchante procedure. Qu'importe-t-il d'être mal voulus de ceux, qui sont l'objet de la haine de Dieu & des hommes ? Et que pouvons-nous faire de plus glorieux que de leur pardonner généreusement ? *semper odiorum honeſtus occaſus eſt.* L'aurore des plus beaux jours, qui suit une nuit obscure & orageuse, n'a rien de si agréable, qu'est quelquefois le couchant d'une animosité malheureusement contractée de la sorte que nous disons, & qui peut se convertir doucement en une mutuelle bienveillance; ce que j'ai graces à Dieu plus d'une fois éprouvé. En tout cas laissons la vengeance de ce tort, qu'on nous fait, à celui qui se l'est reservée, parce qu'il n'y a que lui qui sache en bien user. Themistocle & Aristide se reconcilioient bien en faveur de leur Republique, que ne devons-nous point donner à la consideration d'un Dieu, qui tôt ou tard ne laisse rien d'impuni ? *Quint. decl. 9.*

Eſt mola tarda Dei, verum molit illa minutim.

Vous pouvés voir le Grec de ce vers dans vôtre Sextus, au chapitre treiziéme de son premier livre contre ces prétendus savans qu'il nomme Mathematiciens.

D'UN DIVORCE.

LETTRE LXXXVI.

MONSIEUR,

La retraite de cette femme m'a d'autant moins surpris, que je connois l'humeur & d'elle, & de son mari. Pourquoi s'en étonner, si Junon même fit bien une fois divorce avec Jupiter, se retirant dans la ville de Stymphale, & si la jalousie d'Ulysse obligea bien sa prude Penelope à s'enfuir d'Itaque à Sparte, d'où elle étoit comme fille d'Icare, & de là à Mantinée. J'ai Pausanias Auteur classique pour garand de ces deux histoires, & d'une circonstance, qui rend la premiere plus considérable, puisqu'il assure, que cette même Junon se lavant tous les ans dans la fontaine Canathe, auprès de Nauplie dite aujourd'hui Napoli de Romanie, y recouvroit toûjours son premier état de fille; ce qui devoit obliger un Dieu, qui en étoit si friand à l'avoir beaucoup plus chere. Cela me fait souvenir de ce que j'ai lû autrefois dans l'Hi-

Pausan. l. 8.

ibid. l. 2.

ſtoire des Cherifs de Diego de Torrez, que   c. 74.
les Turcs ſe promettent tous, qu'ils trouveront leurs femmes pucelles en l'autre vie.

Vous dites que cette belle prend pour excuſe les mauvais traitemens de ſon époux; & véritablement s'ils ont paſſé juſqu'où elle les fait aller, l'on ne ſauroit trop le blâmer. Les Dames de France ne ſe traitent pas comme les Mahometanes, que l'Alcoran veut, qu'on frape dans leur deſobeïſſance; ni comme autrefois les Moſcovites, qui ne penſoient pas, qu'on les aimât, ſi pour les moins elles ne furent quelquefois souffletées. Il faut par force en des païs barbares obeïr à la loi, & s'accommoder à l'uſage, faiſant à peu près la même choſe, que pratiquent les bons nageurs, qui battent l'eau, afin qu'elle les porte. Mais il n'en eſt pas de même parmi nous, où le proverbe qu'*à battre faut l'amour* n'eſt guéres moins ancien que nôtre Monarchie.

Je ne veux pas pénétrer ſi avant que vous faites dans les ſecrets de ce mariage. Il me ſuffit de vous dire, qu'il y a long tems que ſans être grand Prophete l'on pouvoit prédire cette avanture. Jamais homme n'a fait paroitre une amour plus folle pour ſa femme, qu'il témoignoit affectionner avec toutes les paſſions d'un rufien. Or c'eſt un grand défaut à un homme sage, qui se doit fort éloigner de ce procedé ; *Adulter est uxoris amator acrior;* & c'est selon le sens de Laberius mettre soi-même sa femme dans le libertinage, qu'on nomme aujourd'hui coqueterie, de la traiter de la sorte. Aussi ne sauroit-on nier, que la façon de vivre de celle-ci n'ait été telle à la fin, que ce n'est pas lui faire grand tort, ni être fort credule, de croire une partie des gentillesses, dont son mari l'accuse. Et néanmoins, que lui impute-t-il que d'avoir vécu à la mode ? En vérité nos mœurs sont arrivées à cet égard à une étrange periode, & la prostitution de ce sexe, par ceux mêmes, qui croient, que leur honneur dépend absolument de sa conduite, n'est pas concevable par le raisonnement, n'y aiant que ce que nous voions tous les jours, qui la puisse faire croire ; *eo prolapsi mores jam sunt, ut nemo ad suspicanda adulteria nimium credulus videri possit.* Et jamais la Grammaire Latine ne rendit par ses préceptes la corne si indeclinable, que nôtre conduite, insensée à cet égard, l'a faite inévitable en ce tems par une plaisante synonymie.

Sen. cont. [marginal note]

Quoiqu'il en soit, je suis trompé, si cet homme ne trouve le rémede, qu'il veut appliquer à son infortune, pire que le mal, qu'il a crû

crû intolérable, & s'il n'experimente à la longue, qu'en beaucoup de façons le concubinage a quelque chose encore de plus dur que le mariage. Car il me semble que ce n'est pas assez dire de prononcer simplement avec cet ancien,

Tam malum est foris amica, quam malum Laberius
est uxor domi.

Je ne veux rien exagerer ici davantage, mais pour un homme de la profession de celui, dont nous parlons, il a mal fait son profit de l'épitre d'Aristenete, où il nomme si bien cette sorte d'amour λυκοφιλίαν: & je m'étonne, ep. 20. l. 2. qu'il n'ait point pensé à cet endroit, où Dion Chrysostome condanne avec tant de raison les orat. 7. affections déréglées, qui visent plus à la corruption, qu'à la génération. Il est bien plaisant, s'il croit trouver plus de correspondance dans le libertinage, & s'il pense être aimé avec plus d'ardeur & de sincerité tout ensemble, où l'on n'emploie que des feux d'artifice. Vous avés connu aussi bien que moi des personnes, plus empêchées à se tirer des embarras, qui viennent d'une vie licentieuse, & telle qu'il se l'imagine, qu'on ne le peut être parmi toutes les disgraces, qui suivent des nôces infortunées.

Ne pensés pas que je veuille vous paranympher ici un genre de vie, dont je ne connois peutêtre pas moins tous les inconveniens, que ceux, qui en font les plus dégoutés. J'ai toûjours pris ce fommeil, dont Dieu affoupit nôtre premier pere avant que de lui préfenter une femme, non feulement pour un avis de nous defier de nôtre vuë, comme d'une très mauvaife confeillere là deffus, mais encore pour une inftruction morale, que perfonne vraifemblablement ne s'en chargeroit, fi l'on avoit les yeux de l'efprit affez ouverts pour voir dans l'avenir à combien d'infortunes celui-là fe foûmet, qui accepte une focieté fi perilleufe. Et je n'ai jamais lû le premier vers du dixiéme livre de la Metamorphofe d'Ovide, où il donne au Dieu Hymenée une robe de faffran,

—— *croceo velatus amictu,*

fans m'imaginer, que ce Poëte nous a peutêtre voulu faire une leçon de ce qui eft fi effentiel au mariage. Les foucis d'une famille, dont vous vous chargés, l'expofition où vous entrés à tant de coups de fortune, la jaloufie inévitable, que vous aurés d'une femme, pour peu qu'elle vous agrée, ou que vôtre honneur vous touche, ne font-ce pas autant de fujets de Jauniffe? Et n'eft-ce pas une merveille, fi le temperament le plus fanguin, ou le plus enjoüé, ne tombe par là dans une paffion Icterique; Mais après tout, il faut acquiefcer à nos deftinées, & à ce que les plus fages Legislateurs nous ont ordonné pour le mieux fur ce fujet. Nous ne pouvons pas changer leurs decrets, & nous pouvons nous rendre encore plus miférables en prenant une route beaucoup plus perilleufe que celle qu'ils nous ont préfcrite.

Il ne me refte plus qu'à vous fatisfaire autant que je pourrai fur les queftions, que vous me faites touchant la vie de ce lieu, où vous parlés même de venir faire un tour. Demeurés dans ces termes fi vous m'en croiés, & ne fongés jamais à y établir une permanente demeure. L'on en peut dire ce qu'Ariftippe prononça de la maifon d'une Courtifane, que l'entrée qu'on y fait n'a rien de mauvais, tout le défaut venant d'y s'arrêter trop & de ne s'en pouvoir retirer. Sachés d'abord, que ce païs a cela de commun avec le terroir Attique, non pas de produire le meilleur miel & la plus mortelle ciguë, mais de nourrir les plus honnêtes gens auffi bien que les plus vicieux des hommes. Un Spartiate, qui avoit vû défendre aux Orateurs d'Athenes toute forte de méchantes actions, difoit agréablement là deffus, qu'il n'y avoit rien vû que de beau & de bon : Faites vôtre compte qu'au fortir d'ici vous pourrés vous railler auſſi Laconiquement, je veux dire auſſi gentiment, quand vous aurés obſervé comme l'on y applaudit preſqu'à tout. Ne prenés pas pourtant ce que je vous en écris pour une cenſure univerſelle. L'on trouve par deça des contrarietés de Morale que vous admirerés, & ſans faire beaucoup de chemin vous y pourrés voir les Antipodes du vice & de la vertu. L'importance eſt que ceux, qui ſemblent reſpecter le plus cette derniere, le font plûtôt par des conſidérations intereſſées, que par de bons principes, & plûtôt par une impetuoſité paſſagere, que par une véritable habitude. Il me ſouvient d'une comparaiſon qui les regarde, & que vous ne trouverés pas plus mauvaiſe, s'il vous plait, pour être priſe de l'Alcoran. Mahomet y dit de leurs ſemblables, qu'ils ſont comme un rocher ſur lequel y aiant peu de terre, s'il arrive quelque grande pluie, elle l'emporte & ne laiſſe rien qu'une pierre ſterile: de même que ceux, dont nous parlons, perdent ce peu d'inclination qu'ils ont au bien, dans les premieres occaſions vicieuſes qui ſe préſentent, pour n'avoir pas jetté d'aſſez profondes racines ſur cette roche morale, où Pythagore vouloit qu'on cultivât la Vertu. Mais que voulés-vous, le bien & le mal ont été toûjours mêlés ou compliqués de la forte, & l'ancienne Rome après avoir donné le nom de Capitolin à ce Manlius, qui avoit empêché les Gaulois de fe rendre maitres de fon Capitole, fe vit reduite incontinent après à le jetter du même lieu dans un précipice pour avoir affecté la tyrannie dont elle s'étoit depuis peu delivrée.

Si ce n'étoit point trop faire le Philofophe moral, je vous dirois fur ce propos avec le plus célebre Declamateur de cette Republique, qu'il n'y a point de fexe, ni de condition, qui fe puiffe dire confcientieufement hors le vice, quelque profeffion qu'on faffe de ne s'attacher à rien que d'honnête, *Age- dum (fi videtur) utrumque fexum, omnem conditionem, omnem fcrutemur ætatem, nullum fine confcientia pectus, nulla vita fine caufis tacendi.* *Quintil. decl. 19.* Car enfin nous ferons perpetuellement contraints d'avouër, qu'à parler correctement & en termes propres il n'y a point de véritable vertu qu'en Dieu, celle des hommes n'en étant qu'un petit écoulement, & une legere émanation, fujette à d'autant plus d'alteration, qu'ils la veulent foûmettre à leur raifonnement, & fouvent à leurs interêts. Je le dis ainfi, parce que les plus fimples, &

ceux qui font le moins les entendus, font souvent les plus vertueux dans la simple conduite de la Nature, qui est le premier ouvrage du Tout-puissant. Justin le montre excellemment où il décrit les mœurs des Scythes, naturellement enclins à exercer la Justice sans qu'aucunes loix les y contraignissent. *Justitia,* [L. 2; c. 2.] dit-il, *gentis ingeniis culta, non legibus.* Et après avoir représenté leur vie innocente, presque entierement portée au bien, il ne peut s'empêcher d'admirer les dons gratuits, qu'ils ont reçûs de Dieu & de la Nature, *hoc illis Naturam dare, qaod Græci longa sapientium doctrina, præceptifque Philosophorum consequi nequeunt: cultofque mores inculta barbariæ collatione superari. Tanto plus in illis proficit vitiorum ignoratio, quam in his cognitio virtutis.* N'avons-nous pas trouvé la plûpart des peuples du nouveau Monde, éclairés de la seule lumiere naturelle, dont tous ceux à qui Dieu donne l'être sont illuminés, vivre dans une rectitude morale préferable en beaucoup de façons à la vie, que nous menons tous les jours? Et n'y a-t-il pas lieu de soûtenir après cela, qu'il est à peu près des hommes comme des Plantes, dont les sauvages possedent ordinairement plus de vertu, que celles que nous élevons avec tant de soin dans nos jardins?

Défiés-vous fur tout du perfonnage, des mœurs de qui vous defirés fi précifément d'être informé. Nous en avons beaucoup ici qui lui reffemblent, ou plûtôt au Cameleon, s'il eft vrai qu'il prenne toute forte de couleurs hormis la blanche; comme ces Eutrapels, dont je vous parle, la vie defquels n'aiant point de regle ni de forme arrêtée, eft capable de toutes, excepté de celle qui s'accorde avec la Vertu. Il s'en faut tant, que vous deviés vous approcher de ces gens-là, que leur frequentation, ou feulement leur voifinage, feroit ici vôtre perte certaine. Les Arabes ont nommé la Coloquinte, la mort des plantes, quelques-uns l'appellent le fiel de la terre, & il eft certain qu'elle tuë toutes les herbes qui fe trouvent dans fa fphere d'activité. Prenés cette plante pour la figure hieroglyphique de ceux, que je vous confeille d'éviter.

Mais pour ne vous pas dégoûter abfolument de vôtre voiage, affurés-vous, que vous trouverés ici d'autres perfonnes, quoi qu'en petit nombre, qui feconderont avec un grand zele toutes vos loüables intentions. Les voiageurs, qui tiennent une même route ne manquent guéres à s'affifter, & à fe préter la main aux occafions qui le requierent. Il feroit bien étrange, que dans une carriere si vertueuse, qu'est celle de vôtre vie, vous ne rencontrassiés pas toute l'aide & tout le support, que peuvent vous donner ceux, qui vous ressemblent, & qu'un même Genie vous rend amis avant même que vous vous soiés vûs. En tout cas vôtre vertu ne sera pas ici oisive, ni vôtre belle Morale sans recompense, puisque vous la recueillés tous les jours & par tout en la cultivant. C'est une partie de la Philosophie, qui tôt ou tard ne manque jamais de paier ses auditeurs. Et comme il y avoit des théatres dans Athenes, où l'on distribuoit reglément quelque argent aux spectateurs; ceux qui se plaisent aux discours de cette excellente science, sont assurés d'en profiter, & d'être reconnus de leur assistance avant que de quitter son Ecole.

Plutar. de sau. tuenda.

Je vous prie de trouver bon, que je n'acquiesce pas à tous vos sentimens touchant ce travail historique, que vous voudriés qui vit le jour. Il est de cette sorte d'écrits comme de certains médicamens, qu'on ne doit jamais emploier que long-tems depuis qu'ils sont faits; & je me souviens que Mesué ne permet l'usage de son Opiate, que six mois après sa confection. Vous voiés bien ce que je veux dire.

DES
QUELQUES CREANCES MAL FONDÉES.

LETTRE LXXXVII.

MONSIEUR,

A ce que je puis voir, le bruit de la Bête, qui devore les gens en ces quartiers, est venu jusqu'à vous, & vous avés été informé de ce qui ne se dit pas simplement à Fontainebleau, mais de ce qui s'y voit & aux environs, où beaucoup de femmes & d'enfans ont été tués, & parfois à demi mangés, par des animaux carnaciers qui ont leur retraite dans la forêt. Cependant vous feignés de douter, si ce ne sont point quelques Sorciers ou Loups garoux, qui font tout ce ravage, comme on vous l'a rapporté, & pour rire peutêtre de mes sentimens, vous me priés de vous les communiquer là dessus. Mais vous ne m'imposerés rien pour ce coup, si vous avés changé de poil comme le Renard depuis que je ne vous ai vû, je suis asluré que vôtre intérieur est toûjours le même, & qu'autant que jamais

<small>Horat. l. 2. ep. 2.</small>
  Somnia, terrores magicos, miracula, sagas,
  Nocturnos lemures, portentaque Thessala rides.

Croiriés-vous bien, que j'eusse d'autres opinions au sujet de la Lycanthropie, que celles, dont je me suis déja expliqué, & qu'après avoir rapporté ce que Saint Augustin en a dit, & ce qu'Herodote a écrit des Neures, dont il se moque, comme Platon de ce qui se passoit en Arcadie au Temple de Jupiter Lyceus, je pusse déferer à une si grande extravagance qu'est celle de la transmutation d'un Sorcier en Loup. C'est tout ce que la fable a pû permettre au Poëte Latin sur le sujet de son Mœris, ou aux anciens Grecs sur celui de leur Roi Lycaon. Je vous prie seulement d'ajoûter à cela en forme de Corollaire, que Pausanias, parlant de l'athlete Demarchus, que le même Jupiter Lyceus <small>L. 6. & 8.</small> transformoit en Loup pour dix ans, declare, qu'il tient ce discours pour une pure fable, ou, comme nous disons à présent, pour un vrai conte de Peau d'âne.

Ce n'est pas merveille, que de simples villageoises comme nous en voions ici, & le peuple, qui est impertinent par tout, deferent à de si vieilles erreurs pour ridicules qu'elles soient; mais certes il y a dequoi s'étonner, que des personnes d'un tout autre discernement, se dispensent d'écrire des bagatelles, qui n'ont pas plus de fondement ni plus de vraisemblance. L'Auteur d'un Itineraire Oriental assure, que de certains Arabes, qu'il nomme Casatares, mangent non seulement le dedans des fruits en les regardant attentivement, mais le cœur même des hommes de la même façon, & qu'ils ne peuvent être tués. Je pense que les pommes, qui croissent auprès du Lac Asphaltite, ou de Sodome, dont le dedans se trouve ordinairement plein de cendres, ont pû donner lieu à l'imposture qu'on lui a debitée en ce quartier-là, & que comme un abyme en attire un autre, les inventeurs de ce conte ont fait souffrir au cœur humain la même chose, qu'ils s'étoient persuadée du fruit. Or pour vous faire comprendre, comme toute sorte d'esprits sont capables de semblables imaginations, je vous rapporterai ce qu'un Médecin Espagnol a écrit depuis peu. Il dit sur la foi du Jesuite Mendosa, que le serviteur du Duc de Bragance (c'est le Roi de Portugal d'aujourd'hui) regar-

L. 2. c. 5.

Gutierius de Fascino du bio 3. p. 39.

dant fixement un Autour ou Faucon, le faisoit tomber à terre tout sur l'heure. Il parle d'un autre homme, qui de son seul regard tuoit les enfans & même les chevaux. Et comme en revanche de ces animaux, il ajoûte, qu'un cheval causoit de sa seule vuë une diarrhée mortelle aux hommes, qu'il envisageoit, c'est pourquoi l'on ne le faisoit sortir que la tête couverte, *al qual nunca sacavan en publico sino encubierta la cabeça,* ce sont ces propres termes. Je ne vous rapporterai point ce qu'il attribuë aux Sorcieres, ou *Moteras,* de son païs, qui guerissent par le seul attouchement, pour vous faire observer, que tout cela est fondé sur une fausse maxime, dont Pomponace s'est servi après Avicenne, que l'homme peut, comme Microcosme & l'abregé de l'Univers, posseder toutes les vertus des pierres, des plantes, & de tous les autres corps de la Nature, quand l'influence des Cieux lui est assez favorable pour cela. C'est ce qui a fait écrire à Langius, que deux enfans jumeaux en Autriche ouvroient toutes les serrures, en approchant seulement de la porte le côté de leur corps, comme s'ils eussent possedé en cette partie la vertu du Dictame, ou de l'Aimant, qui attirent le fer. S'il y a des Serpens, tels que le Basilic, qui tuent auſſitôt de leur vuë; vous venés même de voir un homme, qui fait mourir par ſon regard les enfans & les chevaux. Si Pline & Aulu-Gelle ont écrit après Democrite, que le Cameleon avoit la vertu de faire tomber l'oiſeau de proie, volant par deſſus lui; il ſe trouvera un Portugais ou quelque autre qui poſſedera la même faculté. Bref parce que l'on a crû de certains animaux, qu'ils voioient à travers les murailles, & que leurs yeux perçoient le corps des arbres; Pauſanias l'a écrit d'un Lynceus, auſſi bien que du Lynx, & ce Médecin Eſpagnol repréſente l'opinion de certaines perſonnes, qui croient, que ceux, qui naiſſent le jour de Vendredi Saint auquel la terre s'ouvrit, pénetrent de leur vuë juſqu'en terre; ce qu'on ne ſauroit ſoûtenir ſans ſuperſtition, &, comme il l'avouë, ſans être ridicule.

L. 28. c. 8.
l. 10. c. 12.

Lib. 4.

Dubio 6.
p. 143.

En vérité ce n'eſt pas ſans ſujet qu'on a dit, que l'incrédulité étoit le nerf, & le plus fort ſoûtien de la ſageſſe des hommes; ſi tant eſt, qu'ils en poſſedent quelqu'une, qui ne ſoit point folie non ſeulement devant Dieu, mais même à l'égard les uns des autres. Il n'y a rien de plus ſuperbe que l'eſprit humain enflé de quelque opinion de ſcience, ni rien tout enſemble de plus imbecille & de plus ridicule;

ce que je veux vous faire reconnoitre, sans m'écarter de mon propos, par quelques petits traits, dont il me souvient, & que j'ai admirés en des personnages de la plus haute réputation. Auguste n'eut-il pas bonne grace de remarquer qu'une sedition militaire, où il pensa être opprimé, lui avoit été prédite le matin par la faute de celui, qui lui avoit chauffé le soulier gauche ou le premier, ou mal & au rebours, selon que vous voudrés *Plin. l. 1.* interpréter ces termes, *lævo calceo præpostere c. 7.* *inducto?* Nôtre grand Clovis avoit-il l'esprit plus serieux, quand il envoioit, pour regler quelque entreprise, observer ce qui se chanteroit dans l'Eglise de Saint Martin de Tours *L. 2. c. 37.* en y entrant, comme Gregoire de Tours, & le moine Rorico presque son contemporain le racontent? Et pour venir à nôtre tems, je ne feindrai point de nommer après ceux-là un Tycho Brahé, que la connoissance du Ciel semble avoir élevé par dessus les plus grands *Gassendus* esprits du dernier siécle. Cependant l'excel*l. 6.* lent Ecrivain de sa vie ne nous apprend-il pas, qu'avec toutes ses lumieres d'enhaut, s'il rencontroit en sortant de chez lui une vieille, il y retournoit au lieu de passer outre; & qu'il prenoit de même à mauvais augure de trouver un Liévre en son chemin. J'ai bien lû dans l'ancienne Histoire, que ce timide animal épouvanta toute l'armée de Xerxes, sans doute par la huée qu'on lui fit; & dans la moderne, que le Duc de Savoie, qui voulut surprendre Geneve reçût par un autre Liévre le mauvais présage de son entreprise. Mais qu'un Genie tel que celui de Brahé, tout occupé à regler le mouvement de tant de spheres, où il comprenoit même celle de la Terre, ait déferé avec tant de superstition à des choses si frivoles, c'est ce qui me met dans le dernier étonnement.

<small>Aubigné tom. 3.</small>

Je vous puis dire néanmoins en faveur de l'important chapitre *de falso creditis*, qu'on ne parle plus ici ni du grand Veneur, ni de la magie d'Hellequin; & que la prise de deux ou trois Loups a fort diminué la créance, qu'on y avoit des sorciers Loupgaroux. Il est vrai qu'aussi bien qu'en Norvége les vents s'y vendent à ceux, qui sont assez simples pour les acheter; mais ce n'est que pendant le séjour de la Cour, à qui ces mêmes vents ont donné le nom de *Aula*, parce qu'ils l'accompagnent par tout. Ils me font souvenir des exciteurs de tempêtes, dont parlent les Capitulaires de Charlemagne, où ils sont nommés *Tempestarii sive immissores tempestatum*. Vous croirés aisément d'un siécle plein d'ignorance, comme le sien, cette folle créance, que Saint Agobart combatit par des écrits faits exprès pour en defabuser le monde. Mais y il restera toûjours assez d'autres opinions aussi frivoles & ridicules, pour faire rire ceux, qui les considéreront du bon côté; car de s'en offenser, & de les vouloir toutes corriger, ce n'est pas, dit-on, l'entreprise d'un homme sage.

DES LONGUES TABLES.

LETTRE LXXXVIII.

MONSIEUR,

Quoique je ne sois pas ennemi des repas, qui se prennent agréablement avec les amis, je serois bien fâché pourtant de condanner comme faisoit Epicure les tables solitaires, & de nommer comme lui une vie de bête sauvage, l'usage de ceux, qui par nécessité,

cessité, ou par élection, mangent sans compagnie, *sine amico visceratio, Leonis ac Lupi vita est*, ce sont les termes, dont lui fait user Seneque dans une de ses épitres. En vérité le premier ne savoit pas ce que pratiquoient heureusement dans la Palestine les Esseniens, que nos Peres Chartreux, & tant de bons anachoretes ont depuis imités. Mais aussi ne pouvoit-il pas ignorer avec quelle satisfaction Diogene nommoit les Souris ses parasites, sa table n'en admettant point d'autres; ce qui me fait trouver plus étrange la proposition que je viens de rapporter. Et certainement celui qui entre volontiers en conversation avec Dieu & les Anges, que ces anciens nommoient des Intelligences, ne se plaindra jamais de la solitude. Une ame philosophique qui a la Nature & tous ses ouvrages devant les yeux, non seulement se peut passer d'un autre entretien, mais seroit même souvent bien fâchée d'être divertie d'une si agréable contemplation. Et il y a peu d'esprits achevés par l'usage & par l'institution, s'ils ne sont d'une naissance tout à fait stupide, qui ne se fournissent à eux mêmes des conversations très plaisantes dans le souvenir de leurs actions passées, & en rappellant à leur mémoire ce qui est venu de plus consi-

ep. 19.

dérable de leur connoiſſance. Ajoûtés à cela les objets particuliers, que chacun prend journellement pour une matiere, où il veut occuper ſon raiſonnement, & vous m'avouërés, qu'il n'eſt pas impoſſible, qu'une perſonne, qui eſt tant ſoit peu dans l'uſage du diſcours mental, dont nous nous ſommes ſouvent entretenu enſemble, ne puiſſe faire de très-doux repas nonobſtant la ſolitude.

Or comme je ne ſaurois facilement acquieſcer au ſentiment d'Epicure ſur ce ſujet, auſſi ſouſcrirai-je toûjours fort franchement à une de ſes penſées, dont Seneque fait grand eſtime au même endroit. Elle porte, qu'il faut bien plus prendre garde avec qui l'on boit, & l'on mange, qu'à ce que nous devons boire ou manger, parce que les compagnies de la table ſont tout autrement importantes, que les alimens, qui s'y prennent ne ſont conſidérables, *ante circumſpiciendum cum quibus edas, & bibas, quam quid edas, & bibas.* Vous ſavés ce que l'on a dit du convive des Lapithes. Figurés-vous quelque choſe d'auſſi confus dans ce feſtin où par bonheur vous ne vous étes pas trouvé, & cela par l'inconſideration de celui qui avoit appellé à ſa table des perſonnes d'humeurs tout à fait inſociables. Le commencement du trouble ſe fit fur de petites railleries qui ne furent pas bien prifes par quelques-uns de la compagnie, & jamais je ne reconnus mieux l'importance du conseil, que donne Macrobe à un de ses amis, de s'abſtenir de toute ſorte de mots piquans durant de semblables repas, où la réjouïſſance dégénere ſouvent en querelles, ſi elle ne ſe convertit en quelque choſe de pis; *in conviviis, in quibus lætitiæ inſidiatur ira,* *a* 7. *Saturn.* *ſcommatibus abſtinendum eſſe.* A la vérité l'a- ᶜ· ³· bondance des vivres, l'excellence des divers breuvages, & la longue demeure à table, contribuèrent beaucoup au deſordre. N'eſt- ce pas une choſe étrange, que le Roi, ni les plus grands Princes de la terre n'emploient pas plus d'une demie heure à diner, & que des particuliers croupiſſent deux heures & plus entre les treteaux à prêcher ſur la ven- dange, comme l'on dit, ou à dévorer cha- cun au delà de la faim, —— *Tribus Urſis quod ſatis eſſet,* pour me ſervir de l'expreſſion d'Horace? Il eſt conſtant que les Turcs, quand même ils mangent au Divan y traitant les Ambaſſadeurs, ne s'y arrêtent pas d'avan- tage à table qu'une demie heure, comme je viens de dire, non plus que le Grand Seigneur à la ſienne, où il feroit conſcience de paſſer ce terme. Le ſilence, qu'il y fait obſerver

Y ij

par l'emploi d'un langage muet, eſt une autre choſe, qui rend bien reprochables les bruits étourdiſſans, ou pour mieux dire, les tempêtes de nos feſtins. Tant y a qu'à l'égard des excès de celui, dont je vous écris, ils me furent d'autant plus inſupportables, qu'outre mon averſion naturelle, je me repréſentois parmi tant de mets ſuperflus, ce qu'Eginard aſſure de nôtre fameux Roi & Empereur Charlemagne, qu'il n'étoit jamais ſervi que de quatre plats, outre que ſon boire fut toûjours reglé à trois fois. Bon Dieu, que Socrate avoit grande raiſon de recommander ſur tout à ſes amis, qu'ils ſe priſſent garde du boire & du manger, qui invitent d'eux mêmes à s'en ſervir ſans faim & ſans ſoif! Cette penſée me paſſa bien de fois par l'eſprit, auſſi bien que celle du Rhéteur Muſa, que nôtre mort venoit de celle de tant d'animaux, que nous enſeveliſſons dans nos ventres, *quicquid avium volitat, quicquid piſcium natat, quicquid ferarum diſcurrit, noſtris ſepelitur ventribus: Quare nunc cur ſubito moriamur? mortibus vivimus.* Je ſai bien que Seneque s'eſt moqué de cette imagination, mais ce qu'elle a de vicieux n'empêche pas, qu'elle ne ſoit fort ſignificative, & le défaut d'une ſentence eſt ſouvent ce qui nous en fait ſouvenir, parce que

Plutar. de ſan. tuen.

nous l'avons foigneufement obfervé pour l'éviter.

Je me doute bien que vous voudrés favoir le fujet de la raillerie, que je ne vous ai pas expliquée. Mais qu'il vous fuffife, qu'elle échapa à celui, qui la dît, comme l'on fut tombé fur le propos de l'Amour. C'eft une matiere, qu'on ne doit pas abfolument condanner en ce lieu-là, puifqu'elle a toûjours fervi de divertiffement dans les plus ferieux convives des anciens. Ceux que Platon & Xenophon ont pris la peine de nous repréfenter, le font bien voir. Le banquet des fept Sages décrit par Plutarque en eft une autre preuve. Et ce même Auteur remarque au troifiéme livre de fes Queftions de table, qu'Epicure, qui avoit auffi dreffé de fa main un célebre feftin, y traitoit du tems propre au plaifir amoureux, détournant la jeuneffe, autant qu'un Philofophe le devoit faire, des diffolutions, qui s'y peuvent commettre. Souvenés-vous auffi que le treiziéme livre des Deipnofophiftes d'Athenée, eft prefque tout de cette paffion, & qu'un certain Perfeus de Citie y eft cité, (pardonnés à cette petite allufion tombée de la plume fans y penfer) qui foûtenoit dans ces commentaires fympofiaques, qu'on ne devoit jamais oublier cette matiere aux tables de bonne chere, à cause que nous y fommes alors naturellement portés par la vertu de l'un & de l'autre aliment. Vous avés vû depuis peu quelque banquet Sceptique, où fur la même raifon l'on n'a pas manqué d'inferer des propos Erotiques, examinés felon les regles de l'Epoque. Ce n'eft donc pas pour s'être engagé dans un mauvais difcours, qu'on doit blâmer celui, qui donna lieu à tout le fcandale, mais pour avoir abufé de la liberté qu'on prend quelquefois de dire le mot, ce qui ne fe doit jamais faire *dente Theonino, neque Bionœis fermonibus*, comme furent ceux, dont quelques perfonnes fe trouvérent ici offenfées.

Il faut avouër, que c'eft un défaut de ne vouloir fouffrir aucune forte de raillerie; mais c'en eft un bien plus grand de ne pouvoir s'abftenir de l'employer avec outrage, contre ceux, qui ne nous ont point donné de fujet de les maltraiter, à plus forte raifon contre des amis, & parmi les réjouïffances de la bonne chere. Salomon dit expreffément que les brocards, pour ufer de ce terme, font le diffolvant des plus étroites amitiés, *mittens* Ecclef. *lapides in volatilia dejiciet illa, fic & qui con-* c. 22. *viciatur amico diffolvit amicitiam.* En effet l'impuiffance d'efprit à ne pouvoir retenir un mot piquant, est une dangereuse maladie, qu'on a fort bien nommée *vomicum morbum*, & qui est sur tout à craindre lors qu'on ne sauroit reparer le mal qu'elle fait, que par de nouvelles blessures, encore plus sensibles que les premieres. *Nihil est crudelius quam sic offendere, ut magis sis offensurus si satisfeceris*, comme en parle fort bien Seneque au sujet de la reputation d'un homme; ce qui est beaucoup plus constant où il est question de celle d'une femme. Aussi n'y a-t-il point de gens, qui soient plus fuis, ni plus dans l'aversion de tout le monde, que ceux, qu'on connoit enclins à ce vice. Chacun s'éloigne du Chardon qui pique, & il n'y a guères que les Anes qui s'en approchent; le Laurier au contraire est dans l'approbation générale, parce qu'il honore sans avoir jamais diffamé personne. Joignés à cela, qu'outre le repentir, la peine accompagne ordinairement une temerité si insolente. Il semble que ceux, qui s'y plaisent, soient nés sous la massuë d'Hercule, qui domine leur ascendant, tant ils sont sujets aux infortunes des coups de bâton, outre qu'ils n'en sont pas quites souvent à si bon marché, quand ils ont affaire à des Antigones. Car pour nous contenter de ce seul exemple, vous n'ignorés pas, comme il fit mou-

l. 2. cont. c. 12.

rir un Sophiste diseur de bons mots, pour avoir en contestant demandé à son maitre Queux ou principal Cuisinier: s'il vouloit le faire manger tout crud au Cyclope; puis, sur l'esperance qu'on lui donnoit du pardon de ce Prince, aussitôt qu'il se seroit présenté devant ses yeux, il avoit continué sa raillerie, en ajoûtant: que cette condition lui ôtoit toute esperance de salut. La premiere de ces reparties se voit dans Plutarque, la seconde est rapportée par Macrobe, elles sont toutes deux fondées sur ce qu'Antigone n'avoit qu'un œil.

l. de educ. lib.

l. 7. Saturn. c. 3.

Pour reprendre le propos de nôtre festin, il me fit penser à ce qu'a prononcé Seneque il y a si long-tems, *olim mensem Decembrem fuisse, nunc annum*, parce que les desordres, le libertinage, & les jeux des fêtes de Saturne ne finissoient point. Autrefois la licence des Bacchanales étoit limitée dans une certaine saison; Le Carême & ses débauches durent à présent toute l'année. Tant y a que je ne serai jamais pour les grandes & les longues tables, soit qu'on les nomme ainsi à l'égard de la profusion des vivres, soit qu'on y considére leur importune durée, ou que le nombre excessif des conviés y mette nécessairement la confusion. Celui des Graces est

ep. 18.

en cela plus à mon grè que la neuvaine des Muſes. Les Pythagoriciens me ſemblent avoir été trop indulgens, quand ils admet- toient dans leurs Refectoires juſqu'à dix com- menſaux. Et je ne puis ſouffrir la douzaine de ceux, qui compoſent les Saturnales de Macrobe, puiſque Vectius qui en étoit uſe de ces termes, *hoc præſentia veſtra nobis præ- ſtabit, ut & Muſas impleamus & Gratias.* Si j'avois à traiter une ſi grande multitude, je pratiquerois volontiers ce que fait toûjours le maitre du feſtin à la Chine, qui croit être obligé de s'abſenter par bienſéance. Il y a trop de mortification à ſe voir parmi tant de génies différens, & qui ſe rendent quelquefois inſupportables. Un gourmand ravit avec inſolence dans Athénée une anguille, ſur ce prétexte qu'elle étoit l'Helene des meilleures tables, & qu'il ne pouvoit s'empêcher d'être ſon Paris. Quand il ne ſe paſſeroit rien de tel, vous ne manqués jamais d'avoir en tête des perſonnes, dont tout le diſcernement ſemble être renfermé dans leur bouche, *qui plus palato ſapiunt quam corde*, comme par- loit Caton; outre cette ſorte d'impertinens, qui meſurent plûtôt la bonté des viandes par le coût que par le goût. C'eſt ce qui fit ajoû- ter à ce Romain, qu'il s'étonnoit, qu'une ville

Iambl. c. 12.

l. 1. c. 7.

l. 7.

Y v

pût subsister, où un poisson étoit plus prisé & plus cherement vendu qu'un Bœuf. Certes, tout bien calculé, la bonne chere demande beaucoup plus de satisfaction d'esprit, qu'on n'en reçoit-là;

Laberius.   *Angusta capitur tutior mensa cibus;*
& si l'ame ne trouve pleinement son compte, aussi bien que le corps, ce qui n'arrive guères dans ces grandes compagnies, je ne pense pas, qu'on puisse faire un bon & agréable repas.

Je me trouvai assis de bonne fortune auprès de l'ami, qui vous a le premier informé de ce festin, & qui n'y étoit pas avec moins d'impatience que moi. Considérant une si longue fête, il me recita tout bas le proverbe du sage Hebreu, *justus comedit & replet animam suam, venter autem impiorum insaturabilis.* Et certainement après une plenitude parfaite de nôtre part, & que nous eûmes vû boire & manger les autres au delà, à ce qu'il nous sembloit, des termes raisonnables, nous fûmes fort surpris de les voir de nouveau recommencer de sorte, que celui, qui vendit sa primogeniture pour un plat de lentilles, ne devoit pas être plus affamé, ni Lysimachus plus alteré quand il donna son Roiaume aux Getes pour une fois ou deux à boire. Tout

Sal. c. 13.

Plutar. de sera Dei vind.

de bon je ne sçaurois croire, que l'estomac des hommes soit uniforme, & il faut qu'ils diffèrent plus par les parties, qui servent au dedans à la digestion, que par le visage, & par toutes celles, qui les distinguent au dehors. Nous eûmes donc recours à une conversation particuliere, & parce que nous étions apparemment fort éloignés du dernier service, nous dîmes que si le précepteur de Trajan *de Sanit.* avoit bien nommé les questions poëtiques & *tuen.* les historiques *secundas mensas*, ou des pieces de dessert, les douceurs de la Sceptique nous en pourroient fournir un très agréable dans ce rencontre.

 Il me souvient d'abord, que sur une contestation survenuë touchant la bonté d'un mets, nous commençames à faire reflexion sur la varieté des goûts. Autrefois, dîmes nous, les Prêtres d'Egypte préferoient le pain sans sel à celui qui en a, *pane insulso vescebantur*. Une infinité de personnes au contraire le demandent salé, & ils ont pour eux la moralité qu'on tire de ce que les Anciens mirent Ceres & Neptune dans un même temple. Quelques-uns trouvent le poisson plus delicieux que la viande; des Médecins même l'ont quelquefois ordonné comme plus leger aux malades; & les Philosophes soûtiennent, qu'on s'en nourrit plus à propos & avec moins d'in-humanité que de la chair, à cause qu'il est d'un autre élement, & que nous n'avons nul commerce avec lui. Si est-ce que l'usage ordinaire va tout à fait contre cela, & l'on reçoit pour une maxime constante, que la chair est celle, qui nourrit la chair mieux que toute autre chose. N'a-t-on pas dit de l'un & de l'autre aliment, que la meilleure viande étoit celle, qui sentoit le moins la viande, & le plus friand poisson celui qui approchoit le moins du goût du poisson? Cependant on ne sauroit rien prononcer, qui découvre mieux la dépravation de nos bouches, qui ne savent ce qu'elles demandent, puisqu'il semble qu'elles cherchent & rejettent en même tems une même nourriture. Nous remarquâmes là dessus comme Varron avoit soûtenu conformément à cela, qu'il ne se trouve point de dessert mieux sucré, que celui qui sent le moins le sucre, *bellaria ea esse maxime mellita, quæ mellita non sunt*; mais c'est qu'il condannoit par cette façon de parler, qu'on achevât les repas avec des délicatesses, qu'on rendoit douces alors par le miel, comme à présent par le sucre. Tant y a que la vie Pythagorique, & que Platon nomme Orphique au sixiéme livre de ses Loix, est encore aujourdhui

[margin: 2 *Satur.* c. 8.]

en usage parmi une infinité de gens tant Payens que Chrétiens, qui s'abstiennent de manger des viandes. Aussi a-t-on écrit, il y a long tems, que l'homme n'avoit pas été créé avec les instrumens propres à se nourrir de chair; ce que Plutarque montre clairement dans son petit traité de la Sarcophagie, par sa conformation, & par toutes les parties de son corps, que la Nature emploie à cet effet. C'est peut être pourquoi l'Alcoran défend de manger d'aucun animal qui ait été tué, sans prononcer le nom de Dieu, comme s'il étoit besoin de lui demander pardon auparavant d'une action, qui d'elle-même paroit un crime. L'un des deux freres Hollandois, qui ont traité de la Médecine des Indiens Orientaux, assure, que vers Surate & Coromandel une espece de Pythagoriciens ne voudroient pour rien du monde s'alimenter de fêves rouges, ni de toutes les herbes, qui ont cette couleur approchante de celle du sang. Car ils n'ont vraisemblablement jamais oüi parler de la raison que donne Porphyre de cette abstinence Pythagorique, *quod caput pueruli, vel pudendum muliebre ex fabis nascatur, si in vas fictile humi per nonaginta dies conservetur.* Quoiqu'il en soit, c'est être bien Antipodes en mœurs comme en situation à ces Caribes

Iac. Boutius.

Malchus de vita Pyth.

anthropophages, & à tant d'autres nations, à qui toute forte de viandes font bonnes. Garcilaſſo de la Vega dit, que les Huancas préférent la chair de chien à toute autre viande, & nos Rélations des peuples de Canada portent, qu'ils les y engraiſſent pour cela ſoigneuſement. Le Pere Pelleprat aſſure dans la ſienne, qu'il y a des Tigres dans l'Amerique, dont l'on trouve la chair fort delicate, & qu'on y mange auſſi les Singes & les Guenons. Enfin ce qui eſt eſtimé le plus immonde en un lieu, paſſe pour un mets delicieux en un autre; & Maffée obſerve, que les Portugais aſſiegés dans une de leurs conquêtes du Levant, trouvèrent excellentes des Sauterelles, qui leur étoient venuës tout à propos pour les préſerver de la famine. Nous fimes là deſſus reflexions ſur l'innocente nourriture de ce Soſtrate, qui ſe contenta de lait durant toute ſa vie, ſans prendre aucune autre boiſſon ou pâture. Et pour preuve, qu'on ſe pourroit fort bien ſuſtenter ſans être carnacier, nous rapportâmes, comme les Sauvages Hurons, à ce que nous en diſent les Peres Jeſuites dans leurs lettres de l'année 1636. apprêtent leur bled en plus de vingt façons différentes, ne ſe ſervant pour cela que du feu & de l'eau. Tant il eſt aiſé, diroit Seneque,

hiſt. des Incas l.6.c.10.

2. Part.

hiſt. l. 3.

Plutar. l. 4. ſymp. qn. 1.

d'appaiser la faim d'un homme sain, & que de mauvaises habitudes n'ont point dépravé. Le voiage de Perse fait par Olearius nous assure, qu'on y trouve fort bon le Chenevis cuit & rôti dans les cendres, outre que ceux de ces quartiers-là croient, qu'il réveille leur nature en les empêchant néanmoins d'engendrer. Voulés-vous trouver des œufs excellens sans sauce, & les faire cuire sans feu, mettés les dans le creux d'une fronde, que vous tournerés promptement, & avec l'appetit des chasseurs de Babylone, qui ne les préparent point autrement, Suidas vous est garand sur le mot περιδινοῦντες qu'ils seront très bien cuits & de très bon goût. Il en est de même du boire que du manger. L'opinion & la coutume y font presque tout. Ceux qui ne boivent qu'à la glace font rafraichir en plein hiver leur boisson; & nous lisons même dans Plutarque ce myftere pour rendre plus froide l'eau que bûvoient les Empereurs, qu'on la faisoit devant chauffer au feu, afin que la neige, dont on l'environnoit après, agît avec plus d'action. La plûpart des animaux nous font voir, que l'eau la plus claire n'est pas la meilleure à boire; En effet, l'Histoire des Incas nous apprend, que par tout le Perou celle qui étoit un peu trouble passoit pour la

l. 6. symp. qu. 4.

l. 6. c. 4. plus faine. Ils obfervoient auffi de ne boire jamais en mangeant; mais feulement après le repas. Nous en dîmes bien d'autres fur ce fujet, & fur celui du Tabac, dont quelqu'un de la troupe nous eût infolemment infectés, s'il n'en eût été empêché. Je foûtins alors, que fi Raleg étoit le premier qui eût apporté dans l'Europe l'ufage de cette plante & de fes fumées, après la prife de la Virginie en mil cinq cens quatre-vint cinq, il avoit très mal mérité de cette partie du Monde, où fa mémoire devoit être en abomination. Mais enfin le tumulte s'étant fait grand, à caufe des paroles auffi mal prifes, qu'elles avoient été témérairement proférées, nous nous feparâmes & prîmes congé en demeurant d'accord enfemble de deux maximes, la premiere, *Prov. Sal.* que *melior eft buccella ficca cum gaudio, quam c. 17.* *domus plena victimis cum jurgio;* peu & paix. La feconde, qu'on ne fe repent prefque jamais de s'être abftenu de manger, non plus que de parler, mais qu'au contraire l'on a fouvent fujet d'être fâché de l'un ou de l'autre. Nous reconnûmes auffi, que les vapeurs des viandes avoient fait en quelques uns de la compagnie ce qu'on impute au vin, & que fans lui l'on fe peut enyvrer par cette ἄοινος μέθη, que les Latins nomment *abfque vino*

vino ebrietatem, ou, *citra vinum temulentiam*. L'homme n'est pas si heureux, que son cerveau ne puisse être attaqué que d'une façon.

REMARQUES GEOGRAPHIQUES.

LETTRE LXXXIX.

MONSIEUR,

Il est vrai qu'il se trouve beaucoup de Rélations Géographiques pleines d'impostures, & je serois bien fâché de cautionner celles de Mendez Pinto, & de Vincent le Blanc entre les modernes. Ce dernier, qui étoit Marseillois, me fait souvenir de l'ancien Pytheas du même païs, qui assuroit qu'au dessus de Thulé l'on ne trouvoit plus ni mer, ni terre, mais je ne sai quel corps composé de ces deux élemens, & de consistance semblable à celle du Zoophyte Spongieux qu'on appelle Poumon de mer, les Italiens lui aiant donné un autre nom beaucoup plus sale. Il soûtenoit que cette matiere étoit le lien de l'Univers, comme Strabon le rapporte au second livre de sa Géographie, & il avoit l'impudence d'en parler comme d'une chose qu'il avoit vûë. Ce bon Anachorete, qui se vantoit d'avoir été jusqu'au bout du Monde, disoit de même, qu'il s'étoit vû contraint, d'y ploier fort les épaules, à cause de l'union du Ciel & de la Terre dans cette extrémité. Mais comme l'on trouve beaucoup de contes fabuleux dans cette sorte de lecture, aussi faut-il avouer, qu'il n'y en a point de plus instructive, ni de plus digne de nous, puisque nous ne sommes au monde, que pour en contempler les merveilles, qui ne se voient nulle part ni en si grand nombre, ni si bien expliquées que dans ces livres de voiages, dont il me semble, que vous parlés avec un peu trop de mépris. J'avouë, qu'il les faut voir avec précaution, & se souvenir de ce qui se dit ordinairement des discours de ceux, qui viennent de loin, pour ne croire pas légerement, & afin de discerner le vraisemblable d'avec ce qui ne l'est pas. Ce doit être néanmoins sans cet... rude incrédulité de ceux, qui n'étant jamais sortis de leurs païs, se moquent de tout ce qui s'écrit des autres, *qui poco vede, poco crede*. Parce qu'ils sont accoûtumés à de certaines façons de vivre, ils ne peuvent s'imaginer, qu'on en pratique de contraires ailleurs, ou que la Nature agiſſe autrement quelque part, qu'elle ne fait chez eux.

Cependant cette même nature n'eſt pas dans l'uniformité qu'ils ſe figurent. Et d'autant que rien ne nous découvre ſi à nud ſes différentes faces, que les Itineraires dont vous faites ſi peu d'état, je veux vous entretenir de quelques obſervations, que j'ai faites dans deux ou trois, qui m'ont depuis peu paſſé par les mains.

N'eſt-ce pas une choſe étrange, que la longueur & la largeur de la mer Caſpie nous ait été expoſée juſqu'ici avec tant d'erreur, que toutes les Cartes donnoient l'une pour l'autre? Olearius les a rectifiées depuis peu, dans ſa Rélation de Moſcovie & de Perſe, nous faiſant connoitre, que l'étenduë de cette mer du Septentrion au Midi par ſix-vints lieuës d'Allemagne, fait ſa vraie longueur, comme ce qu'elle a du Levant au Couchant par autres quatre-vint lieuës ſemblables, conſtituë ſa juſte largeur; ce qui eſt abſolument contraire aux deſcriptions de toutes les tables Géographiques. Il donne auſſi fort à propos le démenti à ce Petreius, qui dans ſon Hiſtoire de Moſcovie faiſoit l'eau de la même mer noire comme de l'ancre, avec une infinité d'Isles pleines de villes & de villages; assurant que tout cela est faux, & que son eau est de la même couleur que l'eau des autres mers. Si vous y ajoûtés l'observation qu'il fait des deux fleuves, portant le nom d'Araxes, dont l'un se trouve en Médie, & l'autre dans la Perside, vous jugerés assez, combien la lecture de tels voiages peut être utile à l'Histoire, où l'on se trouve quelquefois bien embarassé, si l'on ignore la distinction, qu'il faut faire de ces noms semblables ou homonymes. Ainsi Pausanias a remarqué, qu'à cause que les premiers Grecs nommoient *Idas* les lieux couverts de haute futaie, l'on s'équivoquoit souvent en la situation du mont Ida, y en aiant de ce nom en diverses provinces. Et vous n'ignorés pas comme l'on a même confondu *Rodanum* & *Eridanum*, aussi bien que les Alpes & les Pyrenées, surquoi je vous renvoie aux traités qu'on a faits de telles bevuës.

Lib. 10.
Lipf. com.
ad Pl. pa-
neg.
Iof. Scal.
lect. Ans.
l. 2. c. 16.
Suar.
diatr. 2.
ad Naud.

Certainement le profit est joint agréablement au plaisir, quand vous voiés sans sortir de vôtre cabinet, comme une nouvelle Nature, qui se présente à vos yeux par la découverte de certains païs, dont les anciens n'eurent jamais de connoissance. L'on y voit tant de merveilles, & l'esprit en est quelquefois si agréablement surpris, que pour ne les pouvoir comprendre, Théophraste Paracelse s'imagina la création d'un second Adam pour l'Amerique. C'est ce qui a fait mettre aussi depuis peu sur le tapis des Préadamites, pour accorder beaucoup d'histoires profanes avec nôtre Sainte Chronologie & pour se démêler des difficultés qui naissent de ce qui se voit dans de nouveaux mondes. L'on remarque encore fort utilement les fautes que ces mêmes anciens ont faites dans des contrées, dont ils ont écrit sans être suffisamment informés. Vous savés, qu'on avoit toûjours fait la ville d'Alep plus Orientale que celle de Marseille de trois heures, ou de quarante-cinq degrés. *Gassen. vit. Peir. lib. 5.* Cependant les observations recentes obligent au retranchement d'une heure, & à ne mettre que trente degrés de distance entre ces deux lieux. L'erreur n'est pas moins importante que d'environ trois cens lieuës Provençales; tant l'estimation du chemin qui se fait par mer est sujette à de grands mécomptes. L'on tenoit pour constant, que les deux Poles se découvroient par ceux, qui étoient sous la Ligne équinoctiale. La lettre de Mandeslo, rapportée par le même Olearius, dont j'ai déja parlé, porte, qu'il perdit l'Arctique à six degrés de la Ligne, & qu'il ne vit l'Antartique qu'à huit; ce que la Rélation des guerres, faites au Brefil entre les Portugais & les Hollandois, confirme, celui, qui en eft l'auteur, affurant, qu'en cette pofition l'on ne voit ni l'un ni l'autre Pole, tant s'en faut, qu'on les découvre tous deux. Ce dernier ajoûte une chofe de la difficulté des vaiffeaux à paffer cette Ligne, parce qu'il faut monter en l'approchant; & de la facilité qu'ils trouvent à voguer quand ils font au delà, à caufe qu'ils defcendent; qui mérite bien d'être examinée, dans le peu d'apparence d'établir le haut & bas à une chofe liquide fur un globe tel que la terre & l'eau le conftituent. *Altum mare* parmi les Latins fe prend toûjours pour *profundum*, & l'exemple du flux des rivieres coulantes, ne fait rien dans ce fait des eaux de l'Ocean précifément fous la Ligne. Mais n'y a-t-il pas plaifir à être defabufé du faux Détroit d'Anian, qui eft une pure chimere; & de tant d'erreurs Géographiques, qui fe juftifient tous les jours, par les travaux de ceux, qui font voir fi commodément toute la terre après l'avoir couruë avec mille perils?

Horn. de or. gent. Aer. l. 3. c. 9.

Un des plus grands fruits qui s'en tire, c'eft d'y confidérer les grands changemens, que les Grecs ont nommés μετασχηματισμοὺς, & dont Strabon décrit fi bien les caufes au premier livre de sa Géographie. La Sainte Ecriture se contente de dire que la face d'un siécle passe & disparoit; mais celles de tant de siécles passés, & de tant d'autres qui se conçoivent dans la vaste étenduë de l'éternité, fournissent bien à l'esprit d'autres mutations, qu'il ne comprend jamais mieux, que par les Itineraires recens, comparés à ceux des anciens, & par la confrontation de leur Mappemonde à la nôtre. Vous savés comme Eratosthene soûtenoit autrefois, que l'Isthme d'Egypte, qui est le détroit de Suez, ne s'étoit fait que depuis que la mer se fut ouvert le passage de celui des Gades ou de Gibraltar. Avant cela non seulement l'Egypte, mais le mont Cassin même, & les arenes infertiles de Jupiter Ammon, si éloignées de la mer, étoient couvertes de ses eaux. Plutarque dit dans son traité de la Déesse Isis, que c'est pourquoi de son tems l'on trouvoit assez souvent des conques, & plusieurs petites sortes de coquillage dans les montagnes de toute cette région. Et il rapporte à ce propos au même lieu, que ce Phare célebre pour avoir donné le nom à tous les autres, & qui étoit éloigné du continent de l'Egypte au tems d'Homere d'une journée, se trouvoit attaché sous celui de Trajan à la terre ferme de la même province. Peutêtre

Strab. l. 1. Geo. & 17.

que de si notables changemens, qu'on y remarquoit, portèrent ses sacrificateurs, les plus savans de tout le Paganisme, à soûtenir ce que nous lisons dans Solin, qu'où étoit alors le couchant du Soleil, son lever y avoit paru autrefois. Pensée, qu'on peut voir encore dans la seconde Muse d'Herodote, qui dit, qu'en dix mille ans selon leurs regitres cela étoit arrivé diverses fois. Quoi qu'il en soit, Aristote a soûtenu depuis eux au premier livre de ses Météores, chapitre quatorziéme, pour expliquer, comme toutes choses sont dans un perpetuel mouvement, qu'on labouroit autrefois le terrain que la Mer couvre présentement, & qu'il recevra encore quelque jour la même culture. Mais ce, qui nous empêche, dit-il, de bien concevoir ces grands changemens, c'est que nous ne portons pas nôtre vuë assez loin, ne regardant que peu d'années, βλέποντες ἐπὶ μικρὸν, ce qui n'est pas capable de nous découvrir les grands effets d'un tems immemorial, pour ne pas dire de l'Eternité, qu'il présupposoit. Si est-ce qu'il observe une chose fort sensible, arrivée dans son païs, par un espace d'années assez court pour un si grand effet: C'est, que du tems auquel Troye subsistoit encore, *Trojanis temporibus*, la contrée des

cap. 32.

Argives étoit entierement marécageuse, & celle des Myceniens fort aride, tout le contraire se voiant lors qu'il écrivoit. Je laisse à part les *cataclismes* ou deluges, & les *ecpyroses* ou embrasemens, qui font l'Hiver & l'Eté de cette grande année ou revolution céleste, dont parle Censorin. Tertullien veut, que les premiers soient comme une lexive géné- rale aux crimes des hommes, & l'on peut dire par une semblable figure, que le feu des derniers acheve de purifier, ce que l'eau n'a- voit pas suffisamment nettoié. Mais puisque les causes du flux & reflux journalier de l'O- cean, n'ont pas excité de moindres mouve- mens que les siens dans nos écoles, l'émotion des esprits sur ce sujet aiant égalé ses plus vio- lentes marées; je ne croi pas, qu'on puisse faire de raisonnables fondemens sur des perio- des si longues, & par là si incertaines & si peu connuës que sont celles, qui ne s'ache- vent qu'en quarante-neuf mille ans. J'aime mieux pour appuier tout ce discours, vous faire souvenir de ce païs conquêté par la mer de Hollande, où vous avés pû voir la pointe des clochers de trois villes, Bucha, Harles, & Exclusa, qui servent aujourdhui de Palais aux Tritons & aux Nereides. Si vous n'ai- més mieux, sans sortir de France, prendre

l. de die nat. c. 18.

Z v

garde dans nôtre Histoire aux embarquemens maritimes qui se faisoient autrefois à Montpelier, & juger là dessus combien toute la côte du Languedoc doit avoir changé, vû la grande distance de la mer où est présentement cette agréable ville.

Or sans faire de si profondes spéculations sur le système Géographique touchant ces grandes mutations du Monde, les seules moralités, qui se tirent de tant de différentes façons de vivre, qui s'y observent, & que les Itineraires n'omettent guères à nous représenter, fournissent des reflexions à une ame un peu Philosophique, dont l'utilité & le contentement ne se comprennent que par ceux, qui les savent pratiquer. Je vous en rapporterai deux ou trois de celles, que ma mémoire tirera de mes dernieres lectures. Les festins de Perse commencent toûjours par les fruits & par les confitures qui finissent ici nos repas; après quoi l'on présente les viandes toutes coupées, car les Perses ne se servent point de couteaux à table. Olearius qui le rapporte pour s'y être souvent rencontré, ajoûte, qu'ils ne trouvent rien si beau que d'avoir les ongles jaunes, ce qui est cause que les jours de fête ils ne manquent guères à se saffraner les pieds & les mains. Il dit aussi qu'en Moscovie les grands & les petits sont habillés d'une même façon, ce qui se pratique aucunement à Venise: Et que depuis le grand Knees jusqu'au dernier de ses sujets ils dorment tous après le diner, faisant *la fiesta* à l'Espagnole, de sorte, qu'alors toutes les boutiques de Moscow sont fermées. Le faux Demetrius, si nous en croions cet Auteur, fut en partie reconnû pour étranger, parce qu'il ne dormoit pas comme les autres à cette heure accoutumée. La seconde partie des Rélations du Pere Pelleprat m'a fait savoir, que les danses, qui sont un témoignage de joie & d'allegresse presque à toutes les autres nations, sont un signe de deuïl & de tristesse aux Americains méridionaux, qui emploient aussi les pleurs & les gémissemens aux occasions gaies, comme à l'arrivée de leurs amis, où les larmes sont prises pour des remarques de réjouïssance. En vérité l'homme est un bizarre animal, & que les différentes coutûmes maitrisent d'une étrange façon. Elles sont si puissantes sur lui, qu'en un même lieu elles font approuver pour quelque tems ce qui avoit été auparavant detesté. Le peuple Romain, après s'être plû au gouvernement despotique, témoignoit ensuite tant d'aversion pour la Roiauté, qu'il ne pouvoit souffrir le seul nom de Roi; & on le vit quelques siécles après consacrer ses Empereurs, *lib. 2. de bell. civ.* selon la remarque d'Appien Alexandrin; Rome devenant le lieu du monde de la plus basse & infame servitude.

C'est tout ce que vous aurés de ma Sceptique. Mais je veux ajoûter ici, pour confirmation de ce que je vous ai écrit dès le commencement, que je m'empêche bien de recevoir indifféremment pour bon tout ce que je lis dans beaucoup de Rélations. Qui ne riroit de voir soûtenir, que les Géorgiens, habitans de l'ancienne Iberie, dite aujourdhui Gurgistan, sont ainsi nommés à cause de leur dévotion à Saint George, après avoir vû leur *Pl.l.6.c.13.* nom *Georgi* dans Pline & dans Pomponius *Mela l. 1.* Mela? Qui ne se fût moqué de Posidonius, *c. 2. Str.* quand il assuroit, si Strabon ne lui a rien im-*l.3.* posé, que le Soleil se plongeant le soir dans l'Ocean occidental, lui causoit une ébullition semblable à celle de l'eau où l'on éteint une barre de fer bien rouge? Ce qui est cause peut être que Florus s'est licentié d'écrire, *l. 1. c. 17.* que Decimus Brutus étant en Portugal, entendit avec une horreur réligieuse ce bruit de l'extinction du Soleil dans la mer Atlantique. Nous lisons une infinité d'impertinences & de rêveries semblables, dans beaucoup de voiages, qui s'impriment tous les jours. Mais il ne s'en faut pas rebuter absolument pour cela, parce qu'ils ne laissent pas, comme le bien & le mal sont mêlés par tout, d'avoir plusieurs choses considérables d'ailleurs, & dont l'on peut faire son profit en excusant les autres. Il est besoin aussi de bien prendre garde, que nous ne rejettions comme vain & ridicule ce qui nous paroit tel d'abord parce qu'il nous est nouveau, & que ne l'aiant pas assez examiné nous n'en avons pas encore reconnu les véritables causes. En voici un exemple, qui vous éclaircira nettement ma pensée. Un de vos amis aiant ouï rapporter, *Mandeslo* que selon quelque Rélation moderne, l'on *l. cit. 1.* cueilloit des huitres dans l'Isle de Madagascar sur des Orangers & Citronniers, qui fournissant encore le suc de leurs fruits, donnoient par ce moien un fort agréable déjeuner à ceux, qui s'y trouvoient, ne pût s'empêcher de railler d'un conte, qui lui sembloit si ridicule. Cependant lors qu'on lui eût expliqué, comme ces arbres venoient là naturellement sur le bord de la mer, qui les couvrant de son flux laissoit assez souvent à son retour des huitres pendantes à leurs branches où elles s'étoient attachées, ce qui arrive de même en plusieurs lieux de l'Amerique, il fut contraint d'acquiefcer avec quelque confufion à la vérité de l'obfervation. Je m'affure, qu'il n'eût pas eu moins de repugnance à croire, que des quatre fortes de crapaux, qui fe trouvent en Canada, l'une fe branche fur les arbres comme font les oifeaux, dont même ils imitent en quelque maniere le chant par leur cri. *Rel. Ief.de l'an 1646.* Et néanmoins c'eft une chofe atteftée par diverfes perfonnes, qui ont décrit nôtre nouvelle France. Certes un grain d'Epoque eft un fouverain & merveilleux préfervatif, foit contre la trop grande facilité à tout croire, foit contre cette préfomtueufe & témeraire façon de nier tout ce qui ne tombe pas d'abord fous nôtre fens.

D'UN
AMOUR ILLICITE.

LETTRE XC.

MONSIEUR,

La Lettre de vôtre ami, que vous m'avés envoiée m'a fait rire comme vous l'aviés prévû, de ſes caprices amoureux, mais les queſtions que vous me faites là deſſus ſont ſi nombreuſes, que j'ai bien de la peine à me reſoudre de vous y répondre, encore ſera-ce ſi ſuccinctement, que je ne prétends pas employer plus de lignes pour cela qu'en contiennent vos demandes.

Ses tours de ſoupleſſe ne vous doivent pas étonner, quoique d'ailleurs il ne ſoit pas des plus ſubtils. L'amour eſt le plus inventif de tous les Dieux, & Mercure même ne l'a jamais été avec tant d'adreſſe, que quand le feu de Cupidon l'a éclairé. Souvenés-vous, que la mere de ce petit Dieu fut ſurnommée par les Grecs μηχανίτις, *machinatrix*, parce que, dit Pauſanias, il n'y a rien que Venus ne ſoit capable de nous faire machiner ou inventer. *Lib. 8.*

Le mot de vénération, que vous trouvés qu'il emploie avec trop de profanation à l'égard de ſa maitreſſe, eſt véritablement de meilleur uſage ailleurs. Mais ſouvenés-vous que les Latins ont dit *venerari* pour *Venerem exercere*, & que leurs Grammairiens l'ont derivé de ce qu'autrefois les femmes ſe proſtituoient par devotion dans les Temples de Venus. Cela ne vous paroitra pas fort difficile à croire, quand vous conſidérés qu'encore tous les jours aux Indes Orientales, des plus notables matrones s'abandonnent aux premiers venus dans de certaines Pagodes ou chapelles, au profit des Idoles qu'on y adore; ce que toutes les Rélations modernes confirment.

Or puisque cette même Déesse a toûjours été mise entre les étoiles errantes, pourquoi demandés-vous de la fermeté dans une passion pleine de légereté & d'inconstance? Une femme ne fait que suivre sa nature, quand elle partage ses affections. Elle vous dira, qu'elle ne varie jamais en ce point d'aimer tout ce qui lui plait. Et celle particulierement dont il est question, vous accusera de lui donner du blâme, où elle mérite des éloges, pour savoir mêler l'utile, qui n'est pas toûjours en même lieu, avec le plaisant & l'agréable, qu'elle tient inseparable du premier. Soiés assuré, que quand les Philosophes ont prononcé leur axiome, que la Nature se contente de peu, ils n'ont pas voulu parler de celle, dont je vous écris. Enfin que pouvés-vous raisonnablement reprocher à une créature, qui a voulu changer la rude monarchie d'amour, en une douce & libre democratie?

Cependant vous deplorés la condition de ce pauvre amant; *quasi vero hæc sacra aliter constarent*, & comme s'il n'y avoit pas toûjours

jours de l'amer dans l'amour, auſſi bien que de l'alluſion entre le ςέργειν, & le ςέγειν des Grecs, l'aimer & le ſouffrir, qui ne différent que d'une lettre ſeulement ſelon la moralité de Plutarque. Les mêmes yeux, qui coulent ſi doucement dans l'ame la paſſion d'amour, ne manquent guères à ſe remplir de larmes bientôt après, *iisdem oculis quibus amatur, & fletur*. Et la plûpart des femmes ſe plaiſent au jeu de cette Phryné, qui lui acquit le ſurnom de *Clauſigelotos*, parce qu'elle faiſoit rire & pleurer quand il lui en prenoit phantaiſie. Je me ſouviens d'avoir lû, que cette Venus, dont nous avons déja tant parlé, étoit l'ainée des Parques, comme pour dire, ce me ſemble, que c'eſt l'amour, qui fait toutes nos bonnes & nos mauvaiſes deſtinées. Le lit, qui commence les unes, ſouvent les renverſe, ou le tombeau les termine; ce qui a donné lieu à cette vieille épigramme, qu'une femme n'étoit bonne qu'en l'un ou en l'autre de ces deux lieux, *vel in thalamo, vel in tumulo*. L'Ourſe eſt dans le Ciel une des plus belles conſtellations, qui s'y remarquent, quoiqu'on ne voie guères de plus fâcheux ni de plus cruel animal qu'elle ſur la terre. Tant y a que ſi les plaiſirs d'une jouïſſance paiſible ſont fort doux, les diſgraces du contraire, &

Athen. lib. 13.

Pauſan. l. 1.

les rages sur tout de la jalousie, sont encore plus sensibles. De là vient cet appetit de vengeance, qui travaille, dites-vous, si cruellement vôtre ami. N'est-ce pas l'interprétation du tableau des Smyrnéens, qui donnoit à leur Nemesis des ailes de Cupidon, pour nous apprendre, qu'il n'y a point de personnes plus vindicatives, que celles, qui sont dans les transports de l'amour?

<small>*Pausan. ib.*</small>

Cette peinture me porte à vous en représenter une autre, pour répondre à l'étonnement, que vous donnent les inclinations mal placées de cette créature, qui excite tant de troubles. L'on voioit dans la ville d'Egire auprès de la statuë de Cupidon celle de la Fortune, qui tenoit une corne d'abondance; ce qui fut pris par les anciens pour un avertissement, que cette aveugle & inconstante Déesse étoit plus puissante en amour, que toutes les graces ni toutes les gentillesses, qui sont souvent contraintes de lui ceder. Le mot de Quintilien est notable là dessus, *proprium est profanæ libidinis nescire quo cadat*. Et nous en avons vû des preuves depuis peu en la personne d'un Prince d'Ethiopie, dont vous n'ignorés pas l'histoire divertissante. Tenés pour assuré, que jamais barque de passage, ni bateau public, ne fut si libre d'en-

<small>*Id. l. 7.*</small>

trée à tous venans, que le font des personnes de l'humeur, & de la condition de celle, dont nous nous entretenons.

Je ne prétens pas vous faire rien perdre pour cela de la bonne opinion que vous avés de sa complaisance. Je sai qu'elle a eu la même curiosité qu'Athenée attribuë à ces Courtisanes Grecques, qui joignoient la connoissance des Mathematiques à celle de toutes les autres belles lettres, pour n'être pas moins estimées par la gentillesse de l'esprit, qu'elles l'étoient par les graces du corps, capables toutes seules de les faire rechercher. Et le ménagement de ses faveurs, que vous assurés qu'elle a eu l'artifice de si bien distribuer. mérite qu'on la compare à celle qui fut surnommée *la clepsydre*, c'est à dire *l'horloge*, pour ne se laisser jamais posseder par ses amans, qu'autant de tems qu'elle leur en marquoit sur ces anciennes horloges d'eau, qui couloient toûjours trop vite à leur gré. Si est-il difficile d'excuser vôtre ami, de s'être embarqué si avant dans une affection, qui a des suites si perilleuses; si ce n'est, qu'il préfere à toutes nos coutumes celle d'une province du Perou, où l'Histoire des Incas nous apprend, qu'il n'y a point de filles qui trouvent mieux ni plûtôt à se marier, que celles, qui sont les plus diffoluës & les plus abandonnées à qui en veut. *Miraris fi aliquis non fapienter amat, cum incipere amare non fit fapientis?*

Mais pourquoi me voulés-vous obliger à vous dire mon fentiment fur une chofe que Jupiter ni Junon n'euffent jamais voulu demander à Tirefias, s'il n'eût éprouvé ce que l'un & l'autre fexe a de plus particulier comme aiant été de tous les deux? Je vous renvoie là deffus à la folution dont Phlegon Trallien nous a voulu faire part dans fes curiofités admirables. *Cap. 4. de rebus mirab.* Elle porte qu'en divifant en dix portions égales la volupté qu'on propofoit à Tirefias, il avoüa pour l'avoir experimenté, qu'il n'en venoit qu'une feule portion au partage de l'homme, les neuf autres étant de celui de la femme. En vérité vous étes un peu trop licentieux fur cette matiere, & je vous fupplie de confidérer que les Philofophes Cyrenaïques, *Plutarq. contr. Epic.* qui mettoient le fouverain bien dans une volupté beaucoup plus fenfuelle que les Epicuriens, defendoient néanmoins, qu'on fit l'amour à la lumiere, de crainte que les images du plaifir demeurant dans la phantaifie, n'en renouvelaffent trop fouvent l'appetit. Tant il eft vrai, qu'on ne fauroit affez éloigner fon efprit de la confidération des chofes, où la pudeur & le devoir ne veulent pas que nous arrêtions nôtre attention.

Laiſſons donc là toutes ces prouëſſes voluptueuſes de vôtre ami, avec celles qui vous font préferer une des nuits d'Hercule à ſes douze labeurs. Il doit être ſelon que vous le décrivés, du naturel des Perdrix mâles, qui s'engraiſſent à couvrir les femelles, ſi nous en croions Plutarque dans la vie de Solon. Si eſt-ce qu'il a prodigué une choſe *De ſtud.* dont la proportion eſt telle avec le ſang ſelon *ſanit.* Marcile Ficin, qu'il vaudroit mieux perdre quarante fois autant du dernier. Tant y a que c'eût été un excellent homme pour les feſtins d'Heliogabale, où Lampride aſſure qu'il y avoit vint-deux ſervices, & qu'à chacun cet infame Empereur faiſoit jurer ſes convives, qu'ils avoient contenté leur volupté avec des femmes dont la proſtitution faiſoit une partie de ſa bonne chere. Vopiſque rapporte une lettre de Proculus, qui n'eſt guères plus honnête, quand il aſſure Metianus, qu'aiant pris cent filles Sarmates ou Polonnoiſes, il en avoit dormi avec dix en une nuit, faiſant meriter dans la quinzaine le nom de femmes à toutes les autres. Et j'ai bonne memoire d'avoir lû dans Belon, que Mahomet avoit af- *Lib. 3. c. 9.* faire en une heure à onze femmes qu'il avoit.

Mais c'eſt trop s'arrêter en un ſi vilain endroit,

Maxim. eleg. 5. *Contrectata diu crimina crimen habent.*

Et puiſque de tous les animaux l'homme ſeul eſt capable de pudeur, ne perdons pas nôtre avantage en nous en éloignant par des propos qu'elle ne peut ſouffrir. Il n'y a que ces tems de Saturnales, que vous puiſſiés prendre pour excuſe de ceux de vôtre lettre, qui m'ont comme extorqué cette réponſe.

Ce que vous ajoûtés en apoſtille du raviſſement de cette autre mignonne, me fait croire que l'on ſera bientôt d'accord. En effet pour une Lucrece, & une Virginie, inflexibles & acariâtres, il y a toûjours une infinité de Sabines qui s'accommodent doucement avec leurs raviſſeurs.

DES VILLES REMARQUABLES.

LETTRE XCI.

MONSIEUR,

Je ne penſois pas que ce que je vous écrivois du ſejour d'une ville, où la Cour vient aſſez ſouvent, me dût obliger à vous dire mon ſentiment de beaucoup d'autres comme vous le deſirés. Mai par où commencerai-je? S'il faut ſuivre l'ordre du tems, & parler premierement des plus anciennes, l'on ne doit point douter que par le texte ſacré celle que Caïn bâtit à l'Orient de la terre d'Edem, & qu'il nomma Henochie à l'honneur de ſon fils Henoch, ne mérite le premier rang. Si eſt-ce que Thébes Egyptienne, autrement dite Dioſpolis, & Hecatonpyle, pour la diſtinguer de la Bœotique nommée ſeulement par Pindare Heptapyle de ſes ſept portes; cette premiere Thébes, dis-je, s'attribuë l'honneur de l'antiquité dans l'Hi- *Menander l. 1. de* stoire profane: Et si les Grecs en sont crûs, les Athéniens étant nés avec le Soleil, la ville d'Athénes prendra le même avantage; ou bien celle des Arcades, qui se disoient un peu plus anciens que la Lune. Je pense que cette derniere se nommoit Lycosura, car Pausanias, qui la met en Arcadie, assure que c'étoit la plus vieille qui fût au monde, comme celle que le Soleil avoit vuë la premiere de toutes, & à l'exemple de laquelle toutes les autres furent depuis bâties. Je ne dis rien de Delphes, parce que ces mêmes Grecs se sont contentés d'assurer, qu'elle étoit fondée aussitôt après le Déluge. Il semble qu'à parler sans autorité, & sur la seule vraisemblance, puisque les Philosophes ont cru, que les premieres maisons des hommes ont été les antres & les cavernes, on peut s'imaginer que les premieres villes se formèrent en des lieux soûterrains, où la nature de la place permit qu'on cavât diverses demeures. Il s'en voit encore aujourd'hui en quelques endroits de l'Ethiopie, qui sont peutêtre les mêmes dont Hérodote a parlé dans sa troisiéme Muse. Quoiqu'il en soit, François Alvarez nous décrit une ville au païs des Gorages Troglodytes de Nubie, toute caverneuse & taillée dans le roc; Ramusio disant le même

gen. dem. c. 15.

Lib. 8.

d'une des Volges dans un autre discours. Et *Lib. 2. de* Philostrate représente celle de Taxille pour *vita Apoll.* la plus grande de l'Inde Orientale, où de- *c.6.9. & 11.* meuroit le Roi Phraotes, & dont toutes les maisons étoient sous terre. Ceux, qui ont considéré des villages de cette même structure le long de la riviere de Loire & ailleurs, n'auront pas de peine à se figurer de semblables villes. Il est bien plus étrange d'en voir, je ne dirai pas au milieu des eaux comme Venise, Themistitan, Borneo, & tant d'autres mais élevées au sommet des arbres, comme Oviedo nous en décrit dans son sommaire des *Cap. 10.* Indes Occidentales & Herrera de même vers le lac, qu'il nomme Maracaybo. On ne *Cap. 18.* peut pas dire sans improprieté que celles-ci aient été fondées, & il faut trouver un autre mot que celui de fondateurs pour parler de ceux, qui les ont édifiées.

Quant au mérite des villes, j'aprens de *Orat. de* Ciceron que les Romains n'en reconnurent *lege Agr.* que trois dans le monde, capables de soûtenir le faix d'un grand Empire, & de s'en rendre capitales, Carthage, Capouë, & la four- *Lib. 8.* cilleuse Corinthe, puisque Strabon nous ap- *Geogr.* prend, que c'étoit l'épithete ordinaire de cette derniere, & que la situation de son Acrocorinthe la rendoit comme une forteresse de

A a v

toute la Gréce, où elle a mérité seule, qu'on dit, qu'il n'étoit pas permis à un chacun de l'aborder, *non omnibus licet adire Corinthum*. Aussi furent-elles toutes trois ruinées par la jalousie, que les mêmes Romains en prirent, quoique Capouë & Corinthe ne fussent ni des plus grandes, ni des plus peuplées. En effet Athénes étoit toute autre chose qu'elles à cet égard, puisque son tour n'étoit pas moindre de deux cens stades, ou de vint-cinq milles, les fauxbourgs compris & le port de Pirée, comme nous l'apprenons de Dion Chrysosto-
Orat. 6. me. Surquoi vous vous souviendrés de l'observation de Polybe, que les villes, qui ont le plus de tour, & de montre, ne sont pas pour cela les plus grandes; parce qu'à l'égard de l'apparence, le penchant d'une montagne, qui les fait quelquefois beaucoup paroitre, ne contient pas plus de maisons qu'une plaine, vû qu'il les faut toutes élever à angles droits; & quant au tour, à cause que la figure de leur enceinte trompe ordinairement ceux, qui n'y prennent pas garde. Car après avoir représenté dans son cinquiéme livre Sparte d'une forme ronde, qui est la plus capable de toutes, il assure au neuviéme, qu'encore qu'elle n'eût que quarante-huit stades de circuit, elle étoit néanmoins deux fois aussi

DES VILLES REMARQUABLES. 379

grande que Megalopolis, qui en avoit cinquante. Megalopolis est cette vaste cité d'Arcadie, qui devint deserte de telle sorte, qu'elle donna lieu au proverbe, *magna civitas magna solitudo*. Mais il faut se moquer de la grandeur de toutes les villes anciennes & modernes, si on les compare à celle de Pequin, qu'on peut appeller sur cette considération comme fait un Auteur Espagnol, la Métropolitaine de tout le monde. Et certes ce n'est pas seulement Mendez Pinto qui dit, qu'un homme à cheval & bien monté ne la peut traverser en un jour qu'à grande peine d'une porte à l'autre, & sans y comprendre les fauxbourgs; Herrera, Maldonat & assez d'autres lui donnent au moins trente lieuës de tour, dix de long, & cinq de large; & si ils tombent d'accord qu'autrefois elle étoit bien plus étenduë, aiant eu cinquante lieuës d'enceinte, dix-sept de long, & huit de largeur. Aussi lui ajuge-t-on quatre cens soixante-dix portes bâties entre de tours & des forteresses, qui paroissent inexpugnables; Trigaut ajoûtant, que douze chevaux peuvent courir de front aisément sur ses murailles. C'est donc d'elle qu'on peut dire à présent ce qu'écrivit autrefois de Babylone Philon Byfantin, que dans cette seule ville les bourgeois peuvent faire des voiages de long cours fans fortir de l'enclos de leurs murailles, *iſtic ſolum incolæ intra mœnia peregrinantur.* Quelques-uns la prennent pour celle de Quinſai, à qui Marc Polo donne cent milles de circuit; & Hornius aſſure, que c'eſt la fameuſe Cambalu. Rome, qui ſe diſoit la maitreſſe de l'Univers, n'a jamais eu tant d'étenduë. Auſſi n'étoit-il pas permis de l'accroitre, ni ſon *pomœrium*, qui regloit ſon enceinte, même du tems de ſa Monarchie, qu'après en avoir amplifié les Provinces. *Pomœrio nemini Principum licet addere,* dit Vopiſcus dans la vie de l'Empereur Aurelien, *niſi ei qui agri barbarici aliqua parte Romanam Rempublicam locupletaverit.*

L. 2. c. 67.
Lib. 4. de orig. Gent. A-meric. c. 3.

Le nom ſecret de l'ancienne Rome, que ſa Réligion defendoit de reveler, & qui étoit vraiſemblablement celui de Valence, me porte à vous parler de ceux de quelques autres villes, dont il me ſouvient; & vôtre amour pour les lettres me fera commencer par la plus lettrée, je veux dire par la plus ſavante de toutes. Elle fut nommée Athénes à cauſe de la pluralité de ſes femmes, y en aiant eu beaucoup plus grand nombre que d'hommes, comme cela s'eſt trouvé depuis à Veniſe, & ailleurs, ſelon l'obſervation de Bodin.

L. 5. Reip. c. 1.

Mais outre ce nom, changé aujourd'hui en celui de Setine, le Rhéteur Menandre nous apprend, qu'elle eût encore ceux de *Carth-mie*, de *Cecropie*, de *Acté*, & de *Attique*, comme Paris a eu celui de *Lutece*. Je ne m'amuserai pas à vous rapporter les différentes appellations de plusieurs autres villes, pour vous remarquer seulement que Jerusalem est celle de toutes qui en a le plus eu, puisqu'il s'en trouve neuf comprises en ce distique,

 Solyma, Lusa, Bethel, Ierosolyma, Iebus, Elia,

Urbs sacra, Ierusalem dicitur, atque Salem. Samarie sa competitrice fut ainsi nommée, si nous en croions Severe Sulpice, depuis *Lib. 1. hist.* que Salmanasser aiant transporté tous ses habitans dont il se défioit, y eût mis une colonie d'Assyriens pour la lui garder, parce qu'en leur langue des gardiens sont appellés Samarites. Alep, qui n'est pas fort éloignée de là, reçoit une étymologie selon Belon, que je ne voudrois pas garantir. Il veut, qu'à *L. 2. c. 102.* cause qu'elle est la premiere ville de sa region, comme l'Aleph des Hebreux & des Arabes est la premiere lettre de leur Alphabet, on l'ait ainsi nommée par allusion. La beauté de Suse lui a donné le nom de Lis dans Athenée, σȣσον, *lilium.* Et quoique Constan- *Lib. 12.*

tinople porte celui de Constantin, qui s'est peutêtre corrompu en cet autre de *Stamboul*; feu Demitien d'Athénes me soûtenoit, qu'il venoit de la contraction de ces trois paroles εἰς τὴν πόλιν, dont se servent les Grecs d'aujourd'hui, quand on leur demande, où ils vont *Des hayes.* lors qu'ils s'y acheminent. D'autres le derivent de *Istambol*, qui signifie abondance de fideles, Mahomet Second aiant ainsi nommé cette ville, quand il y transporta d'Andrinople le *L. 8. Afr.* siége de l'Empire des Ottomans. Jean Leon derive l'appellation du Caire du mot Arabe *Chaira*, qui signifie poule couvante ; Bergeron plus noblement du verbe *cahar*, qui veut *Exerc.260.* dire vaincre ; & Jules Scaliger de *Cairoam*, qu'il traduit concile ou assemblée. Il y en a qui l'ont nommée Babylone & Bagdad, non pas de la confusion des langues comme celle de Mesopotamie, mais à ce que dit l'Histoire Saracenique, traduite par Erpenius, du nom d'un Hermite, qui demeuroit là auprès, lors que le grand Almansor la fonda par l'avis de ses Astrologues l'an de nôtre supputation Chrétienne sept cens soixante-douze. Hornius m'apprend, que Carthage veut dire la *De Orig.* ville des Jardins. Fez dans le même Jean *gent. A-* Leon denote en Arabe, l'or, qu'on trouva, *mer.lib. 2.* *c. 4.* quand Idris jetta les fondemens de cette grande ville, à qui l'on attribuë six cens fontaines d'eau vive. Tripoli, dit Strabon, a son nom des trois villes qui la composèrent, Tyr, Sydon, & Arade. Tricala, ou Triocala de Sicile a cette étymologie Grecque selon Diodore, des trois choses remarquables qu'elle avoit, τρία καλά: comme le siécle, précedant le nôtre, en remarquoit, quatre, qui rendoient Thoulouse considérable, *16. Geog.*

  Le Basacle, Saint Sernin,
  La belle Paule, & Mathelin.

Famagouste de Cypre publie en Latin la renommée d'Auguste, depuis qu'il eut défait Antoine, *Fama Augusti.* Et l'exaltation des Isles & villes de Samos se juge parce que les Grecs nommoient les choses élevées σάμοι, c'est encore la pensée de Strabon. Nous avons de même le mot de *Dun,* en Chateaudun & autres semblables, qui marque en vieil Gaulois une pareille hauteur. Le savant & curieux P. Borel les a mis par ordre alphabetique, dans ses Recherches Gauloises. *Lugdunum* qui en est, signifie ou montagne des Corbeaux, si le mot est tout Gaulois selon Clitophon Rhodien, ou montagne de lumiere, si la premiere syllabe est Latine, ce que le docte Vossius n'a pas voulu déterminer. C'est la même chose des villes appellées *Ver-* *L. 8. & 10. Geogr.*

rues, qu'on voit toutes fur des montagnes, à quoi fe rapporte le feptiéme Chapitre du troifiéme Livre de Aulu-Gelle, où il obferve, que Marc Caton nommoit dès fon tems les lieux élevés *Verrucas*. D'ailleurs comme les Grecs ont eu leurs Neapolis, Palaiopolis, & autres, finiffant de même, nous apprenons de Nicolas Damafcene dans les extraits de l'Empereur Conftantin, que les Thraciens avoient leurs Mefembries, Selymbries, Polthymbries, & affez de femblables, le mot *brie* fignifiant ville, auffi bien que celui de *polis* des Grecs, & celui de *medine* des Arabes. Vous favés mieux que moi les origines tirées de la langue Allemande des villes de Bruges, Infpruc, Berghe, & plufieurs encore de même analogie. Pour celle de Terouënne, fon mauvais territoire l'a fait ainfi nommer en Latin, *Terra vana*, fi nous en croions Chifflet. Et pour paffer d'une extrémité de la terre à l'autre, Marc Polo explique le nom de cette grande Quinfai, dont nous avons déja parlé, *ville du Ciel*, comme celui de *Singui, ville de terre*. Celle de Saint Thomas, qui eft en ce quartier-là, prefque fur le golphe de Bengala, s'appelle *Calamina*, & *Maliapur*, c'eft à dire *ville des Paons*, à caufe de la multitude de ces animaux qu'on y voit.

De portu Iccio.

voit. *Malaca* la plus traficante & la plus riche ville du monde au rapport de Barbarofa (auffi la prend-on pour être dans la Cherfonefe dorée des anciens) fignifie *Exil* dans la langue qui s'y parle, comme étant la ville du monde, qui hors le commerce, eu égard à fon ciel & à fon terroir, eft le lieu le plus propre pour un fâcheux banniffement.

Mais laiffons les étymologies, qui ne font quelquefois que de fimples allufions, pour obferver, avant que de finir, quelques particularités, qui rendent des villes confidérables. Celles d'Ambrun & de Briançon font eftimées les deux plus hautes de l'Europe, la premiere fous le nom de cité, & la feconde fous celui de ville, car il y a des perfonnes, qui ufent de cette diftinction. J'ai de la peine à croire que cette ville *Diofcurias* de la Colchide ait été fréquentée, comme dit Pline fous la foi de Timofthene, par trois cens nations de langues différentes, & que les Romains y tinffent pour cela cent interpretes néceffaires au commerce qu'ils y exerçoient. Le raifonnement de Bodin ne me fatisfait pas non plus, quand il veut, que les villes, qui font de fituation haute & baffe, foient plus fujettes aux féditions que les autres, nonobftant fes réflexions fur Athénes, & fur les fept

L. 6. c. 5

Lib. 5. de Rep. c. 1.

montagnes de Rome. Gand n'a rien de tel, quoiqu'elle ait été autrefois très tumultueuse, lors qu'on remarquoit son amour ordinaire pour le fils de son Prince & son aversion perpetuelle à l'égard de son Prince même. Cardan avec Scaliger son antagoniste donnent trop à la Judiciaire, ce me semble, quand ils tombent d'accord, que *Astra condunt urbes, non homines*, sur quoi d'autres fondent l'éternité de Rome après Vegece, qui l'a nommée *urbem æternam*. Le Pere Alexandre de Rhodes, qui passa par Tauris en mil six cens quarante-huit, dit, que c'est la ville du monde, où tout est à meilleur marché. Il la fait très grande & très peuplée, comme capitale de Medie, assurant pour y avoir sejourné quinze jours, qu'il avoit là plus de pain pour un sol, qu'un homme n'en peut manger en une semaine. Un autre voiageur aussi recent que lui donne Amsterdam, pour la plus belle ville, qu'il ait vûë, Paris, pour la plus peuplée, Constantinople, pour la mieux située, Rome, pour la plus libre, Hispaam, pour la plus saine, Londres, pour la mieux polie, Sourat, pour la plus marchande, Venise, pour la plus noble, Hambourg, pour la mieux fortifiée, le Caire, pour la plus chaude, Babylone, pour la plus ancienne, Dantzic, pour la plus

3. part.
cap. 61.

Le Gouz.

bourgeoife, Arzerum, pour la plus froide, & Goa, pour avoir le plus beau havre ou port. Je fuis faché, qu'il ne nous a defigné celle, où font leur demeure les plus gens de bien & les plus vertueux, qui prévaudroit fans doute à toutes les autres. Demofthene allant en exil *Plutar. in Dem.* fut vifité par ceux même d'Athenes, qui lui avoient été le plus contraires; ce qui lui fit redoubler fes plaintes & fon affliction. Quelle ville je quitte, dit-il en foûpirant, où j'avois des ennemis tels, qu'à peine me puis-je promettre de trouver ailleurs des amis femblables & auffi officieux. Quoiqu'il en foit, tous ces avantages n'empêchent pas que le Roi des Arabes ne jure encore à prefent à fon élection de ne habiter jamais en ville, mais toûjours au defert fous des tentes; ce que me confirme un Itineraire moderne, après l'avoir lû dans beaucoup d'autres plus anciennes Rélations. *Itin. Ori. Carm.* Vincent le Blanc affure de même que le Negus d'Ethiopie fait ferment, en prenant fa couronne, de ne s'arrêter jamais plus de trois jours en aucune de fes villes. *2 part. c. 11.* Ce qui montre bien, que tous les hommes n'eftiment pas également le fejour des villes, pour belles qu'elles foient; que doit-ce être à plus forte raifon de la demeure des autres, qui reffemblent à celle, d'où je vous

B b ij

écris; En effet elle est telle, qu'à la reserve de ses eaux mal-saines, dont elle abonde, n'aiant d'ailleurs ni halles, ni cloitres, ni places publiques, qui recompensent la rigueur de ses mauvais logemens, ou qui puissent servir d'abri soit contre le Soleil, soit contre la pluie, on ne la sauroit mieux comparer, qu'à cette Panopée, que Pausanias décrit de la sorte: *Panopæum urbs Phocensium, si urbs vocanda in qua cives non prætorium, non gymnasium, non theatrum, non forum ullum habent, non denique ullum perennis aquæ receptaculum.* Je sai bien qu'il s'en trouve de plus disgraciées encore, & de plus à craindre qu'elle, *in quibus etiam mortui ambulant*, comme dit autrefois Stratonicus de celle de Caune. Strabon, qui fait ce conte, parle d'une autre ville qu'il nomme aussi *Necropolis*, parce qu'elle servoit de receptacle aux cadavres des Egyptiens, qui devoit être sans doute d'un plus fâcheux & plus desagréable sejour. Mais tant y a qu'on ne croit pas, que la Cour puisse s'arrêter dans un lieu moins commode ni moins plaisant, que celui-ci. Aussi, n'y sommes nous que par maxime d'Etat, & pour mieux reüssir dans ces grandes actions, qui vous font chanter si souvent le *Te Deum*, & mettre tant de lanternes à vos fenêtres, que cette

Strab. 14. & 17. Geograph.

Lychnopolis dont parle Lucien dans ses véritables histoires, n'en eût jamais davantage. Qui nous empêchera donc de nommer celle-ci une autre *Poneropolis*, ou ville de travail, opposée & comme Antipode à celle qu'Auguste appelle dans Suetone par derision à cause de sa faineantise ἀπραγέπολιν. Vous me pouvés accuser néanmoins de n'être pas ici fort occupé, quand je vous écris de si longues lettres. Mais que peut-on refuser à un ami tel que vous, & qui semble les exiger encore plus grandes?

Lib. 1.

Art. 91.

DE LA PRIVATION DE L'ODORAT.

LETTRE XCII.

MONSIEUR,

Si nos sens ont été bien nommés les fauxbourgs de nôtre ame, *animæ nostræ velut suburbia*, parce que rien ne peut pénétrer jusqu'à elle qu'après avoir passé ces deshors; je puis vous assurer, que la mienne a souffert depuis deux mois la ruine d'une avenuë par où elle avoit accoutumé de recevoir de grandes satisfactions. En effet une de ces defluxions du cerveau, qu'on appelle rhûmes, m'avoit tellement gâté par ses humidités gluantes & continuelles, ou l'os Ethmoide, ou les caruncules mammillaires, ou le nerf, qu'on veut, qui soit l'organe de l'Odorat, qu'il ne me servoit plus, que pour remarquer que j'étois destitué de cet agréable sentiment. Je parle ainsi avec ceux, qui croient, que tous les sens jugent non seulement de leurs objets, mais encore de leurs privations; la Vuë de la lumiere, & des tenebres; l'Ouïe des sons, & du silence; le Goût du savoureux, & de l'insipide; l'Attouchement du tactile & de l'intactile, ou du palpable & de l'inpalpable; & par consequent l'Odorat de ce qui a de l'odeur, & de ce qui n'en a point; quoique plusieurs veuïllent, que le sens commun soit le seul & vrai juge de toutes ces privations.

Ne pensés pas pourtant, que je m'affligeasse beaucoup là dessus. J'appliquois à mon défaut ce lénitif pris de la Morale, *qui minus gaudet, minus dolet.* Et si l'odeur des roses

& des œillets ne m'étoit plus rien, je m'imaginois que la puanteur des bouës de Paris, ni celle de tant de lieux, qu'il faut traverser même dans un Loûvre, ne me causeroit plus les dégoûts qu'elles donnent, ni les aversions que j'en ai euës. Je me consolois d'ailleurs par la consideration de ce que l'homme, étant de tous les animaux celui, qui a le moins d'odorat, à cause qu'à proportion de sa grandeur il a plus de cerveau, & par lui plus de raisonnement qu'aucun autre; l'on peut dire, que c'est une faculté peu considerable, & dont l'excellence tient plus du brutal, que de l'humain ou du spirituel. C'est de là que beaucoup donnent pour une marque certaine d'esprit tardif, la promptitude & sagacité à distinguer les odeurs; ce qui procede vraisemblablement de ce que le chaud & le sec font la perfection de cet organe, qui par consequent n'a rien de plus contraire que la froideur & l'humidité du cerveau; d'où l'on voit, que ceux qui l'ont plus sec que l'ordinaire, se trouvent avoir aussi plus de disposition à flairer que les autres. L'on a même observé pour cela, que les personnes de courte & mauvaise vuë, ont presque toûjours le nés excellent à sentir de loin & à discerner les odeurs, d'autant que l'operation de l'œil

Arist. l. 2. de an. c. 9. & de sens. cap. 4.

se faisant par l'entremise d'un froid humide, il y a une espece d'antipathie entre la vuë & l'odorat, qui fait que le défaut de la premiere est ordinairement recompensé par la bonté & l'excellence du dernier. Mais que dirés-vous si je vous ajoûte, que pour flatter davantage ma disgrace, je me faisois accroire, qu'il m'étoit glorieux d'avoir cela de commun avec le Lion, qui n'aiant pas assez d'odorat pour bien chasser seul, s'associe du Chat de Syrie, qui l'a excellent, & partage en suite avec lui la proie plus legalement que ne porte le proverbe de la societé Leonine? Je passois même jusqu'à me représenter, que les plus précieuses choses étant sans odeur, les perles, les diamans, & l'or même entre les métaux, il n'y avoit pas grand sujet de regretter un Sens, dont la privation ne nous ôte pas l'usage ni la réjouïssance de ce qui est le plus estimable, & nous exemte néanmoins du déplaisir de mille choses fâcheuses par leur puanteur. On met l'Abeille entre les animaux, qui donnent le plus d'instruction aux hommes, cependant toute amie qu'elle est des belles fleurs, elle ne peut souffrir les parfums où nôtre seul luxe a mis le prix, & si quelqu'une en contracte la moindre odeur, Aristote observe, que toutes les autres l'en

Lin. Orient. Carm. l. 2. c. 4.

De miræ ausc.

puniffent comme d'un crime. Voilà de quelle façon je tâchois de me rendre moins fenfible la perte, que j'avois faite, dans laquelle tout bien balancé, *& fi bene calculum ponas*, il n'y a pas plus de dommage que de profit. Je ne vous tromperai point, quand je vous affurerai y avoir éprouvé celui ci depuis peu, que m'étant purgé par précaution je n'eus point ce foûlevement de cœur, qu'avoit accoutûmé de me caufer l'odeur du Sené & de la Rhubarbe, dont étoit compofée ma médecine, qui ne me fut pénible qu'au Goût en l'avalant.

L'on n'en peut pas dire autant des autres portes de l'ame, puifqu'on appelle encore ainfi ces organes. La Vuë nous fait remarquer tout ce que le Ciel & la Terre ont de beau. L'Ouie eft le fens des difciplines, qui communique à l'efprit ce qui nous met au deffus du refte des animaux. Le Goût, & l'Attouchement, pour ne rien exaggerer davantage, ne fe peuvent abfolument perdre qu'avec la vie. Mais quant à l'Odorat, c'eft fi peu de chofe, & les contentemens, qu'il nous donne font fi peu confidérables, qu'encore un coup comparés à ce qu'il nous fait journellement fouffrir, à peine jugerés-vous qu'on en doive regretter la privation. Ne penſés pas me dire là deſſus que le nés eſt une partie tellement conſidérable, qu'on dit par figure des choſes impertinentes, ou qui ſont deſtituées de tout agrément, qu'elles n'ont point de nés. Je ſai bien, que Salomon en a donné un à l'Epouſe dans ſon Cantique, qui témoigne ſon importance, *Naſus tuus ſi-* Cap. 7. *cut turris Libani quæ reſpicit contra Damaſcum:* Et que Moïſe aiant attribué à Dieu même des narines bien fenduës & ouvertes, Saint Cyrille penſa être lapidé par ſes moines, quand il voulut ſoûtenir contre les Anthropomorphites, qu'à le bien prendre Dieu n'avoit point de nés. Mais l'on peut vous répondre à cela, que la dépravation ni même la perte de l'Odorat, ne ſont pas celle du nés, qui a beaucoup d'autres uſages. Je ne l'ai jamais trouvé moins commode aux autres choſes pour le défaut de ſa ſenſation. L'on ne laiſſe pas de flairer au contraire après en être privé, comme le fut par le Roi de Perſe ce peuple de Syrie, qui fit nommer Rhinocolure le lieu, Diod. où il reçut cette mutilation. Et ſouvenés-Strabo. Se- vous des raiſons, que donne le Guazzo dans neca 3. de ſa civile converſation, pourquoi Petraque n'a ira cap. 20. Lib. 4. jamais loüé ſa belle Laure de la ſtructure ni de l'excellence de ſon nés.

Tant y a qu'on peut fort commodement

vivre & sans disgrace dans la privation de ce sens, comme nous faisons peutêtre dans celle de quelques autres, dont jouïssent apparemment de certains animaux. Car n'y a-t-il pas raison de croire, que ceux d'entre eux, qui connoissent, pour s'en prévaloir, la force des Simples, en s'en approchant, le font par un sixiéme Sens, qui nous manque, & qui leur fait pénétrer jusques dans les qualités occultes, formelles & specifiques, où nous ne voions goutte? Et pourquoi limiter au nombre de cinq, ce qui peut être restreint au seul Attouchement, sans lequel il ne se fait aucune sensation? Ou qui peut être amplifié de cet autre Sens, qui nous donne le plaisir des Voluptés Veneriennes, qui ne sont pas moins différentes du Tact ordinaire, que le goût, & qui ont aussi leur partie, où elles resident, comme les saveurs se goûtent par la langue ou par le palais de la bouche? En vérité la doctrine reçûë, plus qu'elle n'est examinée, de l'Ecole, exerce quelquefois de grandes tyrannies sur nos esprits.

Il ne faut pas perdre une si belle occasion de faire valoir la Sceptique. Qui pourroit accorder ici, dit nôtre Sextus, le Persan & l'Ethiopien? Le premier demande un nés blanc & long; l'autre n'estime que le noir & *adv. Mathe. 446.*

le camus. D'ailleurs les bonnes odeurs semblent être recherchées de tout le monde, les Temples pour cela en sont souvent remplis; & Dieu même souffrit, que la Magdelene mit des parfums à ses pieds, pour un sujet bien différent de celui, qui portoit Diogene à en user de même. Socrate d'un autre côté les condanne dans le convive de Xenophon. Vespasien refuse une charge à un jeune homme parfumé, protestant, que s'il eût senti l'ail, il lui eût été plus agréable. Pline nomme les parfums des voluptés étrangeres, parce que ceux, qui les portent, ne les sentent presque pas, & comme il parle d'un Proscrit, qui ne fut attrapé qu'à la piste de leur odeur, dont il étoit rempli, Paul Jove dit, que ce Roi de Tunis Muleasses, qui mangeoit tous ses mets parfumés; fut pris de la même façon par ses ennemis. Mais comment definirons-nous une bonne odeur, si la Panthere, qui porte ce nom de ce qu'elle attire par son agréable exhalaison toute sorte de bêtes, ne fait rien de tel à l'égard de l'homme; ce qu'Aristote a observé dans ses problemes. Plutarque assure dans ses préceptes du mariage que les parfums font enrager les Chats. Et il n'y a que l'homme seul, qui fasse cas des plus douces fleurs de nos parterres, indiffé-

Marginalia:
Laërtius in vita Diog.
Sueto. in Vesp.
Lib. 13. c. 3.
Lib. 44.
Sect. 13. qu. 4.

rentes au reste des animaux. Comme je m'assure, que ces quatre colombes saupoudrées de parfums, & frottées de liqueurs précieuses, qu'Athenée dit, que les anciens faisoient voler dans des lieux, qu'ils vouloient remplir de bonnes odeurs, n'étoient nullement touchées quant à elles de l'agréable senteur, qu'elles distribuoient. Nous ne nous accordons pas même entre nous à cet égard. Le Musque passe pour un poison dans Babylone. L'encens des Arabes Sabéens leur devient à la longue plus importun qu'à nous le *Nasturtium*, ou Cresson alenois, qui n'est ainsi appellé, dit Pline, que du tourment, qu'il donne aux nés, qui s'en approchent, *à narium tormento;* comme il est dit Cardame en Grec, du déplaisir, dont il afflige le cœur. Et Ciceron assure que Verres trouvoit l'odeur d'un Apronius fort à son goût, quoiqu'il fut l'aversion du reste des hommes, & des bêtes mêmes, qui ne pouvoient souffrir la puanteur de sa bouche, non plus que de toutes les autres parties de son corps, *odor Apronii teterrimus oris, & corporis, quem, ut aiunt, ne bestiæ quidem ferre possunt, uni Verri suavis est.* En voilà assez pour un homme, qui n'est que depuis peu de jours *emunctæ naris.*

Lib. 5.

L. 19. c. 8.

Lib. 5.

RAPPORTS DE L'HISTOIRE PROFANE A LA SAINTE.

LETTRE XCIII.

MONSIEUR,

L'on ne sauroit trop détester les impies, non seulement par le motif d'une vraie réligion, mais encore par ce principe de Morale, que ceux, qui manquent de foi à Dieu, ne se soucient guères de la garder aux hommes ; & ne rendant pas au premier, ce qui lui est dû ne s'acquittent jamais volontiers de ce qu'ils doivent aux autres. Mais en vérité la superstition & le faux culte, qui sert de couverture aux crimes, *ubi Deorum numen prætenditur sceleribus*, selon les termes de Tite-Live, ne mérite guères moins d'aversion. C'est pour cela, dit Clement Alexandrin, que Moïse defendit l'entrée du Temple aussi bien aux Bâtards, qu'aux Eunuques, entendant par ceux-ci les francs Athées, & par les autres ceux, qui sous le prétexte d'un zéle extraordinaire, tâchent de mettre leur

Adv. Gent.

vie licentieuse à l'abri des autels. Il y a bien du mal à se moquer de toute sorte de Temples, comme faisoit Zenon, & la raillerie de Diogene n'étoit pas tolerable de sacrifier un Pou sur l'autel de Diane. Ceux néanmoins, qui ne frequentent ces mêmes Temples qu'à mauvais dessein, & qui ne s'approchent de l'autel, que pour tromper le monde, doivent être & les plus haïs de Dieu, & les plus odieux aux hommes. En effet, ce qu'on remarque dans la fausse réligion de fort semblable à la bonne, est ce qui la rend plus rejettable & plus criminelle; comme le Singe n'a rien, qui le rende plus laid & plus ridicule, que d'approcher, comme il fait, de la figure humaine, sans la posseder. Vous voiés bien par là, que je ne suis pas moins ennemi que vous de la superstition; mais permettés-moi de vous dire, que le zéle inconsidéré de ceux, dont vous vous plaignés, ne doit pas être traité de même, & que leur erreur ne méritoit pas toute l'animosité, que vous employés contre eux.

Ils ont eu tort, je l'avouē, de scandaliser des paralleles que vous tiriés innocemment entre quelques actions de nos Patriarches sacrés, & celles des Héros profanes du Paganisme. Une infinité de Peres Grecs & Latins ont fait sans scrupule la même chose, en des tems beaucoup plus à craindre que le nôtre. Et vous savés que dans la seconde partie du Traité de la vertu des Payens, il y en a assez d'exemples au chapitre, qui examine la Philosophie de Platon. Mais prétendés-vous réduire tout le monde à des sentimens, que vous jugés raisonnables. Vous ne le seriés plus vous même, si vous étiés capable d'un semblable dessein. Et soiés sûr qu'un homme ne sauroit faire de plus folle entreprise, que celle de rendre sages tous les autres. Quoiqu'il en soit, afin que vous n'aiés pas sujet de m'accuser d'être peu déferant à vos prieres, j'ajoûterai ici à ce que vous avés déja de moi, quelques rapports de l'Histoire Sainte avec la Profane, dont je me pourrai souvenir.

Déja quant à la ressemblance d'Elie à Phaëton, qui donna lieu, dites-vous, à vôtre plus grande contestation, il y a plus de mille ans, que Sedulius l'a jugée d'autant plus recevable, que le nom Grec du Soleil Ηλιος, est si conforme à celui de ce grand Prophete. Je pense vous avoir autrefois écrit, comme il y avoit un tel rapport entre les Bacchanales des Gentils, & de certaines céremonies des Juifs, que Plutarque, mal informé des derniers, soûtient au quatriéme livre de ses propos de Table, que leur réligion n'étoit qu'une imitation du culte rendu à Bacchus, ignorant l'antiquité de la nation Hébraïque. Dans son traité de la pointe d'esprit, qui paroit en de certains animaux, il fait sortir une Colombe de l'arche de Deucalion, qui l'instruisit par son retour de la continuation du Déluge, & quand elle ne revint plus, l'avertit, que la terre commençoit à se découvrir. N'est-ce pas une pure transcription du texte de la Génese? Et ce même Auteur, comparant des évenemens de l'Histoire Grecque à d'autres de la Romaine, en rapporte deux, qui ont une troisiéme conformité avec ce que nous lisons dans Moïse de Loth, qui abusa de ses filles étant yvre. Il dit sous la foi d'un Dositheé, que Cyanippe Syracusain, pris de vin, viola sa fille, & qu'au rapport d'Aristide un Aruntius Romain, étant au même état força la sienne qui se nommoit Medulline. Toutes deux néanmoins se vengèrent depuis, en faisant mourir leurs peres; ce qui n'est pas écrit des filles de Loth, qui au contraire portèrent le leur à commettre l'inceste. Mais tant y a que le vin fut la cause d'une même faute en ces trois personnes. Voiés sur la fin du cinquiéme livre de Paufanias, comme par des prieres magiques le bois s'allumoit fans feu fur un autel de Lydie; & vous jugerés auffitôt que le Diable a voulu copier ce que nous avons approchant de cela dans le vieil Teftament. Il repréfente au livre fuivant un Polydamas qui tout nud à l'exemple d'Hercule, pour ne pas dire de David ou de Samfon, attaque & tuë un des plus grands & des plus fiers Lions du mont Olympe ; car la Grece en a eu autrefois, ce qui n'eft plus aujourd'hui. Un autre Athlete nommé Euthymus combat contre un génie noir & affreux, qu'il contraint de fe jetter dans la mer; ne croiriés-vous pas voir Jacob aux prifes contre l'Ange qui le rendit boiteux ? Et Cleomedes, auffi Athlete arrache de force une colomne, qui foûtenoit le lieu où s'exerçoit la jeuneffe d'Aftypale, pour fe venger comme il fit de ceux de la ville, par la mort de foixante jeunes garçons, qui demeurèrent écrafés fous cette ruine; les Philiftins ne furent pas mieux traités par Samfon, n'y aiant eu que la mort des deux champions, qui eft diverfement rapportée. Vous vous fouvenés des facrifices d'Abel & de fon frere Caïn. Ceux, qui fe faifoient dans Thebes, aux deux fils d'Oedipe, avoient cela de singulier, que tant la flamme que la fumée qui sortoit du sacrifice se partageoient toûjours en deux, comme pour marque de la division de ces freres. C'est encore Pausanias qui l'écrit au neuviéme livre, qui est des raretés de la Bœotie.

En vérité tant s'en faut, que toutes ces ressemblances, & une infinité d'autres, qu'on pourroit ajoûter, doivent causer du scandale entre des Chrétiens, qu'elles leur font reconnoitre manifestement, comme le plus malin de tous les esprits, & le plus jaloux de la gloire du Toutpuissant, s'est toûjours appliqué à contrefaire les ouvrages, ou à faire supposer des fables pour des vérités, par quelques écrivains infideles & idolatres. Si Moïse approche d'un buisson ardent, & s'il descend tout lumineux de la montagne apportant les tables de la Loi; Dion Chrysostome est suscité pour assurer, que Zoroastre fut vû sur une autre montagne au milieu des flammes, d'où il sortit pour instruire les Perses. Si Dieu se plait aux vœux de Chasteté, & si la bonne Réligion a ses lieux destinés pour cela, où il n'est pas permis à l'un des sexes d'entrer où l'autre a fait sa retraite : Le Diable fait aussitôt ériger

Orat. 36.

<small>Paufan. lib. 7.</small> des Temples à Cérés, d'où, non seulement les hommes, mais encore les chiens mâles sont chassés. Et si les Israelites sont conduits la nuit par une colomne de feu: L'Histoire Grecque débite, qu'un Thrasybule, conducteur de quelques troupes, les mena heureusement pendant les ténebres d'une nuit obscure, éclairé d'une semblable lumiere.

<small>Lib. 1. Strom.</small> Mais Clement Alexandrin, qui rapporte ce dernier exemple, ne le retorque-t-il pas adroitement contre le Paganisme, lui soûtenant, qu'il n'y a point d'apparence d'ajoûter foi à tout ce que disent les Auteurs profanes, & ne vouloir rien croire de tout ce que rapporte l'Histoire Hébraïque écrite par Moïse? Saint Cyrille en use de même contre l'Empe-

<small>Lib. 3.</small> reur Julien. Cet apostat s'étoit moqué de la création d'Eve pour servir d'aide & de compagnie au premier des hommes, vû que c'étoit elle, qui le devoit perdre par ses mauvais conseils. Le Pere non content de lui représenter, qu'on ne doit jamais controller les actions de Dieu, & qu'Eve ne fut pas faite pour servir de conseillere à son mari, mais pour contribuer avec lui à la génération; ajoûte fort à propos, He quoi, n'admettés-vous pas bien avec Platon dans vôtre Theo-

logie Paienne cette célebre Pandore, qu'Hesiode fait descendre du Ciel exprès pour y distribuer tous les maux, dont nôtre humanité a depuis été travaillée? Et dans un autre endroit, il rejette de même une raillerie aussi impertinente de Julien, qui demandoit avec quels organes & en quel langage le Serpent avoit entretenu Eve. Detestant son impieté dans laquelle il ne considéroit pas que le Diable fait parler & organise ce qu'il veut, vous souffrés bien, lui dit-il, que l'un des chevaux d'Achille parle dans Homere à son maitre; & hors de la fable même, Porphyre donne pour certain, que le fleuve Caucase salüa Pythagore, qui le traversoit: Comme Philostrate assure, qu'un Orme, vraisemblablement femelle, fit la même chose au grand Apollonius, d'une voix de femme mais articulée; pour ne rien dire, ajoûte ce Pere, des Chênes de Dodone, & du Bœuf de Rhode consacré à Jupiter, qui prononçoient nôtre langage.

Voilà pour montrer, que les Peres de l'Eglise ont été bien éloignés de censurer les rapports, qui se trouvent quelquefois entre l'Histoire Sainte & celle des Gentils; puisqu'ils les faifoient fouvent eux mêmes pour le bien de la Réligion. En effet Saint Auguftin n'a point feint dans fon grand ouvrage de la Cité de Dieu, parlant du meurtre d'Abel, commis par fon frere Caïn fondateur d'Enochie la premiere ville du monde, de nommer ce fratricide *l'archetype* & l'expreffe figure de celui de Romulus, quand il répandit le fang de fon frere Remus fur les fondemens de Rome la plus renommée de toutes les Cités. Et Lactance a trouvé une fi grande reffemblance entre le Veau d'or des Ifraëlites, & celui, que nourriffoient avec tant de fuperftition les Egyptiens, qu'il nomme hardiment le premier *Apim*. Mais la fuperftition trouve à redire à tout, comme il y en a de toutes les façons. Il fe trouve des fuperftitieux ignorans & indifcrets, d'autres le font par ambition, quelques-uns par avarice, & les pires de tous font ceux, qui cherchent dans ce zéle hypocrite l'impunité à toute forte de licence. Souvenés-vous de ces méchans, qui aiant occupé le Temple de Jerufalem, furent caufe de fa deftruction. Jofephe dit, qu'ils prenoient la qualité de grands Zélés, *fe Zelotas vocabant*. Et vous n'ignorés pas, qu'une partie de ceux, qui rempliffoient autre-

L. 15. c. 5.

Lib. 4. de bell. Iud.

fois nos Croisades, étoient les plus scelerats c. 5. & l. 7.
d'entre nous ; comme la *Gazua* des Musul- c. 11.
mans, qui est leur Croisade ou assemblée
contre les Chrétiens, est d'ordinaire compo-
sée des plus méchans de tous les Sectateurs
de Mahomet. Ceux, qui vous ont fâché,
sans user de comparaison, ne valent peutêtre
guères mieux parmi nous. Ils font mine de
se scandaliser sur les moindres termes du Paganisme, & veulent, que tout leur soit permis
dans une vie plus criminelle, que ne fut jamais
celle des Infideles. Riés-vous sans émotion
de tout cela, & considérés, que la vallée
des Titans est bien nommée dans le livre des
Rois ; que les mots de Sirenes, & d'Onocen-
taure, se trouvent dans le Prophete Isaïe ;
& que les Pleïades, Arcturus, & Orion, se
lisent sans scandale parmi les saintes moralités de Iob. Et certainement si nous ne laissons pas de parer nos Eglises de tapis de Tur-
quie, fabriqués par des mains impies, &
où même le plus auguste de nos Sacremens
se voit souvent profané. Si nous emploions
librement à l'embellissement des Autels Chrétiens quelques étoffes du Japon ou de la Chine, que nous savons avoir été tissuës & tra-
vaillées par des mains idolâtres; Pourquoi

ferions-nous difficulté de nous servir des dictions ou des pensées de ceux, qu'une différente réligion a separés de nous, & rendu même ennemis de nos vérités Evangeliques? Les Israëlites se prévalurent sans scrupule de ce qu'ils pûrent enlever aux Egyptiens.

Chez Erdmann Christofle Beneke.

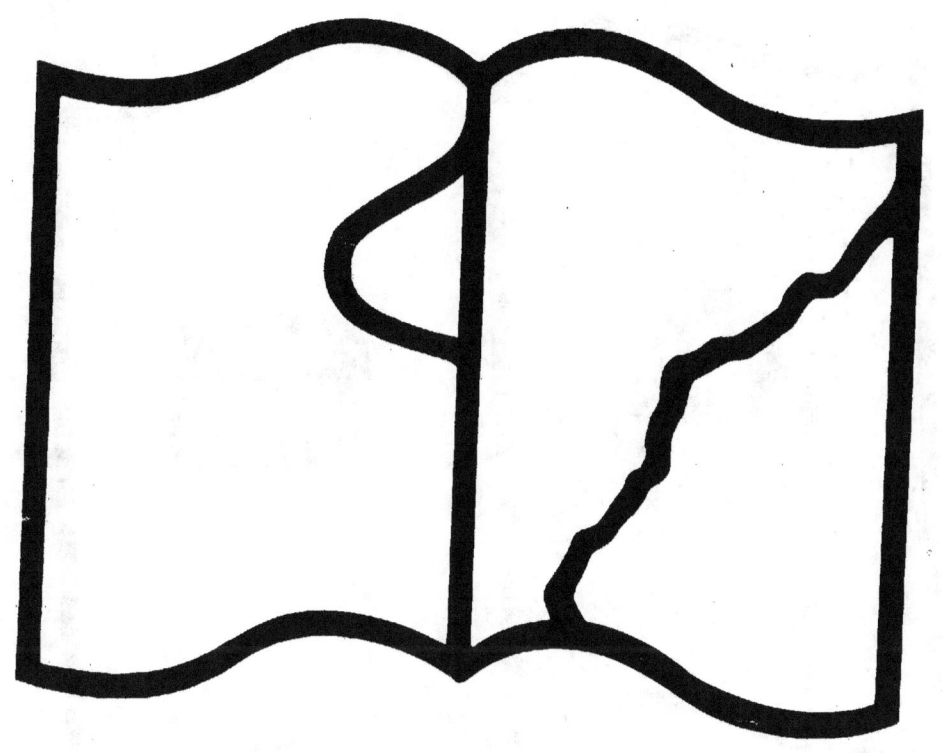

Texte détérioré — reliure défectueuse

NF Z 43-120-11

Contraste insuffisant

NF Z 43-120-14

www.ingramcontent.com/pod-product-compliance
Lightning Source LLC
Chambersburg PA
CBHW070931230426
43666CB00011B/2392